商 道 有 道

——人人须有商道思维

吴一凡◎著

文汇出版社

图书在版编目(CIP)数据

商道有道/ 吴一凡著.—上海：文汇出版社，2011.6
ISBN 978-7-5496-0219-3

Ⅰ.①商… Ⅱ.①吴… Ⅲ.①企业管理－通俗读物
Ⅳ.①F270-49

中国版本图书馆 CIP 数据核字(2011)第 094873 号

商道有道

著　　者 / 吴一凡
责任编辑 / 甘　棠
封面装帧 / 周夏萍

出版发行 / 文汇出版社
　　　　　上海市威海路 755 号
　　　　　（邮政编码 200041）
经　　销 / 全国新华书店
照　　排 / 南京展望文化发展有限公司
印刷装订 / 上海新文印刷厂
版　　次 / 2011 年 6 月第 1 版
印　　次 / 2011 年 6 月第 1 次印刷
开　　本 / 640×960　1/16
字　　数 / 220 千
印　　张 / 15.5

ISBN 978-7-5496-0219-3
定　　价 / 30.00 元

目 录

前言 ··· 1

第一部分　营 销 篇

第一节　广而告之

1.1　定位营销：身无彩凤双飞翼，心有灵犀一点通 ········· 2

可以没有彩凤飞翼那般世所罕有的精品，但是通过定位去契合消费者的心理，与消费者心有灵犀，那么产品将畅通无阻。

案例直击：王老吉的红色旋风：定位，与消费者心有灵犀

1.2　故事营销：功夫在诗外 ······························ 5

故事可以让品牌形象化，让形象立体化，让立体固体化。必须注意的是，故事来自于对产品自身内涵的挖掘，故事本身只是一个呈现价值的手段和桥梁，功夫在如何挖掘上，而不是伪造。

案例直击：ZIPPO，用故事书写传奇

1.3　植入式营销：随风潜入夜，润物细无声 ·············· 8

植入式营销就像春雨一般，悄悄地将产品融合在表现载体之上，在潜移默化和不经意间达到宣传的目的，高明的植入不为人所察觉，却能勾引人的消费冲动。

案例直击：冯氏贺岁，让广告非诚勿扰

1.4　极致营销：物极必反，否极泰来 ···················· 10

极致营销就是用争议打破常规观念的分界线，用极致的渲染印下极端的深刻，是所谓物极必反。

案例直击：脑白金，不疯魔不成活

1.5　造势营销：溪云初起日沉阁，山雨欲来风满楼 ········ 12

山雨将至之时,狂风大作,风是山雨造起的势,将至未至对于楼而言还是一种"无",风势则是"有",这就是有生于无。造势营销的风势一定要够猛,但是背后的山雨也要有足够的分量,不然便是雷声大雨点小,一场空。

  案例直击:金融空城计,用造势来稳市

1.6 口碑营销:海内存知己,天涯若比邻 …………… 15

口碑营销的核心在于让消费者从被动接受信息转变为主动分享信息,让信息在亲朋好友中爆炸性传播,天涯咫尺,近若比邻,"满城尽带黄金甲"之时,便是口碑营销成功之日。

  案例直击:开心口碑三大基石:人和,地利,天时

1.7 病毒营销:文章合为时而著,歌诗合为事而作 ………… 19

病毒式营销的核心在于制造一个可自生的模版,让模版在大众智慧的传播中不断新生。

  案例直击:凡客体,凡客也疯狂

1.8 饥饿营销:十年磨一剑,霜刃未曾试 …………… 22

耐得寂寞十年,不为浮躁所动,寂寞不仅仅是情绪,更是圈套,套住的是日益渐起的消费欲望。但是要谨防弄巧成拙,错失良机。

  案例直击:Iphone4:最远的距离是四袋苹果与苹果四代

1.9 借力营销:好风凭借力,送我上青云 …………… 25

弱势竞争讲究一个"借"字:借力,借势,借东风,但必须注意,上青天之前必然处于人下,"寄人篱下"就应当内敛,蓄势待发。

  案例直击:蒙牛的"二牌创意"

第二节 循规不蹈矩

2.1 产品:铸造品牌:野火烧不尽,春风吹又生 …………… 28

在企业发展中,各种外力内力突发事件不可避免,负面消息或许正如野火凶猛来袭,然而良好的品牌形象和消费者忠诚,可以留住产品的再生力量,春风一来,辉煌重铸。简而言之,品牌助你练就不坏金身。

  案例直击:洋品牌和土品牌的同命不同运

2.2 产品:忍痛割爱:花开堪折直须折,莫待无花空折枝 …… 31

任何产品都有自己的生命周期,在各个阶段应该采取相应的策略,在面对行业或是产品衰退期时,不能只惦记着曾经的利润,要能果断地做出割舍。功成事遂身退,继而寻找新的市场和增长点。在面对新技术进步的时候,要打起精神,把握不好市场的趋势将导致走向末路。

  案例直击:落寞的四通打字机

2.3 定价:系统低成本:轻舟已过万重山 …………………… 33
　　一叶扁舟,泛于江上,两岸青山,相对而过。唯有轻装上阵,才能悄无声息地远航,当后来者醒悟时,已经渐行渐远。
　　案例直击:春秋航空:低成本是一项系统工程
2.4 定价:免费模式:失之东隅,收之桑榆 …………………… 36
　　有所失才有所得,在衡量得失之时,要能高瞻远瞩,也要能看到近水楼台,免费模式不是单纯的口号与热血,而是实实在在明白自己在哪里获取超额利润后的选择。
　　案例直击:360:免费不等于零收入
2.5 渠道:适度削藩:删繁就简三秋树,标新立异二月花 …… 39
　　渠道的铺设,往往需要耗费大量的人力物力财力,唯有给渠道减负,走出别人没有走过的路,才能获取更高的利润。
　　案例直击:层层盘剥,闯王不来百姓自投
2.6 渠道:守正出奇:鸡声茅店月,人迹板桥霜 ……………… 42
　　瑰丽的想象让六个名词组合而成了为人传诵的诗句,对于渠道的建设一样需要大胆的创意和果敢的决心,当然这一切都来自于对市场的细致观察。
　　案例直击:雷士照明,照亮隐形渠道
2.7 渠道:和为贵:离恨恰如春草,更行更远还生 …………… 45
　　爱的力量可以使人包容,而恨的力量却可以使人激进,爱与恨是长期与短期的矛盾,对于渠道而言,大爱无疆,见效缓而持久,但是消除恨却是首要的,因为恨的积聚拥有着毁灭性的力量。
　　案例直击:暴风影音:和为贵——连接终端为双赢
2.8 促销:立体轰炸:此情无计可消除,才下眉头,却上心头
　　……………………………………………………………… 48
　　好的营销手段,要达到"才下眉头,却上心头"的效果,不仅是物质的感知,也是情感的维系。对于奢侈品尤其如此,冲动型消费凭借的就是情感。
　　案例直击:钻石小鸟让奢侈品网购成为可能
2.9 促销:金钱攻势:成也萧何败也萧何 ……………………… 52
　　用资本打造出来的帝国,看似稳固,却有隐患,资本无处不在,到后来便是无穷尽的资本消耗战。
　　案例直击:网络招聘,粗放式广告投放下的隐患

第三节 关系生产力

3.1 消费者关系:谁是消费者:解铃还须系铃人 …………… 55

系铃人才有办法解铃。充当系铃人,才可维系住客户。

案例直击:德士高:谁是你的客户

3.2 消费者关系:满足消费者:欲将心事付瑶琴,知音少,弦断有谁听 …………………………………………………………… 59

在一个知音难觅的时代,人们对于满足的门槛看似上升,实则下降,只要满足了部分诉求点,就意味着开辟了一个新的市场。

案例直击:上网本,简约而不简单

3.3 消费者关系:维系消费者情感:清水出芙蓉,天然去雕饰 …………………………………………………………… 62

真正的消费者情感诉求不是似锦繁华,而是真心、真诚、真挚,不是做作,而是质朴。

案例直击:力波啤酒,喜欢上海的理由

3.4 消费者关系:消费者至上:水能载舟,亦能覆舟 ………… 63

再大的船,也要在水中航行。离开了消费者的支持,纵有通天本领,也只能无奈搁浅。

案例直击:3Q大战,逆水行舟

3.5 市场关系:顺应市场变化:识时务者为俊杰 …………… 66

市场有其运作的规律,这个规律是在广大消费者的影响下产生的,没有任何定律是固定不变的,必须随市场变化而变化,这也就是不变的规律。归根也好,求新也好,其实都是在此基础上完成的。

案例直击:雅虎中国,变脸没商量

3.6 市场关系:创新不止:小荷才露尖尖角,早有蜻蜓立上头 …………………………………………………………… 68

环境的变化就像是荷花才露出尖尖的角,企业应当像目光敏锐的蜻蜓那样,端倪甫一出现,就及时发觉,占据先机。

案例直击:苹果,活着就是为了改变世界

3.7 市场关系:农村包围城市:旧时王谢堂前燕,飞入寻常百姓家 …………………………………………………………… 72

过去的高档品牌,如今都开始了二三线甚至四线城市的布局渗透,而地域广阔造成的消费能力差异带来的机会逐层递进。

案例直击:三株和脑白金,农村包围城市

3.8 市场关系:面子原则:醉翁之意不在酒,在乎山水之间也 …………………………………………………………… 74

商人和企业家的区别之一在于商人会盯着眼前的酒或者身后的酒窖,而企业家关注的则是广阔的山水天地。

　　　　案例直击：阿里巴巴鲸吞雅虎中国的面子
3.9　市场关系：危机公关：此时无声胜有声 …………………… 76
　　　　无声有时比有声更具穿透力，缄默不代表默认，而是在等待更合适的机会。
　　　　案例直击：百度，知错能改善莫大焉

第二部分　组织篇

第一节　和谐组织

1.1　打造不抱怨组织：羌笛何须怨杨柳，春风不度玉门关 …… 80
　　　　既然春风不度，又何苦要演奏悲怨曲调；如果春风不度，又何不去尝试借春风？
　　　　学习邹忌好榜样：提意见的语言艺术
1.2　打造公平组织：安得广厦千万间，大庇天下寒士俱欢颜 …… 83
　　　　公平公正的标准就好比那风雨中的万千房屋，可以容纳众人在其中，安心如山，如此，风雨不动。
　　　　学习晏子好榜样：翻手为云覆手为雨，让标准行事
1.3　打造坦诚组织：千呼万唤始出来，犹抱琵琶半遮面 ……… 85
　　　　"坦诚"二字谈何容易，千呼万唤之下，可以卸下心防，已是成功，而事实和数据就像琵琶一般，遮住的是人情面子，遮不住的是真知灼见。
　　　　学习韦尔奇好榜样：让坦诚提高效率
1.4　打造学习型组织：乱花渐欲迷人眼，浅草才能没马蹄 …… 88
　　　　花花世界，纷纷扰扰，在一个崇尚包装的时代里，不要为外在的表象所迷惑，抽丝剥茧，层层还原，其最终曝露出的本质才是应当重视、学习和思考的。
　　　　学习赵丹阳好榜样：脚踏实地，学以致用
1.5　打造创新型组织：春色满园关不住，一枝红杏出墙来 …… 91
　　　　创造力是人类的财富，永远不可能被遏制，无论在多么机械无聊的岗位，既如此，不妨适当放开，鼓励那朵充满创造力的红杏出墙。
　　　　学习3M好榜样：鼓励创新，从每一个员工开始
1.6　打造人才组织：士为知己者死，女为悦己者容 …………… 93
　　　　虽说重金之下必有勇夫，但情感牌依然能留住人才，然而若是一味地

画大饼,变着花样地画大饼,人迟早还是要出走的。

　　学习海底捞好榜样:员工是家人

1.7　不和谐的征兆:孤舟蓑笠翁,独钓寒江雪 ………… 97

　　某一天发现成为孤家寡人的时候,这就真的是不和谐了,但寒江雪非一日而成,山鸟渐飞,人踪渐少的时候,就该提醒自己了。

　　警惕"德云社式"矛盾,学习赵家班式管理

1.8　高管薪酬:和谐组织的压轴:岂曰无衣? 与子同袍 …… 100

　　将帅与士兵同袍,无疑会极大鼓舞出战斗力和凝聚力,即便是一场作秀,也要做足。

　　学习三一重工好榜样:1元年薪不是作秀

1.9　和谐组织的公式:桃花潭水深千尺,不及汪伦送我情 …… 102

　　送行是规矩,是人情,可以带有利益,更重要的是汪伦踏歌而来,不是悲伤而来,这就切中了李白豪爽的个性,这才超越深千尺。

　　学习新东方好榜样:体制规则＋人情＋利益＋人际＝和谐

第二节　如鱼得水

2.1　淡泊名利:非淡泊无以明志,非宁静无以致远 ………… 106

　　经典之所以成为经典,就在于那种内生的沉淀的精华。无论历经多少时代这都是不变的真理。对于个人而言,能够把阅历和思想内敛,才能更好地外放。

　　学习居里夫人好榜样:淡泊宁静,名利自来

2.2　学会宽容:海纳百川,有容乃大 ………………………… 108

　　因其气度,所以海量。包容是美德,同样是高度的自信和能力的展现,不然,喧宾夺主、鱼目混珠层出不穷。

　　学习柳传志好榜样:用宽容消除潜在的竞争

2.3　化整为零:剪不断,理还乱,别有一番滋味在心头 ……… 110

　　没有了于胸的把握,匆匆下手只会越剪越乱,难的不是加,而是减。

　　警惕"丰田式"召回:控制成本,不能一刀切

2.4　享受挫折:千磨万击还坚韧,任尔东西南北风 ………… 112

　　玉不琢,不成器,个人的修养必然要在各种磨练中提升。

　　学习韩信好榜样:退一步,海阔天空

2.5　能忍辱负重:自古逢秋悲寂寥,我言秋日胜春朝 ……… 114

　　伤春悲秋的老一套,却能焕发新的活力,完全看你怎么理解。批评往往是更强大的动力。

学习勾践好榜样：卧薪尝胆，三千越甲终吞吴
2.6　勇破常规：世人笑我太疯癫，我笑世人看不穿 …………115
　　　要打破常规，就要能够看清楚事物的本质和发展的方向，有勇有谋地放下既有思维，跳出条条框框，如是才能成功，不然就真的要被世人笑疯癫了。
　　　学习李书福好榜样：汽车疯子上演蛇吞象
2.7　管理信用：近水楼台先得月，向阳花木早为春 …………118
　　　资金是企业的命脉，资金断了，就好比自废武功的武林高手，纵然曾经多么辉煌，此刻却连一个普通人也不如。但是如果你有信用，有朋友，你可以在那里得到安慰。
　　　学习冯仑好榜样：人生的三个钱包
2.8　专心：千淘万漉虽辛苦，吹尽狂沙始到金 ………………121
　　　专注与坚持是成功的必备条件，若等不到吹尽狂沙的那一刻，之前的所有忙碌都会付诸东流。
　　　学习马化腾好榜样：专心做好一件事
2.9　做善于被发现的人才：洛阳亲友如相问，一片冰心在玉壶
　　　…………………………………………………………………124
　　　过去信奉酒香不怕巷子深，在如今这么一个快节奏的社会，很少有人再有耐心去发现那片冰心，不妨主动秀出玉壶。
　　　学习卞和好榜样：献宝，让和氏璧终见天日

第三节　君临天下

3.1　知人善任：我劝天公重抖擞，不拘一格降人才 …………127
　　　对于人才的选拔，一方面在公平公正的道路上探索，一方面在开拓创新的路上前进，现实更多的却是两者不可得兼。不拘一格，需要的是企业家的魄力。
　　　学习严介和好榜样：三把火盘活一盘棋
3.2　笼络人心：海阔凭鱼跃，天高任鸟飞 ……………………130
　　　鱼跃也好，飞鸟也罢，海水天空都是有形有边际的，无边际的却是人类的内心。
　　　学习楚庄王好榜样：灭烛绝缨，笼络人心
3.3　不居功：不以物喜，不以己悲 ……………………………132
　　　物是散尽还复来的，在往复循环中才会产生价值，而自己则更可以主观地去寻求改变。

学习牛根生好榜样:财散人聚与财聚人散

3.4 不要蠢猪式的仁义:竹外桃花三两枝,春江水暖鸭先知 …… 134
　　政策的实行,要如同春江水一般,能够传递暖意,而不是寒意。
　　警惕宋襄公坏榜样:愚蠢的仁义

3.5 稳健:试玉要烧三日满,辨材须待七年期 …………………… 136
　　沉稳,沉稳,再沉稳,是新企业必须牢记的箴言,大多数新兴企业的溃败都来自于过度的发展。
　　学习王石好榜样:稳健,让万科一直前行

3.6 知止不殆:留得青山在,不怕没柴烧 ………………………… 138
　　倘若靠山吃山不养山,很快就会山穷水尽,企业也一样,一味地求快发展,会耗尽企业资源,适当地停下来,靠山养山,才会山清水秀。
　　学习俞敏洪好榜样:滑雪悟道

3.7 大智若愚:杨花榆荚无才思,惟解漫天作雪飞 …………… 140
　　没有才思的杨花榆荚,尚能如漫天飞雪,为晚春平添无限靓丽,更何况坐拥精兵强将呢?让他们充分发挥自己的聪明才智,而不是领导一言堂,才能使得企业发展更绚丽。
　　学习马云好榜样:只会发电子邮件

3.8 产品型CEO:纸上得来终觉浅,绝知此事要躬行 ………… 142
　　纸上成功的只有赵括。没有亲身的体验,不可能凭空捏造出缺陷。
　　学习好榜样:那些亲历亲为的CEO

3.9 企业家的慈善:赠人玫瑰,手有余香 ………………………… 145
　　玫瑰赠人,香气永存。
　　争议榜样陈光标:原本可以做得更好

第三部分　战　略　篇

第一节　盈　利　模　式

1.1 构建产品金字塔:但使龙城飞将在,不教胡马度阴山 …… 150
　　在产品金字塔的架构设计中,防火墙产品,就如同龙城飞将一般,可以有效阻挡来自其他低端品牌的竞争,牢牢地将最广阔的市场守护住。而飞将军的人马和拥戴者,将会始终铭记在心——顾客忠诚度作用除了重复购买和义务宣传外,就是在未来购买升级产品。

案例直击：SWATCH 的品牌构建

1.2 利润乘数：年年岁岁花相似，岁岁年年人不同 ……………… 153

采用利润乘数战略的企业所推出的产品，年年岁岁看去都似曾相识，都是一个大家庭里的那些耳熟能详、最受欢迎的"人物"，但每一年都在发生新鲜的故事，有了新奇的历险经历，或者不时有了新成员的加盟。因为相识，除却了推广成本，因为不同，对顾客有了新的吸引力。

案例直击：MARVEL 公司的超级英雄战略

1.3 平台模式：栽得梧桐引凤凰 ……………………………… 156

如果说，种下梧桐树，不愁凤凰来，是停留在 1.0 的概念上的话，引凤凰就是 2.0 的版本。除了自身打造优质高价值平台外，还必须去主动推广，吸引用户。如果将凤凰分为两个群体，一是用户，二是利润增长点，那么基于平台之上，不断摸索增值服务就是成功的关键。

案例直击：世纪佳缘，打造平台为增值

1.4 价值链管理：天下熙熙，皆为利来 ………………………… 159

人类逐利的本性，并不是不可取的。对于企业来说，追求利润是使命，而利润熙熙，一定集中在价值链的某个关键区域。去追逐价值链的高利润区，才可能在攘攘的人群中，不空手而归。

案例直击：可口可乐的价值链管理

1.5 分拆企业模式：问渠哪得清如许，为有源头活水来 ……… 162

流水不腐，户枢不蠹。只有源头保持流动和活力，才能让活水清澈地源源不断地在沟渠中流淌。

分拆，是最直接的方法，可以将母公司出现的官僚作风，子公司之间的内耗，人才发展的瓶颈，这些像泥沙一般在堆积、在阻碍清清如许的因素，全部剔除，让活水永续。

案例直击：搜狐畅游，新浪分拆

1.6 相对市场份额：会当凌绝顶，一览众山小 ………………… 165

何等的气势，何等的壮丽。当你站在高山之巅的时候，也就获取了你奋力攀登的回报。市场上，老大说了算，对上下游都有强大的议价能力，所做的仅仅是调整价格，就可以获取丰厚的利润。但是，永远不能忽略的是，一路的艰辛，无限风光在险峰。

案例直击：分众的兼并收购之路

1.7 认清行业本质：山重水复疑无路，柳暗花明又一村 ……… 168

在经营遭遇困厄之时，尤其在战略摇摆不定，遭遇瓶颈甚至面临挫败的时候，请抛开现状的纷纷扰扰，认真思考一下这个行业的本质，这时候，你会发现眼前正柳暗花明。

  案例直击：奢侈品行业的祖训：永远比市场需求少一件

1.8 建立行业标准：江山代有才人出，各领风骚数百年 …… 171

  江湖人必惟领袖马首是瞻，行业标准的建立者将获得独占优势，并占据产业链的重要位置，以获取利润，甚至可以"坐享其成"数年。但是技术在不断发展，更新换代的结果就是一朝天子一朝臣。所以，唯有不断地创新，不断创立行业标准。

  案例直击：只许成功，不许失败的 TD 标准

1.9 跟随战略：借问酒家何处有，牧童遥指杏花村 …… 174

  不知前途几何的时候，不妨停下来，瞧瞧先行者，先行者可以指出杏花村的所在，你所做的只需要跟上脚步，避免弯路，也避免了纷纷雨。

  案例直击：朱骏，绝不做领先者

第二节 竞 争 模 式

2.1 品牌双生花：本是同根生，相煎何太急 …… 178

  很大程度上，处于竞争地位的对手之间，是最知根知底的朋友，本是同根生，根植于同一块市场，何必争得你死我活，相互促进，岂不更好。

  案例直击：蒙牛的竞争队友

2.2 不争为争：无意苦争春，一任群芳妒 …… 180

  群芳争春，无所不用其极，避开这激烈的竞争，却有了新的天地，百花也只能徒有羡慕之情。不与人争，才是一种高明的竞争。

  案例直击：冯五块的华旗天下

2.3 金钱并非万能：上攻伐谋，其次伐交，其次伐兵，其下攻城 …… 183

  动用资本攻城掠地是一种手段，却不是根本，短期内或有奇效，长期依然需要辅以种种。

  案例直击：疯狂的千团大战

2.4 恶意收购：未出土时先有节，已到凌云仍虚心 …… 185

  收购也讲究分寸的拿捏，快而准，再少一点点狠。故意收购往往会导致渔翁得利。

  案例直击：LVMH 的败走麦城

2.5 并购整合：在天愿作比翼鸟，在地愿为连理枝 …… 189

  收购最难在整合，尤其是文化和人力资源的整合，要让两种不同的企业文化揉和在一起，就要让员工有着比翼鸟、连理枝般的心意。

案例直击：杰克·韦尔奇和 GE 的收购观

2.6 战略搭伴：苦恨年年压金线，为他人作嫁衣裳 …… 191
　　有人恨，就必有人得意，从战略需求角度出发去寻求合作可以迅速做大做强，但也要小心某天发现为他人做了嫁衣。

案例直击：傍大款的 UT 斯达康

2.7 世界是平的：海上生明月，天涯共此时 …………… 194
　　很多时候，回顾过往，我们会发现许多成就始发于几近同一个时点，这是巧合还是规律？至少，历史的潮流在同一时刻会给予很多机会，把握住，便同登英雄榜。

案例直击：中国互联网十年祭

2.8 学会做减法：不知细叶谁裁出，二月春风似剪刀 …… 197
　　最难的是割舍，要亲自大刀阔斧地除去一手缔造的成果，出于人情，很难做到。于是越来越多的企业聘请外部机构来进行裁剪设计，以达不受感情色彩左右的目的。

案例直击：减法生活的欢乐英雄

2.9 投资须谨慎：沉舟侧畔千帆过，病树前头万木春 …… 199
　　资本除了具有逐利性，还有冲动性。投资需谨慎，病树前头还有万木春。

案例直击：史玉柱的审慎投资

第三节　风　险　模　式

3.1 过度使用：黄河之水天上来，奔流到海不复回 …… 203
　　黄河之水纵然汹涌奔腾，到大海后也不再回流。若无止境地使用，也终究会有用尽的那一天。

案例直击：搜索引擎的原罪

3.2 连锁扩张：欲速则不达，见小利则大事不成 ……… 205
　　能够快不是最大的本事，能够慢下来才是考验真功夫。一味地求快，会失去稳重，而失去了稳重，则根基不牢，大厦将倾。

案例直击：家世界：连锁扩张的致命诱惑

3.3 留有余地：昔人已乘黄鹤去，此地空余黄鹤楼 …… 207
　　虽然昔人已去，但黄鹤楼历代受众众多。与文化产业一样，企业做事如果考虑持续发展，不仅赚一时之利，更有世世之利。

案例直击：留余的康百万庄园

3.4 项目对冲：东边日头西边雨，道是无晴却有晴 …… 209

投资均有风险,东边日出西边雨是分散投资,但非简单的碰运气,而是根据投资特性进行的组合。将日出和雨相冲销,得到的依然是浪漫的天气。

案例直击:二李的项目对冲

3.5 套期保值:落红不是无情物,化作春泥更护花 …………… 212

套期保值的作用是为了更好地控制风险,而不是去做对赌,不然适得其反,非但不能护花,反而会残花。

案例直击:套期保值还是对赌

3.6 现金为王:山不在高,有仙则名,水不在深,有龙则灵 …… 215

持有大量的现金,是企业可以扛过危机的关键,所以不在乎企业的名气有多大,资金链的充足就足够灵。

案例直击:李嘉诚,现金为王好过冬

3.7 危机下的薪酬:先天下之忧而忧,后天下之乐而乐 ……… 219

在公司不景气的情况下,领导者应当有着先天下之忧而忧的胸怀,如此,才可激发团队的战斗力。

案例直击:美国的惩罚性所得税法案

3.8 化险为夷:塞翁失马,焉知非福 …………………………… 221

失之东隅收之桑榆,这边厢的遗失或许是那边厢收获的基因。然而正如一再强调的,凭的不是感觉,而是实实在在的推论。

案例直击:亏五万不如亏八万

3.9 避险:本来无一物,何处染尘埃 …………………………… 224

如果从根源上就避开了风险,又何须对风险进行反应,是所谓,本来无一物,何须勤拂拭。

案例直击:庖丁解牛

参考文献 …………………………………………………………… 227

前 言

（一）什么是道？

自 2008 年金融危机以来，大有东学渐起之势，西方学说让一场金融风暴席卷全球，人们开始试图从东方哲学中去寻求救世方案，或是为了当下，或是为了千秋。季羡林老先生曾著书名为《三十年河西，三十年河东》，老人家独具慧眼。

东方传统哲学，周易之后，儒释道三足鼎立。如今，谈国学必涉及企业管理，单纯的国学普及鲜有人听，而一旦扣上市场、职场的帽子，则走向畅销，急功近利可见一斑。仿佛一书在手，灯下苦读，便成了黄石公授道张子房。然学问不是一朝一夕可成，危机也不是一朝一夕可度。易中天先生曾说，读或者不读诸子百家，这场危机总会过去。我们要做的是为了危机之后避免危机。

那么，为何选择《道德经》作为本书的解读对象，或者说是本书傍的"大款"？

我们必须来谈谈什么是道了。

"道"，用最简单的话来说，是规律，是法则，是万物普遍适用的标准，是放之四海而皆准的标尺；道并非静态不变，而是在运动中不断地变化，道生一，一生二，二生三，三生万物，是在往复中不断延续生命力。

地法天，天法道，道法自然。道是自然界终极关怀的表现形式，是一种实质的存在，而并非虚无缥缈。

霍金在其作品《大设计》中寻找一种宇宙的终极理论，这种终极理论也可以称之为道，只是道的数学表现形式。

（二）什么是商道？

商场如战场，商机从来是稍纵即逝的，商业环境变化无穷，但是万变不离其宗,这个宗就是道,商道。

有人说,商道即人道。

商业的成功,无论是商业模型的成功,企业家风范的成功还是具体到营销手段的成功都是对人的研究的成功,从人性出发,从人的需求入手,在人的行为轨迹布网,不管是对外对消费者还是对内对员工。

商道的成功一定是人道的成功。

那些成功的企业家背后都少不了一个人精的称号,这种修炼,是世事洞明,人情练达。

由此,为何可以从《红楼梦》中谈管理,从《三国》《水浒》《西游》中谈管理,因为那是对人性的描述,人学是相通的。

甚至,把商道提升到商业哲学的层面,那与老子所谈的道是相通的。哲学有统一性,在一定高度的层面,融会贯通,因为它有着普适性。

儒家学说核心在伦常,对世间秩序有着克己复礼的细致规定,而随着社会的变迁,规矩总是要与时俱进的;释家学说又太出世,可以培育个人修养,而商业的本质是竞争,是追求实际利益;道家学说在出世与入世之间,借用儒生的理想,入世可"齐家治国平天下",出世可"正心,修身"。这也就是要傍上《道德经》的基本理由。

(三)道 可 道

道可道,非常道。

道,究竟可不可道。是不是如佛曰,不可说?

道,上升为"大音希声,大象无形",不可触摸,下降则可教世人道理。

如果道不可道,《道德经》五千言就不知所云,毕竟是要为人指明方向,指向康庄大道,总要有"显形"之处,之时。

本书力图从实际出发,试图从最具可应用性的角度去解读。当然,这可能将"道"贬之为"术"。

即便只是术,能够有所启发,能够引发思考,从而领悟术背后的道,能如是,已经颇为有用了。

(四)商 道 可 道

在商言商,既然道可道,商道更可道。

商人与企业家都喜欢谈论商道,然而企业家关注的是道,而商人关注的更多是术。企业家更多是让企业如何更加和谐地存在于社会之中并反哺社会,而商人的视角更多的是如何获取利润,尤其是超额利润。

通常而言,在商业社会,没有天生的企业家,商人是企业家的一条必经之路。因此,既要从商道的高度去探讨商道本质,也要从实际角度去探讨商业手段。这是本书的目的所在。

作为消费者,接触到商业最直接的是市场,有媒介就有营销。在现代经济社会,传播媒介发达,人们始终在营销的包围之中;其次人们接触到的是企业的人员,组织结构;最难接触到的是企业的战略。

市场营销是外功,组织结构是内力,而战略则是意念,在最高层面上决定了外功和内力的熔融交替。因此本书分为市场篇、组织篇、战略篇三部分来涵盖现代商业必备的竞争要素。

每篇三章,每章九节,共九九八十一节,每节对应道德经一章。

(五) 结　　构

第一部分:营销篇

营销,长久以来,会被误解为等同于广告,这是缩小了营销概念的范围。然而,不可否认的是,广告往往是受众群的第一接触点。而营销从效果上而言,其本质就是广而告之。本章第一节即介绍九种营销手段,看似非广告,更胜广告。而这仅仅是修炼了外功。武林高手一定要有足够的内力,因此在第二节着眼于营销学的经典 4P 理论,分别从产品,渠道,价格和促销四方面入手,取其名为循规不蹈矩,而最后你会发现一切的意料之外都在情理之中,万变不离其宗。随着时代发展,营销学同样在发展,二十世纪以来,在经典的 4P 理论之上,发展出了 4C、4R 理论,即视角从厂家转换为消费者,再到厂商和消费者的互动。因此在最后一节着力于消费者与市场。是为:关系生产力——得民心者得天下。

第二部分:组织篇

组织,是使企业实体得以流转物流、现金流、信息流、人才流的纽带,组织是否和谐将影响到企业是否能够正常运转,因此在第一节中,介绍如何打造和谐组织。人是组织的人,组织是人的组织。在追求以人为本的现在,组织和谐万事兴,人是第一位的,要千方百计地把组织里人的主观能动性发挥出来。因此第二节着重阐述组织中的个体如何如鱼得水。组织中必然有领导者,而领导者身兼重任,举手投足之间影响企业发展,在最后节将介绍什么是成功的领导者。

第三部分：战略篇

战略是企业竞争的最高手段。高手过招，棋子未行，胜负已分，是布局决定了战局。企业竞争的核心是要追求利润最大化，因此在第一节重点介绍盈利模式及如何发现利润区，发现利润并设计了盈利模式后，接下来是公司层面的竞争。第二节将具体介绍在实际运营竞争中的手段。企业的高速发展固然可喜，然而高速发展也蕴藏了风险，尤其金融危机的出现，使得业界都在反思如何对风险进行控制，在最后一节将介绍如何管理风险。

在商业环节中，市场营销手段最容易有效模仿。因此本书从"他山之石"的案例引出，在"引经据典"从《道德经》的角度在道的高度上概括这一现象，再从"顺藤摸瓜"中发掘案例背后的实在。由于市场营销的高度可模仿性，本书特意在"异曲同工"环节以一个类似手法的小案例作为补充，随后在"依样画葫"中简化其操作手法，在"患得患失"中点出需要注意的关键。

而组织篇，更多是如何发挥人的能动性，在保留"他山之石"、"引经据典"和"顺藤摸瓜"的基础上，增加"学习榜样"或"警惕事例"，以供"见贤思齐，见不贤而内自省"。

战略，不是单纯的模仿可以完成，需要根据企业的实际情况，根据市场的环境，综合而定，我们主要是选取案例给予思路上的提示。

（六）人人须有商道思维

为什么一定要有商道思维？

为什么人人都要有商道思维？

商业是促进社会进步的重要因素。而作为社会中的人，无论是何身份，都离不开商业的包围，与其深陷其中，不如武装自己，豁然开朗。

作为企业家，从商道思维出发，让竞争更和谐；

作为商人，从商道思维出发，让企业更盈利；

作为创业者，从商道思维出发，捕捉到真正的生意；

作为消费者，从商道思维出发，不要在天花乱坠中迷失。

如果你能跳开三界外，不在五行中，那么你可以不需要商道思维，如果你在食人间烟火，那么请给自己武装上商道思维。

第一部分　营销篇

营销,长久以来,会被误解为等同于广告,这是缩小了营销概念的范围。然而,不可否认的是,广告往往是受众群的第一接触点。而营销从效果上而言,其本质就是广而告之。本章第一节即介绍九种营销手段,看似非广告,更胜广告。而这仅仅是修炼了外功。武林高手一定要有足够的内力,因此在第二节着眼于营销学的经典4P理论,分别从产品,渠道,价格和促销四方面入手,取其名为循规不蹈矩,而最后你会发现一切的意料之外都在情理之中,万变不离其宗。随着时代发展,营销学同样在发展,二十世纪以来,在经典的4P理论之上,发展出了4C、4R理论,即视角从厂家转换为消费者,再到厂商和消费者的互动。因此在最后一节着力于消费者与市场。是为:关系生产力——得民心者得天下。

第一节 广而告之

1.1 定位营销：身无彩凤双飞翼，心有灵犀一点通

【他山之石】

2007年的罐装饮料市场，销售额冠军不是可口可乐，也不是可口可乐的"死敌"百事可乐，而是一匹"黑马"。更令人咋舌的是，在2008年它继续名列全国罐装饮料市场销量之首，销售额份额达到24.6%。正式宣告超越了可乐双雄。

它就是王老吉。

那么王老吉究竟有何魔力，刮起这阵红色旋风呢？

【引经据典】

老子曰："善建者不拔，善抱者不脱，子孙以祭祀不辍。修之身，其德乃真；修之家，其德乃余；修之乡，其德乃长；修之国，其德乃丰；修之天下，其德乃普。故以身观身，以家观家，以乡观乡，以国观国，以天下观天下。吾何以知天下之然也哉？以此。"——《老子》（第五十四章）

【注】 修身、齐家、治国、平天下，是传统知识分子的追求。老子说，用道治理自身，德性真实；治理家庭，充实有余；治理城乡，日渐成长；治理国家，日渐丰盛，治理天下，日渐普遍。随着对象范围的不断扩大，德性也在不断增长，如水涨船高。

如此有理想的人，并且善于建功立业者，他们一定有不拔之基础，或在本领，或在信念。而善于抱持理想的人，不会轻易地转变，子子孙孙的祭祀也永不中辍。

但是，他们如何认知天下呢？

反省自身来看别人，以己度人，不是小人之心度君子之腹，而是换位思考，将心比心。当然这里隐含着一个前提：定位，准确的定位。倘若拿身与家比，家与国比，国与天下比，是错位，错位思考是不达目的的。

顺藤摸瓜：王老吉的红色旋风：定位，与消费者心有灵犀

"怕上火，喝王老吉。"几乎一夜之间，成了耳熟能详的广告语，也彻底打动了消费者的心。"预防上火"，是非常讨巧的定位。它将原本被定为药用的凉茶转变为功能性饮品，也就使其铺货渠道大大加宽。进入超市、卖场、便利店、自动售货机等传统饮品渠道，并在酒店、火锅店、川菜馆，铺满了王老吉的货。一时间，但凡吃辣吃火锅，就有王老吉相伴左右。成功的定位让王老吉抓住了市场。

而在此之前，王老吉凭借凉茶的定位不温不火地经营了七年，也没有走出岭南市场，其广告词是"健康永恒，永远相伴"。这个概念就显得模糊。而"怕上火，喝王老吉"，清晰准确的定位使其一下子打开了全国市场。

	定 位 前	定 位 后
广 告	健康永恒，永远相伴	怕上火，喝王老吉
概 念	凉茶，药品	功能性饮料
区 域	岭南地区	全国
渠 道	药店为主，超市为辅	超市，卖场，便利店，自动售货机，酒店，火锅店，川菜馆
目标消费者	上火的顾客	上火的顾客 预防上火的顾客（喜食辣的顾客）

任何一家成功的企业，都不会满足现状，而是不断去寻求新的增长点与突破点，不然跟进者将争夺自己的市场份额。"和其正"等饮品的跟进也让王老吉感受到压力。于是，2009 年，我们发现"王老吉"将从"吃辣怕上火"的概念，延伸到"熬夜怕上火"。此乃妙着。笔者在熬夜时就会放一罐王老吉，当然心理作用居多。这样的营销宣传将会拉拢一大批熬夜的学生、白领、爱美爱健康的时尚人士。学生家长会投入资金，白领是最大的消费群，时尚人士更不吝这笔消费。

除此之外，王老吉还从地域角度进行市场细分，在发现北方人群冬季

有干燥易上火的现象后,开展"冬季干燥,怕上火喝王老吉"主题活动,普及冬季有效预防上火的相关知识,培养预防冬季上火的生活新习惯。2008年,"王老吉"在北方的销量有了突飞猛进的增长,有的区域甚至以近200%速度增长。

"王老吉"的成功有多方面的原因,但其中最关键的一点便是定位。

定位,是现代市场营销的核心。美国学者阿尔·里斯与杰克·特劳特在《定位》一书中提出,定位起始于产品,而针对的是消费者心理。2001年,定位被美国营销协会评为"有史以来对美国营销影响最大的观念"。

关于定位,需要理解三点:

一是定位针对消费者心智,以消费者为中心,了解消费者的心理,以达到控制消费者心智这一营销的最高境界。

二是定位可以是产品,可以是企业,也可以是个人的定位。

三是产品是实现定位的最根本基础。

【异曲同工】

我们都很熟悉田忌赛马的故事,孙膑让田忌用自己的下等马对抗齐威王的上等马,输一局,但是用上等马对抗威王的中等马,中等马对抗威王的下等马,连胜两局,最终以三局两胜,二比一获得赛马的胜利结果。

这其中,孙膑的智慧充分反映了定位的价值所在。

首先,对双方的实力对比有清晰的了解和准确的把握。

然后,换位到齐威王的角度去思考对方的出马策略。

再次,将三种马的序位进行重新洗牌,从而一对一进行竞争者定位。

最后,安排妥当,等待胜利结果。

【依样画葫】

定位对手要从定位自己开始,充分了解自己的优势、劣势、机会和威胁。从行业发展、细分市场和产业链的角度去筛选竞争对手。随后换位思考,进行竞争策略分析与追踪。

"我们要从市场的角度看产品,从产品的角度看市场。"前者是对营销环境做分析,后者是进行市场细分,选择目标市场。

不过,两者之间,还存在一个不可忽略的因素,就是内部因素,即企业

(或者个人,或者产品)自身的因素。外部环境的意义在于发现环境变化中出现的机会,而内部分析则是利用自身资源发现的机会的关键。在进行内部分析时,我们介绍一种常用的工具:SWOT。S 代表 strength(优势),W 代表 weakness(弱势),O 代表 opportunity(机会),T 代表 threat(威胁)。这种分析不是单因素分析,而在于结合,SW 是内部因素,OT 是外部因素,并且进一步提出相应的战略。

	优势-S	劣势-W
机会-O	SO 战略	WO 战略
威胁-T	ST 战略	WT 战

【患得患失】

必须重视的是,不是所有的行业对手都是自己的竞争对手,不要总是把标杆当作自己的敌人,或许根本就不在一个圈子,也或许差距就如同双方同等级马之间的差距,追赶不上。这时候,不妨重新定位自己的对手,去找准最合适的对手。

身无彩凤双飞翼,心有灵犀一点通

可以没有彩凤飞翼那般世所罕有的精品,但是通过定位去契合消费者的心理,与消费者心有灵犀,那么产品将畅通无阻。

1.2 故事营销:功夫在诗外

【他山之石】

为六十周年国庆献礼的《建国大业》推出了诸多衍生品,其中与 ZIPPO 合作开发的印有毛主席头像的古银腐蚀打火机,限量 100 只,在北京首映当天就销售一空,可见受欢迎程度。

ZIPPO 作为世界上最知名的打火机,是如何成为许多男士的至爱和乐此不疲的话题呢?又是如何成为许多女士送给心爱男人的生日礼物首选的呢?

【引经据典】

老子曰:"道者,万物之奥。善人之宝,不善人之所保。美言可以市尊,美行可以加人。人之不善,何弃之有？故立天子,置三公,虽有拱璧以先驷马,不如坐进此道。古之所以贵此道者何也？不曰'有求以得,有罪以免'耶？故为天下贵。"（第六十二章）

【注】 爱美之心,人皆有之。老子说,大道是万物的保护伞。是善人的法宝,也是不善之人的保护。那么怎样的道可以如此呢？是美。美言可以换取人们的尊重,美行可以居于人上。所以,拥立天子,设置三公,即使奉献车马玉璧,也不如把大道进献给他。因为大道能让人有求可得,有罪可免,所以才得到天下人的尊贵。

简而言之就是爱美之心,使得美之道成为天下宝贵的道。谁都喜欢听好听的,哪怕明知是恭维,这是人之常情。语言是生动的表现,行动是直接的表达。对于品牌的营销,形象化、直接化尤为关键。

顺藤摸瓜：ZIPPO,用故事书写传奇

在品牌宣传中,没有什么比一句精彩的广告词,一副精美的广告画面,一段扣人心弦的故事更有吸引力的了,可以锦上添花,也可以咸鱼翻身。这是善人之宝,不善人之所保。

"钻石恒久远,一颗永流传"带给了 DeBeers 无限经典,德芙浓情蜜意的画面换来消费者的狂热,宝马的影片营销悬念迭起,动感十足。这是锦上添花。

我们来看一段 ZIPPO 的故事：战场上的暖意！

二战爆发时,美国政府停止了许多消费品的生产,唯独没有停产 ZIPPO。由于战争的需要,ZIPPO 把所有的产品都提供给了美军。ZIPPO 随着那些英勇的战士们走遍了战场的每一个角落,在那严酷的战场上,百无聊赖的深夜,士兵们用 ZIPPO 来点火取暖,或者用它暖一暖冻僵的握着家书的双手来体会一下家的温暖,点燃一根"万宝路",还有些人竟然用 ZIPPO 和一支空钢盔做了一顿热饭。艾森豪威尔将军本人也对 ZIPPO 大加赞赏,ZIPPO 是他所用过的唯一在任何时候都能点得着的打火机。

在这个故事中,ZIPPO 几乎无所不能,而形象化的语言给一幕幕景象特写,传递的是 ZIPPO 不可替代的作用,是最好最值得信赖的伴侣。ZIPPO 将融合品质的故事营销手法发挥得淋漓尽致,令全球用户一生痴迷。

而倘若是常规套路——专家机构出具质量鉴定报告,对比实验表明产品特质,消费者发表使用感言,就不但呆板而且让人感觉到做作。

【异曲同工】

LVMH 作为奢侈品集团,同样擅长挖掘收购的品牌背后的故事,以达到整合效果。LVMH 在收购高级香槟 Ruinart 后,特地请来历史学家,挖掘 Ruinart 的历史轶事:出生于 1729 年的 Ruinart 曾被玛丽王后饮用过,曾出口其他欧洲王室。王室故事使得 Ruinart 品牌被定位为优越、高贵和全球化。这是典型的凭借故事营销将产品品牌形象提升的案例。所谓不善人之所保。再次证明美的价值之大。

对于奢侈品而言,尊贵和文化是价值所在。皇室背景背后的历史是奢侈品文化性的核心,而皇室更直接代表了尊贵,所以奢侈品千方百计寻求皇室背景。

品　　牌	王　室　用　户
瑞士钟表	欧洲皇室御用
娇兰	欧也妮女皇 维多利亚女皇 西班牙依莎贝拉皇后 奥地利女皇希茜 一度成为所有欧洲国家宫廷特别雇佣的香水家
轩尼诗	1815 年成为法国国会的主要供酒商
Kelly 包	爱马仕为摩洛哥王妃 Grace Kelly 量身定做

皇室背景并不是轻易可以傍上的。于是,体育赛事成为了又一块品牌营销的重地。奥运会成就过斯沃琪集团,更成就了阿迪达斯,各项体育赛事都有企业孜孜不倦地追求冠名权。2008 年奥运会,李宁手持火炬登天的那一刻,使得李宁品牌价值激增。

【依样画葫】

第一步聚焦:从产品质量、价格、可获得的渠道、销售服务出发,找出和同类产品最大的差异点、最大的特点,或是被竞争者忽视的重要特性。

第二步放大:将聚焦后的特点进行放大,深度挖掘,突出强调该特性。

第三步生活化：发挥想象，将该特色与生活情节尤其是细节紧密联系，设计故事。

第四步舞台化：既然是广告，就必然要做艺术处理，经过舞台化甚至略带一些夸张化的处理才能让消费者在惊讶与惊喜中铭记。

【患得患失】

一个动听的故事可以让品牌形象整个地鲜活起来，一个失败的故事同样可以在短期内毁了一个品牌。如何让故事讲得不让人反感，是关键。

功夫在诗外

故事可以让品牌形象化，让形象立体化，让立体固体化。必须注意的是，故事来自于对产品自身内涵的挖掘，故事本身只是一个呈现价值的手段和桥梁，功夫在如何挖掘上，而不是伪造。

1.3　植入式营销：随风潜入夜，润物细无声

【他山之石】

冯小刚导演的贺岁片《非诚勿扰》将植入式营销推上一个新的高潮，引起讨论，却并没有惹来观众的反感。而 2010 年虎年春晚，却被观众戏称为：广告中插播节目。为何会引起这种反差呢？

【引经据典】

老子曰："孔德之容，唯道是从。道之为物，唯恍唯惚。惚兮恍兮，其中有象；恍兮惚兮，其中有物。窈兮冥兮，其中有精；其精甚真，其中有信。自古及今，其名不去，以顺众父。吾何以知众父之然也哉？以此。"（第二十一章）

【注】　所谓道，恍惚窈冥，看似若即若离，不可捉摸之中，有像，有物，有精，也就是有实在，有一个规律。无论表象如何万千变化，本质唯一而不变。知道这个核心，那么就不会为外物所困扰了。

换一个角度看问题，所谓绵里藏针，笑里藏刀，针和刀是本质，但外在一定附上保护层，就像动物的保护色。

顺藤摸瓜：冯氏贺岁，让广告非诚勿扰

《笑傲江湖》中独孤九剑破剑式，其实只有一招，不变应万变，就是快。《小李飞刀》中李探花的飞刀，招无定式，但三个字，快，准，狠。

《倚天屠龙记》中张无忌九阳神功，没有花哨，就是内力深厚。

这是核心，是本质。在这些之上，可以把剑舞得更花哨，可以把飞刀飞得更诡异，可以把招式设计得更漂亮，但脱离了快、准、深厚，则只是花架子。并且，如果花哨的动作影响了速度，诡异的抛物线影响了准度，漂亮的姿势影响了气度，那么不仅仅是华而不实，更有可能是致命伤害。

植入式营销是指将产品或品牌及其代表性的视觉符号甚至服务内容策略性融入电影、电视剧或电视节目各种内容之中，通过场景的再现，让观众在不知不觉中留下对产品及品牌的印象，继而达到营销目的，相当于隐性广告或软广告。它不仅运用于电影、电视，还可以"植入"各种媒介，报纸、杂志、网络游戏、手机短信，甚至小说之中。

国内电影植入式广告的先河可以说是开创于冯小刚导演，其作品《手机》，《大腕》，《天下无贼》等无一不是植入式广告的经典之作，尤其《大腕》呈现出一种反讽的调侃幽默。而其2009贺岁大片《非诚勿扰》，更是将北海道整体植入，属于大手笔制作。2010年《非诚勿扰二》又将海南三亚整体植入。再以《手机》为例，为了回馈赞助商宝马汽车，出品方专门设计了一场广院学生偷偷出去玩，12个女孩同挤一辆宝马车返校被抓，被老师批评的剧情。这个段落在幽默的同时把宝马车内部空间的宽敞表现得淋漓尽致，对产品起到了很好的卖点宣传效果。当然，《天下无贼》那句"开好车的一定是好人吗"，让赞助商宝马哭笑不得。

反观春晚，2009年赵本山小品《不差钱》除了红了小沈阳，搜狐网也跟着不断地重播不断地被提及，被人引为经典。但在2010年，搜狐搜狗过多地出现终于引来了观众的不满，甚至人们在问：搜狐究竟给了多少钱？

【异曲同工】

《爱情呼叫转移1》之于酷派手机，《爱情呼叫转移2》之于本田飞度，《命运呼叫转移》之于中国移动，植入式广告成为电影制作在票房回报之外的又一利润增长点。

除了这些还可以算得上是隐性广告之外，比如蒙牛酸酸乳之于超级女声，则属于冠名的植入。

【依样画葫】

尽管越来越多的植入式营销出现在我们的视界中,但是系统的植入式营销工具并没有出现,本章对此进行简单的归纳:

其一是实物植入。比如影视剧中出现的车、手机、酒水等,这些是生活中必然出现的物品,对于制片人而言能弥补剧组本身的必须开销,对于观众而言,这也是接受度较高的。

其二是整体植入。比如《大清药王》讲述同仁堂的故事,《天下第一楼》讲述全聚德的故事,央视热播的《乔家大院》更是大大促进了当地的旅游业。但是整体植入对对象的要求极高,除非中华老字号,或历史重要人物。

其三是文化植入。《大长今》是成功之作。将韩国文化植入到中国市场,带来强劲的韩流。

而在具体的应用中,可以设计特定的场景用以展示产品,可以将产品融合在对白中,可以将产品植入在道具之中。越不突兀的植入越是高明的植入。

【患得患失】

如前所述,植入营销的关键在一个"度"。把握得好,就是一个抖响的包袱,把握得不好,就是一个沉重的包袱。

随风潜入夜,润物细无声

植入式营销就像春雨一般,悄悄地将产品融合在表现载体之上,在潜移默化和不经意间达到宣传的目的,高明的植入不为人所察觉,却能勾引人的消费冲动。

1.4 极致营销:物极必反,否极泰来

【他山之石】

"今年过节不收礼,收礼只收脑白金",这耳熟能详但饱受批评的广告,却实实在在地为脑白金的销量立下汗马功劳。一边叫"骂",一边叫座,这究竟是为什么呢?

【引经据典】

老子曰:"天下皆知美之为美,斯恶已;皆知善之为善,斯不善已。故

有无相生,难易相成,长短相形,高下相倾,音声相和,先后相随。是以圣人处无为之事,行不言之教。万物作而不辞,为而不恃,功成而不居。夫唯不居,是以不去。"(第二章)

【注】 天下人都认可的美,其实是恶,都知道什么是善,其实是不善。听起来是不是在颠覆我们的价值观?照这么说,岂不是没有了善恶美丑的标准了?其实,不过是老子耍了一个小小的花招,在迷惑人。他老人家想解释转化的问题,也就是事物的对立统一,美丑,善恶,有无,难易,长短,高下,先后都可在一定条件下相互转换。这个条件是什么呢?

我们不妨从背面来解读:天下皆知丑之为丑,斯不丑已。

可见,这个条件是做到极致。极致才可以让美丑互化。

顺藤摸瓜:脑白金,不疯魔不成活

美誉度与知名度是两个不同的概念,但也并非是鱼与熊掌不可得兼,只是孰先孰后抑或可以并行存在。从广告的本质出发,所谓广告的效果,在现代传媒高度发达的社会里,与过去相比,其实在逐渐被弱化,这与消费者的见多识广,经验丰富有关,也与广告太多以至于观众目不暇接有关,应接不暇使得其曝光率在减少。现代广告的作用其实在于"混个脸熟":当人们在面对两种质量价格包装相差无几的产品时,会优先选择眼熟或者耳熟的产品。从这个意义上说,广告的知名度,当然是非负的知名度,价值甚至比美誉度还要高,因为精美的广告未必卖座。

最著名的例子就是经典的脑白金广告:"今年过节不收礼,收礼只收脑白金。"这个广告是无人不知,无人不晓,也几乎到了人人喊打的地步。据说,当初推出这个广告的时候,全公司的同事都在反对,认为有损企业形象,天下皆以为丑,唯有史玉柱拍板定案。后来的故事大家都知道,连续多年稳居十大最差广告,却给脑白金带来了无比丰厚的回报。而请过姜昆和大山拍摄的脑白金精良版却使得销量大跌,重新请回原版,业绩再度大涨。不是都认为丑么?怎么会有效?认为美的,反而没有效果?史玉柱对此有过解释:不管观众喜不喜欢这个广告,首先要做的事是要给人留下印象。能记住好的当然好,但当时我们没有这个能力,我们就让观众记住坏的。后来,十大最差广告的连年老二也出现了,黄金搭档,同样出自史玉柱之手。

从中我们可以看出,美与丑不仅是一个表面的现象,也是一个本质的区分。画质精良,内涵丰富的广告对于商业推广没有效用,那就是丑;而制作粗糙,却能起到商业效益,那就是美。当然,如果表面美和内在美能结合,就再好不过了。

五粮液集团与巨人集团联手推出黄金酒,却收获了更多的反面声音,其一是因为五粮液集团这一高品牌形象去契合黄金酒送健康这样的简单广告,是否是在自降身价,其二在于销量上,看不到令人欣喜的成绩。对于任何广告而言,评判的唯一标准是效果,是对于产品销量的提高绩效。

黄金酒案例引发人们思考,原本高端品牌形象的产品是否适合大众轰炸式低端广告,为了推广知名度,是否可以放弃美誉度。从目前的效果来看,似乎还不能调和。

【异曲同工】

恒源祥2008年、2009年连续推出的十二生肖广告更是被认定为恶俗,几乎没有正面意见。由此可见,对于原本美誉度甚佳的形象,要慎重使用"丑美"互换的手段。当然,对于急于铺货打开市场的产品而言,不妨一试,作为剑走偏锋的手法。

【依样画葫】

第一步:发掘产品自身最大的特点。

第二步:用最直接、最简洁的方式来表达这个特点。

第三步:使用重复、强调的手段来强化表达方式,以留下深刻印象。

【患得患失】

《霸王别姬》中有句台词:不疯魔,不成活。做到极致,才能锁住印象,但是极致超过了承受,就会遭到抵制。

物极必反,否极泰来

极致营销就是用争议打破常规观念的分界线,用极致的渲染印下极端的深刻,是所谓物极必反。

1.5 造势营销:溪云初起日沉阁,山雨欲来风满楼

【他山之石】

1933年,由于国民党的经济封锁和金融干扰,苏区国家银行面临民

众挤兑,时任国家银行行长的毛泽民使了一出"金融空城计":他将金库里压箱底的全部金银用上,于是瑞金县城街道上,出现了由红军警卫开路的箩筐运输队,一些箩筐里装满了金砖、金条、金项链、金戒指、金耳环和银镯、银项圈、银元、银锭,另外的箩筐里整整齐齐地码着光洋,十分壮观。运输队把一担担的首饰和光洋挑进银行。每通过一担,就有老乡一边数着,一边兴奋不已,啧啧地夸赞:"银行真是财大气粗!"此举为等到前线物资运回赢得了充裕的时间。

【引经据典】
老子曰:"反者道之动,弱者道之用。天下之物生于有,有生于无。"(第四十一章)

【注】 三十六计敌战计第一计即无中生有计:"诳也,非诳也,实其所诳也。"说的是要虚虚实实,出其不意。这正是"天下之物生于有,有生于无。"

反者道之动,可见天下之道,反其道而行之;弱者道之用,这是说,道有韬光养晦之功效,藏刚于柔。

顺藤摸瓜:金融空城计,用造势来稳市

银行最怕的是挤兑,而挤兑源于对银行信用的不信任,既然有金山银山般的箱底,那么就不怕纸币贬值。毛泽民的金融空城计正是利用这一点,使用造势来稳住民众的心理,从而赢得时间。

当然,这招出于诸葛孔明大唱空城计骗走司马懿。司马懿料定诸葛亮为人谨小慎微,不可能轻易冒险,城门敞开必有诈,但是孔明却偏偏反其道而用之,唱了一出瞒天过海、无中生有的好戏。而司马懿撤退路上遇到的摇旗呐喊的蜀军也不过是虚虚实实而已,使这出戏唱得更合理。

从本质上而言,空城计就是造势的成功。只不过是制造了一个虚势,造势并不等同于炒作,炒作往往捕风捉影,而造势则是"好风凭借力,送我上青天"。剪彩请领导光临,请明星出场都是一种造势,超级女声全国海选,电视直播也是一种造势,让最广泛人群看到,才会有更多的人买单。广告的意义其实也是造势。这是造实势。

我们自然提倡将内涵适当适时适可地通过外在表现力表达出来,当然,也不能忽视一些虚虚实实的手段,即便只是为了防止上当。

【异曲同工】 傻子师长范哈尔

傻子师长范哈尔在川是位名人,主要在喜剧效果上,同名电视电影都有不错的收视。下述故事是牟其中教人做生意时讲的段子,记于冯仑的《野蛮生长》:

"范哈儿那时在四川很落魄,于是就摇个船到上海,船靠码头时,吆喝一群挑夫上船挑大箩筐,筐里头是红纸包着的一卷一卷像钱一样的东西,挑夫们肩上的扁担嘎吱嘎吱直颤,说明这个筐特别沉,钱特别多。于是上海滩的人都知道范师长来了,钱太多了,挑得挑夫腰杆都要断了。所有的人都特别喜欢他,大家都愿意跟他结交,他就在一些豪华地方吃喝玩乐,今儿向这个借五万、明儿跟那个挪六万。因为都是特有钱的人在一块儿混,大家都觉得没事儿:老范家这么多钱,藏着好几大箩筐呢! 所以没人着急跟他要。就这么在上海滩折腾了好几个月,所有人都知道这家伙有钱,尤其是他那一屋子卸下来大洋压根就没动过。过了一段时间,范师长突然不见了,所有借过钱给他的人都急了,就把他的房子给围了,围了以后就把那些筐都抢了,最后把那些红纸包打开一看,全都傻眼了,原来全都是青冈木。青冈木特别沉,一节一节的都用红纸包着,看上去就像现大洋一样。而范哈儿则拿着从上海忽悠的一大笔钱回四川折腾去了。"

傻子师长一点也不傻,利用人的心理,大摆瞒天过海之计,天下事都是无中生有,无风不起浪,以一点扩开,导致人人以为有钱。

【依样画葫】

造势营销的本质其实是对受众心理特点的分析和把握,首先需要了解到受众的心理,找到突破点,如诸葛亮了解司马懿的多疑,而毛泽民知道民众对银行的挤兑是由于对银行实力的不信任,接下来便是针对这个突破点来进行布置,以求真正突破,如诸葛亮故意敞开城门,把司马懿的多疑心理放大,而毛泽民则用压箱底的金银让百姓安心。造势是相对的,声势浩大是造势,同样的,空空如也也是一种造势。

【患得患失】

尽管历史不能假设,但是必然有人问倘若司马懿偏偏进了空城,又会如何? 所以,造出的虚势存在一定的风险性,但是对于商业竞争中的真真假假,对竞争对手的各种手段也要提防,不要轻易地中了圈套,陷入一场假想的消耗战。

溪云初起日沉阁,山雨欲来风满楼

山雨将至之时,狂风大作,风是山雨造起的势,将至未至对于楼而言还是一种"无",风势则是"有",这就是有生于无。造势营销的风势一定要够猛,但是背后的山雨也要有足够的分量,不然便是雷声大雨点小,一场空。

1.6 口碑营销:海内存知己,天涯若比邻

【他山之石】

2008年7月,"开心网"频频见诸报纸与网络,"你加入开心网了吗?"甚至成为写字楼里白领们相互招呼的用语。买卖奴隶、抢车位等游戏让无数白领为之倾心疯狂,2009年推出的"偷菜"游戏,更使得一些人做好电子表格,订好闹钟来收菜。开心网的成功是口碑营销成功的又一个典范,而细究其本质,离不开人和地利天时。

【引经据典】

老子曰:"道可道,非常道;名可名,非常名。无,名天地之始;有,名万物之母。故常无,欲以观其妙;常有,欲以观其徼。此两者,同出而异名,同谓之玄。玄之又玄,众妙之门。"(第一章)

【注】 "道可道,非常道",堪称《道德经》的六字箴言,知之者众,但是一来可能不知其含义,二来可能不知其余五千余言,三来可能不知语出《道德经》。又何妨呢?倘若把"道"作为一个品牌,无疑获得了空前巨大的成功。至于葫芦里卖的是什么药,总有一天你会买回家尝尝,不然就是落伍一代。你愿意被冠以落伍的头衔么?

顺藤摸瓜: 开心口碑三大基石:人和,地利,天时

笔者在2008年4月参加丽江一家户外俱乐部组织的香格里拉之行,司机师傅介绍说该俱乐部是当地口碑最好的,这让我稍感惊讶,口碑之说已深入民间。更惊奇的是,在雨崩村,一个公路不通,物资靠骡子运输,刚刚通电,带有原始色彩的村子,一位开客栈的淳朴藏民热情带我们去自己修建的观景台欣赏卡瓦格博峰。临行时,他用并不太自如的汉语说,希望我们能拍些照片,传到网上,介绍一下他的客栈,并且,传到不同的网上。

可见，人们都在不知不觉中认识到了口碑营销的强大并且在运用这一手法。

口碑营销，严格意义上并不属于一种新的营销模式，历来商人们就明白一传十、十传百的效用，知道金杯银杯不如自家的口碑。但在信息爆炸的背景下，现代技术让口碑营销迸发出了前所未有的力量，这得力于互联网传播的及时、迅速，广阔的覆盖面和用户群，网聚了人的力量，也就网聚了意见的影响。

但这里隐含的前提是：产品的质量过关或是能行之有效地解决些问题。消费者是乐于得了便宜卖乖，顺水人情何乐而不为。一来是所谓独乐乐不如众乐乐，二来是人们喜欢听到旁人赞扬自己善于购买到性价比高的产品。

倘若产品拿不上台面，却要选择口碑营销，那只能是自作孽，不可活。好事不出门，坏事传千里。舆论毁掉一个品牌比造就一个品牌容易得多。

要实行口碑营销，必须得选对人，选对地点，选对时机。所谓人和地利天时，缺一不可。

先说人和，这人得厚道，最好还能是意见领袖，并且是该产品领域内的意见领袖。说话有分量才有人信，有人信了愿意去试，试了好用，接着就会传播。其实，这是一个选择目标消费者的过程，必须知道谁是你的目标客户，将产品准确传递到这个群体，而不是在周围打游击。广告代言人，自然应选择形象健康积极向上的明星或非明星。最好专业对口，或者其背后能够凝聚目标消费群。姚明代言体育用品，很合理；罗纳尔多代言金嗓子喉宝，就有恶搞的意味。当然，现在明星选择代言也很慎重，一失足，也会毁了自己辛苦建立的形象。

但是没有地利，不行。尤其在这个消费者已经练就火眼金睛的年代，已不是脑白金软文广告横行的当年。不过，道高一尺，魔高一丈。软文还是能"欺骗"消费者的眼睛的。其实产品能有益，软文倒无妨。关键在投放渠道！哪儿有你所希望的意见领袖？哪里会聚集你所希望的目标消费群？需要选择。渠道关乎收入，直接回笼资金。近年来，在网络广告市场中，搜索引擎和门户网站之外，垂直网站的迅速崛起就是因为它们是很好的可以定位消费者的渠道。

有了人和、地利之后，不能没有天时。"无，名天地之始；有，名万物之母。""无"对应天地本原的开始，"有"对应万物生长的开始。这就是"天时"。在营销中，何为天时？指的是产品所处的市场状态。我们不妨借鉴波士顿矩阵：

高	明星 STAR	问号 QUESTION MARK
行业增长率 低	金牛 CASH COW	瘦狗 DOG
	高　　　相对市场份额　　　低	

波士顿矩阵从相对市场份额和行业增长率两个维度对公司业务进行评估，并划分为四种类型。显然，明星和金牛令人欣喜，而问号和瘦狗是需要警惕的。这四种生存状态是针对企业已有业务在已有市场中的表现，不妨将其归之为"有"。在此之外，还有两种"无"的市场状态：一是市场尚不存在，但有潜在的消费者需求；二是市场尚不存在，你也不知道有没有消费者需求。天时就是市场处于上述形态的哪一种。

在技术创新的领域里，企业会面临两种危机：一是进入过早，二是进入过晚。简单说，就是人人怕自己成先烈先驱，为他人做嫁衣，又怕自己赶了晚集，大好河山都被对手给插满了旗帜。那么怎么办？莫急，因为老子告诉我们了。

无，有，"同出而异名"。也就是说，我们要从市场的角度看产品，从产品的角度看市场。营销的核心是定位，但是，做定位之前要对营销环境做分析。这是从市场角度看产品，从产品角度看市场即进行市场细分，选择目标市场。

我们来看开心网的案例

人和：人是口碑传播的关键。

"我的几个朋友开发了一个好玩的网站，叫开心网，现在正在进行测试。我的几个好友已经在上面注册了。如果你在开心网成为我的好友，你可以查看我的最新照片、日记、了解我的最新动态。"

这样的留言或者邀请信，通过电子邮件、MSN、QQ、链接等各种形式传播，相信大家并不陌生，来自于亲朋好友的邀请，很难让人拒绝，点开邀请链接即可进入注册页面，注册后会提醒用户查看，自己的邮件地址中哪些朋友已经注册了开心网，是否邀请未注册的朋友。

选择实名制好友来进行传播，是开心网成功的第一步。

地利：市场细分造就开心奇迹。

在开心网的案例中，我们不妨将地利理解为对市场进行细分，很明显的，校内网（现更名为人人网，已于2011年5月在纽交所上市）针对的是在校大学生群体，而开心网则定位在写字楼里的白领们。这一群体的特点在于追求时尚与新鲜，好奇心重，长期面对电脑屏幕，并有可能与同事之间缺乏沟通，同样重要的是，由于当年通讯手段的欠发达，一些小学中学的同学或许失去了联系。开心网的出现适时地解决这些问题，可以通过实名制找寻老友，可以通过网页游戏和同事增进交流，也可以放松疲劳。

天时：顺势而为，天公作美。

开心网的出现恰恰是次贷危机转变为金融危机的时刻，在白领群体日渐感受到压抑、郁闷的时候，凭借开心两字便能吸引人气，开心是寻来的。在危机下，压抑的气氛更希望得到疏解。而新鲜的休闲娱乐游戏社区，则能够达到这一目的。

【异曲同工】

2010年最火的网络产品是微博，新浪微博延续了其博客成功的模式，即通过明星开博，吸引粉丝入驻，再通过粉丝的口碑传播，将亲朋好友拉来一起微博，这是典型的口碑营销的一个案例，而随着用户群的扩大，影响力的壮大，微博本身又成了商家进行口碑营销的平台。虽然微博并非创新的产品，在国外有twitter；在国内，也有模仿先驱，但他们却未获取成功，反而经历长期的停运，元气大伤，这恰恰是因为不占天时。

【依样画葫】

人和：人是口碑传播的关键；地利：市场细分造就奇迹；天时：顺势而为，天公作美。

三大基石，是按照顺序来：人和，地利，天时。重要在人和，有消费者需求之后，着手地利，可以去铺货，也可以倒做渠道，等着经销商来提货，之后有天时，就顺势而为，因势导利，时机不成熟，可以耐心等待，也可以主动出击，去创造机会。但是，最重要的是消费者，永远记住这一点。

【患得患失】

口碑营销的成功在于不仅仅是营销手段的成功，而且在于产品本身的质量，不然，不是好事传千里，而是坏事传天下了。舆论毁掉一个品牌比造就一个品牌更容易。

海内存知己，天涯若比邻

口碑营销的核心在于让消费者从被动接受信息转变为主动分享信息，让信息在亲朋好友中爆炸性传播，天涯咫尺，近若比邻，"满城尽带黄金甲"之时，便是口碑营销成功之日。

1.7 病毒营销：文章合为时而著，歌诗合为事而作

【他山之石】

2010年，"凡客体"成为了最流行的话题。起于韩寒代言凡客诚品的广告词："爱网络，爱自由，爱晚起，爱夜间大排档，爱赛车，也爱29块的T-SHIRT，我不是什么旗手，不是谁的代言，我是韩寒，我只代表我自己。"而随后凡客体在网络上一发不可收拾，黄晓明、郭德纲、赵本山等等演艺圈名人均被网友恶搞，而这种恶搞却使得凡客的知名度节节高。

【引经据典】

老子曰："载营魄抱一，能无离乎？专气致柔，能如婴儿乎？涤除玄鉴，能无疵乎？爱民治国，能无为乎？天门开合，能为雌乎？明白四达，能无知乎？生之、畜之。生而不有，为而不恃，长而不宰，是谓玄德。"（第十章）

【注】 使身体与精神合一，能够做到两者不离么？专心吐纳气息，能像婴儿般生机充盈么？停止思虑，能够使内心无杂么？爱民治国，能做到无为而治么？任由自性，能做到守柔居雌、与物无争么？明亮坦白，四通八达，能无执无着么？

看起来很艰深，其实这是广告之道的至高法则。

顺藤摸瓜：凡客体，凡客也疯狂

之前的章节中，我们曾探讨过广告的本质就是广而告之，而现代广告的作用已经被弱化到"混个脸熟"。不比广告业在我国兴起的时候，一个广告，大家伙就会冲店里去买。现在也有，只是难了，对广告的设计要求很高。消费者都很精明，看见广告就转台，看见广告也不那么容易相信了，谁都知道方便面的广告，把鲜虾做的那么活蹦乱跳，其实有时候压根

看不见。所以,广告的保本作用就是挣个眼熟分。至少得做到这一点。

而病毒营销的效果是惊人的,由于其自身的可复制性,在传播的过程中,会如同病毒一样扩散,但是要满足这一效果对于广告自身的要求非常高,因此我们先来看看好广告的五项法则:

法则一:形式与内涵相辅相成

载营魄抱一,能无离乎?说的是要身体和精神一致。以身比喻广告的形式与文字,以精神比喻广告所要承担的任务或说是内涵、厂商的期望,那么,好的广告必然是两者紧密结合。形式再绚烂,不能反映出主题,那是背道而驰,因为广告的目的就是促进销售。所有达不到该目的的手段都只能称之为浪费。很简单地举例:宝马——成功人士的坐骑。这是很好的品牌呼应。但也有失蹄时,赞助《天下无贼》换来了一句"开好车的一定是好人吗?",典型地背道而驰。

法则二:主题专一、突出、不混乱

专气致柔,说的是要能够专心吐纳,没有杂念。用之于广告,也就是说主题要突出,要专一,不要在有限的时间内做主题元素的多样性轰炸,那样会使得消费者不知道你真正要表达的是什么。如果有很多主题元素想推出,不妨设计为系列片,能保持新鲜度,不至于产生审美疲劳。雀巢咖啡"味道好极了","农夫山泉有点甜","十里南京路,一个新世界"都是让人津津乐道的广告语。

法则三:不要让消费者思考

涤除玄鉴,是说洗去主观成见和杂念,反过来理解,就是不要让消费者费力思考。广告在追求别出心裁的同时,不能让消费者琢磨不透,陷于痛苦的思索。很简洁的广告如"高露洁,没有蛀牙",诉求很清晰,观众不需要再进行思考。可是有的广告,压根不知道在说什么,到最后恍然大悟,却又不明白和产品有什么联系。这是最忌讳的。也就是为什么有的广告制作精良,可以拿奖,但是没有效果,叫好不叫座。Steve krug 写过一本非常著名,入选近十年来计算机图书 50 强,被 web 设计人员奉为圭臬之作的书,叫做《don't make me think》。

法则四:不像广告的广告才是好广告

爱民治国,能无为乎?无为不是不做,是顺其自然,是不刻意而为。

那么用之于广告,则是让人看不出是广告的广告才是广告中的广告,极品广告。

大约可分为两类。一是大家所熟悉,近年来势头很猛的软文广告。二是火到不行的事件营销之新闻广告。

第一类是软文,所谓软文就是采用巧妙的方式,将自己的产品融入其中,而不致使消费者厌恶或是能判断出这是广告。在异曲同工中我选取了史玉柱的软文八十字秘诀。

第二类是事件营销,新闻广告。简单地说,就是用事件模糊广告的盈利性,而突出其品质。"蒙牛"有一个法则,叫做"广告打造玻璃品牌,新闻打造钻石品牌"。广告长于知名度,新闻长于美誉度。让广告承担"然",新闻承担"所以然"。将广告和新闻相结合,则是取长补短。例如,蒙牛产品被认定运动员专用产品后,广告《天上航天员,地上运动员》中,既嵌入了神舟五号发射场面,又捕捉"运动员专用产品新闻发布会"的现场镜头。

还有一位必须提一下的就是唐骏,2008 年,以"10 亿"转会费加盟新华都的"打工皇帝"。唐骏特地在北京饭店召开"唐骏先生新闻发布会",数百家媒体到现场,争相报道,这是新华都 10 亿元都未必买得来的好广告。

法则五:不要丑化竞争对手

天门开合,能为雌乎? 说的是要守柔居雌与物无争。应用于广告中,也就是不要打压丑化竞争产品。一来可能会惹上不必要的官司,二来消费者也认为缺乏足够的气量,缺乏气量的背后则可能会是实力的不济。损人而不利己,赔本生意不做为妙。特别是在一些隐性广告里,千万别低估消费者的智商,自作聪明。

由此我们再来看凡客体的成功,用韩寒和王珞丹两位 80 后的偶像作为代言人,尤其是请来了极少代言商业广告,在年轻人中极有影响力的韩寒,首先就保证了营销传播有足够的受众群。并且很明显,是传播力最强的年轻网络群体。而"爱网络,爱自由,爱晚起,爱夜间大排档,爱赛车,也爱 29 块的 T-SHIRT,我不是什么旗手,不是谁的代言,我是韩寒,我只代表我自己。"这段广告词却恰如其分地体现了凡客诚品青春个性的特质。形式与内涵相符,主题突出,就是反映衣服主人的个性,简单明了,不复杂不用多思考,乍一看是对衣服主人的宣传而非对产品的宣传,也没有丑化竞争对手,完全符合之前提到的五项原则。这步完成之后,凡客体因其幽默风趣的格式,迅速在网络传播,而其极具个性的宣言又让聪慧的网民们变化出各种版本,参与改编的人越多,流行的纬度就越广,产品的推广就越成功。

【异曲同工】 软文写作八十字秘诀

能发挥病毒营销最大功效的就是如同凡客体这般并不具有显性广告宣传的宣传语,所谓高级软文。史玉柱在创业初期,也善于软文广告,他曾总结了八十字秘诀:

软硬勿相碰,版面读者多,价格四五扣,标题要醒目,篇篇有插图,党报应为主,宣字要不得,字形应统一,周围无广告,不能加黑框,形状不规则,热线不要加,启事要巧妙,结尾加报花,执行不走样,效果顶呱呱。

【依样画葫】

第一步:针对产品特质或文化,设计一套可以轻松被改编的广告语。
第二步:选择对目标受众群最有影响力的代言人。
第三步:借助新媒体进行有效传播。

文章合为时而著,歌诗合为事而作

病毒式营销的核心在于制造一个可自生的模版,让模版在大众智慧的传播中不断新生。

1.8 饥饿营销:十年磨一剑,霜刃未曾试

【他山之石】

2009年,海派清口创始人周立波的演出《笑侃三十年》火爆了上海滩,其中有一段说到中国改革开放后进入的第一支外国广告,万宝路。"美国人真的会做生意,广告进来了,东西没,天天给你看,买不着,这其实就是一种纯的市场经济,他人为地培养一种市场饥饿感。"而当万宝路正式铺货的时候,市场一下子就沸腾了。

【引经据典】

老子曰:"有物混成,先天地生。寂兮寥兮,独立而不改,周行而不殆,可以为天下母。吾不知其名,字之曰道,强为之名曰大。大曰逝,逝曰远,

远曰返。故道大,天大,地大,王亦大。域中有四大,而王居一焉。人法地,地法天,天法道,道法自然。"(第二十五章)

【注】《庄子·应帝王》中记载了一则关于浑沌的有趣寓言,说的是南海大帝儵与北海大帝忽常常到中央大帝浑沌那聚会,浑沌款待他们十分丰盛,儵和忽于是在一起商量如何报答浑沌的深厚情谊:"人人都有眼耳口鼻七个窍孔用来视、听、吃、呼吸,唯独浑沌没有,我们试着为他凿开七窍吧。"议定后,他们每天凿出一个孔窍,凿了七天,浑沌七窍流血,死去了。

浑沌在古代被认为是盘古开天辟地前的状态。而道在天地生成之前就存在了,道法自然,人也应法自然,儵和忽两位正是没有遵循自然之道,才使得浑沌一命呜呼。

顺藤摸瓜:Iphone4:最远的距离是四袋苹果与苹果四代

如果我们将天地理解为市场,那么浑沌状态就是市场尚未形成时的状态,本章将探讨这个时候的营销策略。如果要问,没有市场,何来营销?那么请注意,道也是先天地生,法则规律是早就存在的。

诚如开篇所说万宝路铺货的手法,先以广告激发起巨大的好奇和胃口,等到市场饥饿,一出手,便沸腾。

几十年过去,又一个美国商人将此演绎到极致,他就是乔布斯和他的Iphone4。Iphone手机毫无争议是智能机中的领军,但是在4代之前,在中国市场也并未有绝对领先优势,4代一出,预约,还是预约,断货,还是断货!并非产量跟不上,而是故意不供货,这种人为控制,而非根据市场需求的供货使得Iphone4手机一路畅销,市场饥饿感造就了市场抢购,市场饥饿感也使得使用苹果手机不再仅仅是时尚与科技,甚至有身份的含义,苹果手机也成为礼品市场的新宠,这与国内企业拼命往市场铺货,甚至降价再降价的促销手段,真如四袋苹果和苹果四代的差距。

从理论上说,新产品的投放,是产品生命周期的引入期,讲究"快"字诀,铺货要快,确保足够的市场覆盖;供货要快,确保对销售渠道的供给。在如何投放时,营销教材中常使用的两个字,"推"与"拉"。对于初学者来说,经常分不清楚推和拉的区别,甚至会有几分贾岛推敲之意。简而言之,推就是将货铺给经销商,做经销商的关系;拉就是把关系做足在终端消费者,刺激出他们的需求。

换言之,不推新品,这个市场可能还在慢慢地酝酿之中,还在水下,可能接近水面,也可能在海底两万里。你把它推出来了,市场就被刺激出来,浮出了水面。

用史玉柱的话说"要尽量利用消费者目前的知识,他的常识,然后导到你这个产品上面。"当然他还说过,"世界上什么事情最难？改变消费者固有的想法最难,比登太阳还难。一定不能说消费者某一个观点是错的,如果说是错的,想改变过来,谁都改变不了。"

这就是道法自然的原则。

【异曲同工】

关于营销中的推还是拉,史玉柱做脑白金时提供了一个思路,"倒做渠道"。"脑白金在一个地区市场启动前,先打广告,让顾客到商店找上门,然后我们等着经销商带着钱来要货。"这与万宝路有异曲同工之妙。把经销商先暂时放在一边,对终端消费者展开攻势,创造市场拉力。脑白金除了广告外,还采用过免费赠送的活动宣传。采用拉氏策略的好处还在于有效解决应收账款的问题,现金流的断裂不是那么好惹的。其实,仔细瞧瞧,一些看似出其不意的营销策略,又何其相似。

【依样画葫】

饥饿营销的核心是要对产品有足够的信心,这种信心不仅仅是来自于企业自身,更是长期以来消费者对企业产品所积累起的消费信心和忠诚。基于此,在新产品的推出或是新市场的投放前,大量的广告投放以刺激市场需求,随后通过产品投放初期刻意的压货来造成紧俏脱销的景象以进一步刺激市场需求,最后所要做的就是等待批量投放后市场的沸腾。

【患得患失】

如前所述,从事饥饿营销是有基础的,如果缺失了如此基础,那么面对的不仅仅是一个冷淡的市场,甚至有可能是错失良机,使得原本的市场领先者成为了落后的产品,毕竟市场的更新换代非常快,模仿能力非常强。

饥饿营销：十年磨一剑,霜刃未曾试

耐得寂寞十年,不为浮躁所动,寂寞不仅仅是情绪,更是圈套,套住的是日益渐起的消费欲望。但是要谨防弄巧成拙,错失良机。

1.9 借力营销:好风凭借力,送我上青云

【他山之石】

在蒙牛初创之时,内蒙古乳业的第一品牌毫无疑问是伊利,那么,第二品牌是谁?少有人知。于是,1999年4月,内蒙古的路牌广告一夜之间书写金黄大字"蒙牛乳业,创内蒙古乳业第二品牌"。蒙牛出世就提出创"第二品牌",这等于把所有其他竞争对手都甩在了身后,一起步就加塞到了第二名的位置。可谓借势借得巧妙。

【引经据典】

老子曰:上善若水。水善,利万物而不争,处众人之所恶,故几于道。居善地,心善渊,与善仁,言善信,政善治,事善能,勤善时。夫唯不争,故无尤矣。(第八章)

【注】 以柔克刚是老子哲学的核心之一。上善若水是我们很熟悉的概念,水把自己置于低位,不与旁人争,也就为自己设置了没有怨尤的发展空间。

顺藤摸瓜:蒙牛的"二牌创意":借势营销,站在巨人的肩膀上

竞争市场必然有强有弱,当你处于一个弱势地位的时候,该怎么办?

首先要"不争",作为弱者,你或许有能力,有潜力,但暂时还没有实力。在羽翼未丰之前要能隐忍,贸然出击无异于自杀。不争不是畏惧退缩,不是什么都不做,那不过是慢性自杀而已。快杀和慢杀,都不可选择。所谓不争是一种以退为进的战略,是不贸然行动,是慢慢壮大自己的力量。确立在这一个条件下,我们要讲策略,讲战术。

具体说来:

居善地:要有自己的根据地,井冈山就是一个很好的根据地。首先在自己的渠道自己的市场内要下足功夫,在没有扩展的情况下不能丢失地盘。

心善渊:心态要平稳,要平静,要能耐得住寂寞,不被竞争对手的招

数迷惑,鼓惑,从而头脑发热去追所谓的流行点。要安心发展自己。

与善仁:跟市场老大在一起要表示出尊敬,不可顶撞,可以不时地奉承一二;对待自己同等量级的对手,不可妄自尊大,应当团结;对待比自己弱小的竞争者,不妨给予小小的实惠,当然不能是同质化的竞争者。与产业链的各个环节都必须保有良好的关系。

言善信:当你没有足够的强势资本的时候,千万不可言而无信,这时候靠的是自己的诚信过日子。这就是史玉柱把赚来的钱一定要全部清偿债务的原因,尽管从法律上说,他也可以不还。做大事,就不可以不取信于人。

政善治:内部管理要井井有条,井然有序。攘外必先安内,切不可外面的营盘没拿下,内部后院先失了火。人才必须要留住,不能随意流失。

事善能:安排任务职位要争取做到人尽其能,充分发挥各人的潜力,至少是发挥出自己的能力。能力低于任务,会坏事;能力高于任务过多,又会导致一轻敌,二以为自己被轻视。都不利于工作的开展。

勤善时:在做到上述几点之后,最重要的是,时机成熟了,就动手吧。勤字,指农耕稼穑等劳作;有的版本也作"动",意变动。不管作哪种解,都是告诉我们要看准时机。机会来了,就要出手。该出手时就出手。

我们来看蒙牛这个创业阶段的"二牌创意"。以内蒙古第二品牌的名义一下子将其他对手甩在身后,这是典型的借势营销,借了伊利的势,而这只是第一步,接下来要看怎么跟伊利相处。蒙牛认识到除了单独品牌外,还存在内蒙古乳业的共有品牌,于是在2000年,蒙牛在和林生产基地竖起巨大广告牌,高书:为内蒙古喝彩,下注:千里草原腾起伊利集团,兴发集团,蒙牛乳业。是把伊利排序在广告牌的首位。这既是站在整体的高度,又给足了伊利面子。不像有些企业目光短浅,可能会想,自己花钱做的广告牌,怎么着也得自己放第一位。殊不知这样一来,必然会导致"老大"的心生不满。

蒙牛集团把自己放在水的位置,放在谦卑的位置,而抬高伊利,这是一种以退为进的方式。看武侠片也会有这样的镜头,江湖老大总是要做出一定的姿态的。

【异曲同工】

牛顿一句谦虚的话:站在巨人的肩膀上,为我们提供了很好的想法,就是借力。太极中四两拨千斤是借力化力,也是借力打力。这里面强调的是借。我们经常会看到一些"十大","四大"或是两家对比等一些比较的文章,很多读者都在奇怪,媒体为什么那么喜欢比较？其实,这里暗含着广告。你会发现,其中可能有你不怎么熟悉的事物,正是借由别人,抬升自己。跟最好的比,你一下子就跃升到了仅次于最好,一个人的身价,要看竞争对手,不过这只是停留在一个印象。怎么把印象化为实际,还要看货真价实。

【依样画葫】

现在的市场竞争很少会出现强者通吃的局面,弱者也不会处处皆弱,借势营销的根本在于首先找出自己与强者之间最接近的特点,随后在这个特点上做文章,通过广告宣传拉近距离,利用这种"傍大款"的模式进入人们视野,而当处于弱势时,不要着急,先培养自己的羽翼,时时刻刻把自己的地位放得低一些,越低别人就越难向你发难,反而会给予你一定的发展空间。此时,好好把握自己的方针,时机成熟后,一鸣惊人。

【患得患失】

尽管可以迅速拉升产品地位,但是对产品自身品质同样有不小的要求,借势营销只是通过营销手段将产品从默默无闻推入到前台,而在台前的表现如何则是台下实际积累的反映了。

好风凭借力,送我上青云

弱势竞争讲究一个"借"字：借力,借势,借东风,但必须注意,上青天之前必然处于人下,"寄人篱下"就应当内敛,蓄势待发。

第二节 循规不蹈矩

2.1 产品：铸造品牌：野火烧不尽，春风吹又生

【他山之石】

可口可乐总裁有句名言，"如果可口可乐公司在全世界的所有工厂，一夜间被大火烧毁了，那么可以肯定，第二天各大银行定会争先恐后地向公司提供贷款，因为可口可乐这块牌子放到世界任何一家公司头上，都会给它带来滚滚财源"

【引经据典】

老子曰："谷神不死，是谓玄牝。玄牝之门，是谓天地根。绵绵若存，用之不勤。"（第六章）

【注】 如果我们将谷神，玄牝看作为品牌，那么品牌就是产品生生不息的根源之所在。一切派生的力量，生命的动力都来于此。

顺藤摸瓜：洋品牌和土品牌的同命不同运：品牌助你练就不坏金身

我们先来看几个例子：

2005年，"苏丹红"事件给肯德基带来了危机，但是现在大家路过肯德基时会发现里面仍然是座无虚席。

2007年，宝洁旗下的SK-Ⅱ被指责含有有害成分，但是这件事情并没有影响人们对宝洁品牌的一贯热衷。

其后，高露洁的"致癌牙膏事件"也闹得家喻户晓，但是在超市里高露洁的货架前仍有众多消费者在继续选购。

2009年,强生婴儿卫浴产品被传有致癌物质,但目前销量依然不错。

再看另一组例子:

一篇《八瓶三株口服液喝死一条老汉》的媒体报道和诉讼官司,让年售额高达80亿元的保健品帝国三株集团轰然倒塌,几年后法院宣判与三株无关,但是一切都已经结束了。

当年资产规模达到5个亿的巨人集团,栽倒在1 000万的资金缺失,也是因为"各地报纸转载巨人风波,说巨人差不多倒闭了,产品没人敢买了。"史玉柱始终不能筹措到那1 000万。

曾经的标王"爱多"也因《羊城晚报》的一则"律师声明",如同信号弹一般告诉大家爱多出事了,爱多真的成了讨债人和新闻记者的天下,原本被捂在抽屉里的官司也冒出了水面。一夜之间,爱多倒下了。

同样致命的报道在肯德基们面前显得是强弩之末,而在三株们面前则成了穿心一箭。是什么导致了这种差异?

是品牌!

洋品牌树立起的不仅是消费者的使用偏好,更是情感联系。充分体现在危机面前的不离不弃。

李光斗先生说过"人常常不能容忍别人的错误,但是对于所爱的人,却可以原谅他的过失,一旦有了重要的感情因素在里面,消费者就会对品牌表现出极大的包容和持久的热情。"

而一篇报道就能压死的国内企业是因为在品牌的建设上没有做足功夫。三株很可惜,分明是与自己的产品质量无关,却偏偏付出了倒闭的代价。追根到底,是因为消费者并不能十分地信任。史玉柱在"论民营企业的十三种死法"中曾写道,在中国,说产品不好的时候,老百姓最容易信。他还写道第三种死法是媒体的围剿。

其实这正是民营企业在树立品牌的工作不够重视,或者重视了却不到位不得法的后果。

真正的品牌就如同谷神一般,可保企业不死,可以绵绵不断地释放出生命气息。

【异曲同工】

正如可口可乐总裁所述,当工厂不在的时候,可口可乐这块招牌将会是东山再起的保障,这是品牌的价值所在,人们形象地称之为金字招牌。品牌为什么会有如此强大的力量,可以力保企业不失,可以源源不断地供给能量呢？

因为品牌是一种带有强烈主观色彩的客观既成。主观是因为直接与消费者联系，每一次的消费体验随着各人的不同有不同的反馈，而这种反馈成为一种群体性的意见后，品牌便成了客观实在的印象集合，有了扎实的基础。

这种基础根深蒂固之后将极大地增强不同品牌之间的转换成本，一种感情维系的成本。那些受人尊敬的企业，可以叫宝马，可以叫联邦快递，可以叫可口可乐，他们可以叫不同的名字，但是每个名字被人深深记住的背后，必然有他们的核心理念。成功人士的坐骑之于宝马，使命必达至于联邦快递，自由的精神之于可口可乐，无论是宝马哪个系列，无论是联邦空运还是海运，无论是可乐还是雪碧，产品线怎么延伸，包装如何变化，但竞争力不变，理念不变，就像火眼金睛一样，瞧得真切。

【依样画葫】

品牌建设对于企业而言是极为重要的，因为品牌对消费者是情感的联系，品牌输出的是理念。在各自不同的理念背后，依旧存在一个共同的信仰，那就是差异化、满意化的服务与文化的植入。缺乏差异化，只好廉价血拼；缺乏满意化，只能眼看顾客流失；缺乏文化植入，则只会是单薄的产品。耐克的一个钩子十倍于生产价值，是因为它的文化。而这种文化可使得企业度过危机。力保大难不死是品牌最强大的作用。

【患得患失】

品牌可以帮助企业度过难关，却不能因此而肆意妄为，因为每一次负面消息都是对品牌防护力的一次损伤，到达一个极限后，这块免死金牌也就被收走了。这种到达极限状态的损坏基本是万劫不复，如三鹿；即便不是万劫不复，也是元气大伤，如深陷瘦肉精的双汇。

野火烧不尽，春风吹又生

在企业发展中，各种外力内力突发事件不可避免，负面消息或许正如野火凶猛来袭，然而良好的品牌形象和消费者忠诚，可以留住产品的再生力量，春风一来，辉煌重铸。简而言之，品牌助你练就不坏金身。

2.2 产品：忍痛割爱：花开堪折直须折，莫待无花空折枝

【他山之石】
中文打字机曾经风靡一时，然而随着个人电脑的兴起，那些生产打字机的厂家却未能看准时代的浪潮，一味守旧，使得自己最终被泊在了岸边。

【引经据典】
老子曰：持而盈之，不如其已；揣而锐之，不可长保。金玉满堂，莫之能守。富贵而骄，自遗其咎。功成事遂身退，天之道。（第九章）

【注】 2008年6月27日，比尔盖茨功成身退，全心转向慈善基金。老子所言功成事遂身退。比尔盖茨是何其的成功，可能这样的行动对于本书的读者只有艳羡二字。人生如此，产品亦如此，没有永远的畅销，有其遵循的生命周期。

顺藤摸瓜：落寞的四通打字机——要学会忍痛割爱

1986年，四通诞生了中国第一台中文打字机，掀起了"中文电脑打字"旋风，许多中小企业通过这个设备第一次接触了"电脑"。"电脑打字"甚至成为了一种全新的劳动技能。当年，四通打字机就为四通创造了90%的利润。然而90年代之后，联想等一批国内厂商开始从事个人电脑的销售，在面对新产品的侵入和市场走向的判断时，四通认为个人电脑的应用并不会广泛，而是继续抱着中文打字机这棵摇钱树。1991年、1992年每年的纯利润高达三四个亿人民币，占到集团销售额70%以上，有如此贡献的功臣无论从情感上还是从利益中都很难割舍，这在一定程度上影响了四通管理层对未来趋势的判断，在1995年四通打字机基本退出市场之后，四通集团的辉煌便开始暗淡。

回首往事，四通集团董事长段永基说："这和我们领导层的素质有关系，公司当时的领导层懂电脑的不多，对信息产业发展的趋势几乎没有讨论过，所以没能看到信息产业未来5年乃至10年的趋势。"据四通管理层人士透露："四通的一位高级技术人员早就提出搞汉卡，领导没有同意，怕冲击打字机。如果当时情形相反，四通在PC上未必会落得今天这种局

面,起码是四通、联想并存。"

产品,几乎不存在永生、永存,或因为自身的管理,或因为市场的变化,或因为技术的革新。传统的生命周期理论将产品分为四个阶段:引入期、成长期、成熟期和衰退期。这其中,最难做的是在衰退期的决策。一来,产品带来过辉煌而且依然在赢取利润,于情于理都很难割舍;二来,也不容易界定是否真的步入了衰退,总会幻想业绩的不好是暂时的,还会重回巅峰;三来,对行业的判断可能会失去准星。

俗话说,三十年河东,三十年河西。没有哪个行业是一成不变的,十几年前的电视机、电冰箱行业,如今都从朝阳产业变成了近乎夕阳产业,利润已经很薄。这主要是竞争环境所致,当年的降价比拼拼到最后留下一句:有些人擅长把赚钱的行业变成不赚钱的。

【依样画葫】

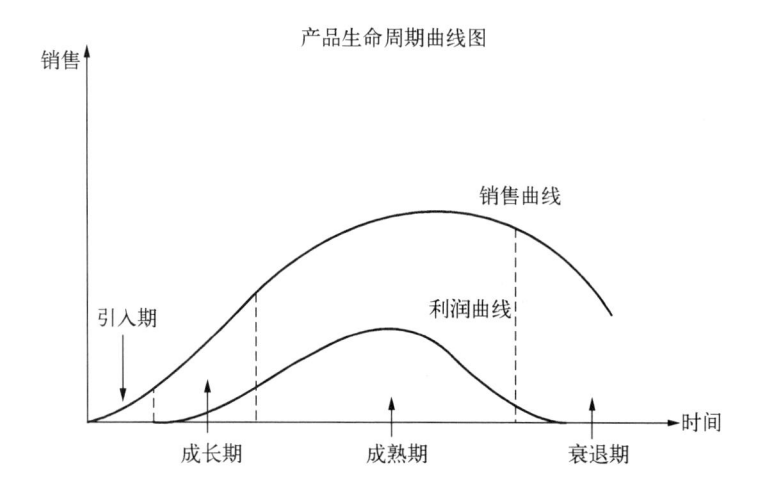

产品生命周期曲线图

阶　　段	一字要诀	解　　释
引入期	快	铺货要快,确保足够的市场覆盖
		供货要快,确保对销售渠道的供给
成长期	好	铺货快,但要关注渠道的库存
		注意竞争产品在渠道成员中的影响力

续 表

阶　　段	一字要诀	解　　释
成熟期	占	加大对渠道成员的激励,减少竞品冲击
		尽可能延长成熟期
衰退期	转	逐步淘汰勉强保本的渠道成员
		转向新市场

在衰退期,最怕的是执迷不悟,尤其是在新兴技术和新浪潮来临之时,依然抱住过去的摇钱树不肯撒手,不愿投身新的研发领域。

【患得患失】

忍痛割爱总是困难的,之所以困难是由于情感上不容易接受,有一种思维叫做"仓位思维",当你重仓一只股票的时候,会倾向于选择性过滤掉利空消息,而只留下利好。同样,在产品面临衰退期的时候,依旧会希望这只是暂时的危机,而非历史淘汰的趋势。当然,也要谨防的确只是暂时的危机而匆匆抛弃。

花开堪折直须折,莫待无花空折枝

任何产品都有自己的生命周期,在各个阶段应该采取相应的策略,在面对行业或是产品衰退期时,不能只惦记着曾经的利润,要能果断地做出割舍。功成事遂身退,继而寻找新的市场和增长点。在面对新技术进步的时候,要打起精神,把握不好市场的趋势将导致走向末路。

2.3　定价:系统低成本:轻舟已过万重山

【他山之石】

曾经,市场上出现了1元钱机票。后来被同行斥为恶意竞争而收手。1元机票或许只是一个噱头,但是该航空公司的确不折不挠地将低价进行到底。99系列成为了招牌,它就是春秋航空。那么春秋航空何以在竞争激烈的航空业存活并保持盈利呢?只是因为定价吗?

【引经据典】

老子曰:"民之饥,以其上食税之多,是以饥。民之难治,以其上之有

为,是以难治。民之轻死,以其求生之厚,是以轻死。夫唯无以生为者,是贤于贵生。"(第七十五章)

【注】 子曰,苛政猛于虎。苛捐杂税多,民众就会陷入饥荒,巧立名目多,民众就会难统治,因为朝令夕改,如同惊弓之鸟。搜刮民脂民膏,就会让民众轻生,因为生不如死。要"不折腾",才好。不过,收取的少,或者说定价低的背后,为了支撑正常经营,必然成本也要低,然而这种低成本确是一种综合的考量。

顺藤摸瓜:春秋航空:低成本是一项系统工程

价格太高,无人问津,怎么办?降价。功能太多,浪费严重,怎么办?删繁就简。让利于民,是一些企业启动的口号,但本质是走了低成本战略。

定价是关系到消费者直接购买与否的一个核心要素。如何定价很有讲究,比如一些尾数定价的小技巧等等。但是价格永远不能孤立地来对待,需要成本来支撑。成本越低,价格才有更大的调整空间。所以一切低价策略都离不开低成本战略。

如美国西南航空,切入点对点的中短途运输,增加飞机周转率,剔除不必要的服务,用低价机票的战略保持盈利;又如戴尔,打破传统的经销商模式,以直销连接消费者,将节省的成本直接体现在价格的便宜,得到消费者的青睐。包括现在兴起的电子商务,都以其低成本,体现在低价格来占领市场。

低成本战略必然是在竞争激烈的市场出现的,不然,即便成本可以控制,恐怕厂商也未必愿意降价,毕竟都希望获取更高的利益。

然而低价并不是简单的拍脑袋出来的数字,这是一项系统工程,我们以开篇春秋航空来看:

春秋航空是春秋旅行社在做市场开发时,发现的新领域,其概念模仿于美国西南航空,即采用廉价战略,节省成本,增加飞机周转率。在节省成本方面,春秋航空省去了餐饮;在行李规定中,将箱子尺寸定得更小,目的为了使之能够随身携带,从而减少行李遗失率;将飞机座位调整,减小两排坐之间的间距,以增加座位;飞机周转率和飞行时长增加;空姐可以通过在飞机上销售物品获得额外收入;统一的飞机型号在维护上亦可大大节约成本,提高效率。

从中,我们可以发现低成本是系统的低成本,是将可以低成本的环节全部低成本,不仅仅是某一个环节。

在营销策略上,用99系列票价,甚至一元机票,造成轰动效应,但问题却也由此而来：竞争对手会告其不正当竞争；更为重要的是，因为春秋航空的出现，导致春秋旅行社过去的包机业务被各大航空公司取消，而这曾是春秋旅行社的重要收入来源。

当然，低成本战略不只是以一种营销策略换取短期内的销售拉动，而是长期贯彻，从而为企业争取更多利润的战略。确保利润，就必须大量出货，简单说，四个字，薄利多销。

【异曲同工】

尽管现在快捷酒店已经铺天盖地，而当在纳斯达克上市的如家快捷酒店最初出现在市场上时，却带来了不少新鲜的感觉。我们看不到富丽堂皇的大厅，看不到奢华的装饰，只有突出其住宿的核心竞争力。通过一次次的考察和体验，如家将住宿这一核心需求的条件提升到最强档，而弱化其他"附属"，以降低成本。

【依样画葫】

要执行低成本战略，首先需要列出整个成本线上所有元素，接着，研究哪些被行业认为是理所当然但是可以剔除的元素，随后找出必需但可以降低到行业标准下的因素，最后强化核心要素。这是整个的系统，绝非偶尔为之的低成本。

【患得患失】

当然，低成本也分为主动低成本与被动低成本。

一般，被动低成本的状况都是行业竞争高度白热化，大家采用原始的价格战，将利润不断打薄，将高利润区打入低利润直至无利润。九十年代彩电行业的价格战，逼出了行业的重新洗牌，但是代价却是利润变低；联想曾经以万元以内的电脑在国外巨头的包围中杀出重围，代价依然是行业利润变低；分众与聚众合并前在写字楼争夺战中依旧是两败俱伤。在杀敌一千，自损八百的竞争状态下，不采取低成本更加导致生存艰难。

但是从另一个角度而言，率先降价的企业除却在寻求降价促销的机会之外，极有可能是因为发现了低成本的空间。

轻舟已过万重山：

一叶扁舟，泛于江上，两岸青山，相对而过。唯有轻装上阵，才能悄无声息地远航,当后来者醒悟时,已经渐行渐远。

2.4 定价:免费模式:失之东隅,收之桑榆

【他山之石】

2011年3月15日,奇虎360向美国SEC提交上市申请,计划登陆纽交所。3月30日,360首日开盘大涨134%,市值超过了盛大、搜狐、新东方、巨人。对于奇虎360的产品,中国大多数网民都不陌生,但对于奇虎360如何盈利,普通网民却未必清楚,因为大家看到的都是一个免费的360。

如同马云用免费的淘宝击败了雄心勃勃的Ebay,史玉柱用免费的征途改变了网游模式,而周鸿祎用免费的360再造了企业形象。

【引经据典】

老子曰:"绝学,无忧。唯之与呵,相去几何?美之与恶,相去何若?人之所畏,亦不可不畏。荒兮,其未央哉!众人熙熙,如享太牢,如登春台。我独泊兮,其未兆若婴儿之未咳;儽儽兮,若无所归。众人皆有余,我独若遗。我愚人之心也哉!沌沌兮!俗人昭昭,我独昏昏;俗人察察,我独闷闷。澹兮,其若海;飂兮,若无所止。众人皆有以,我独顽似鄙。我独异于人而贵求食于母。"(第二十章)

【注】 2009年,小沈阳通过春节联欢晚会一炮走红,大江南北追捧者诸多,但是关于其表演风格与内容存在不同的声音,雅俗之争难分伯仲。

老子说,世间美与恶,雅与俗,都不是绝对的,期间距离有多少?大雅即大俗,大俗即大雅。人们都畏惧的事物,自然不可不去畏惧,因为任何一种行为都必然有其原因。有果必有因。

众人享受欢乐富裕明白清楚之时,唯有我不同于众人,看似冥顽笨拙,实则去重视滋养自己的根本而不是表象。

顺藤摸瓜:360:免费不等于零收入

世间一切都寻求真善美,人们会追寻美的事物,这是合理而优化的逻辑。人们也会追寻利,所谓"天下熙熙,皆为利来;天下攘攘,皆为利往。"

这也是一种本能。发乎情，止乎礼，止于所当止，是一种根深蒂固在国人骨子里的观念。所以，会出现一种趋同。其实，就是跟风。从投资的角度，股市火了，一窝蜂地入市，六千点连基金都不敢投资了，股民还在疯狂涌入，两千点的价值合理区间，反倒没人入市。这是一种盲从，众人以为好，于是越来越以为好，殊不知，在所有人都开始意识到好的时候，已经没那么好了。蛋糕是有限的，是经不起无限的客人来分享的，在分到越来越少的最后，是什么都分不到，甚至还得倒贴进去。在对小孩的培养中，也是如此，钢琴热、书画热、舞蹈热、奥数热，一拨又一拨的热潮此起彼伏下，有多少人实在地了解过孩子的需求？

往上说，城市区域的经济发展同样存在这样的问题，各级地方政府与上级政府之间，以及地方政府之间在产业结构调整和在吸引外商投资方面存在博弈关系，而博弈的结果是各地方政府的各种短期行为的泛滥，恶性竞争越演越烈。同一区域内的各城市之间的竞争也会停留在简单的相互模仿，你上一个项目，我也要跟着来。以珠江三角洲区域为例，过去各市竞相发展价高利大的加工工业到现在争相发展高新技术产业、争相建立开发区等，这种重复建设的现象造成区域资源浪费严重。重大基础设施缺乏统一规划和协调，存在严重的重复建设现象。特别在港口建设中，各城市都要追求自己的利益最大化，不限制地开发岸线资源。

争相进入的后果就如经济学中的"羊群效应"一般，到最后却是发生"公地悲剧"。

对于企业来说，必须要遵循自己的战略目标，不可因短视而匆忙上马一些投资项目。

业内有句流传非常广的话：当没人看好的时候，我选择进入；而当大家都看好的时候，我选择离开。当然，进入的时候伴之以科学的调研和分析，而不是拍脑袋的一时发热。

因此，我们需要保持独立性去寻求差异化。但，无论是多么的差异，老子说，独异于人，也都一定要贵食于父母。对艺人说，观众就是他们的衣食父母，小沈阳巡演出现"常州闹事"的行为而遭致抵制，无论原因是什么，在动因上没有尊重衣食父母，这就会导致衰落。郭德纲不管有多"横"，在台上绝对不会忘记一句，"向我的衣食父母致敬"并深鞠一躬。对于企业而言，消费者就是自己的衣食父母。

我们再来看看免费的 360 如何与众不同：

周鸿祎曾是著名流氓软件 3721 之父，当他摇身一变凭借安全卫士成为反流氓专家的时候，一般人脑筋还转不过来。而他宣布提供免费杀毒软件,更是一声惊雷,炸响了整个行业。一开始惹来与瑞星等公司的口水仗,随后又拖动了金山和瑞星都宣布了旗下杀软永久免费,可谓是改变了整个行业的营收生态。

但是免费等于零收入吗?

360 的营收模式简单称即是免费＋增值服务。免费的安全和杀毒服务是推广手段,用来培养用户忠诚度,并在此基础上推出互联网增值服务。近年来 360 的广告收入快速上涨,这与 360 安全浏览器及网址导航的崛起有关,而这两款产品的崛起也立足于 360 庞大的安全产品用户基础。

据 360 提交的 SEC 文件,目前 360 营收主要来自网络收入和第三方杀毒软件两大部分。其中网络收入包括在线广告、网络增值服务和其他服务。具体收入情况如下表(单位:万美元):

	09Q1	09Q2	09Q3	09Q4	10Q1	10Q2	10Q3	10Q4
在线广告	203	280	347	563	550	848	1 072	1 413
互联网增值业务	0	34	54	118	232	314	407	524
第三方杀毒	299	412	601	318	184	104	58	42
其他收入	0	0	1	2	4	4	9	3
合计	502	726	1 003	1 001	970	1 270	1 546	1 982

很明显,在线广告和互联网增值业务是其核心收入来源,并且逐季增长,而第三方杀毒收入则在达到顶峰后由于宣布免费开始递减。

这背后的盈利逻辑是:通过免费的手段来培养用户忠诚度,而真正的盈利来源于客户端上的在线广告以及提供的增值业务,尤其在宣布杀毒软件免费之后,杀毒的收入锐减,但免费杀毒带来的用户使得其在线广告营收剧增。这便是一个系统的整合和统筹规划,绝不是拍脑袋的免费,而是失之东隅收之桑榆。

【异曲同工】
马云:淘宝三年免费击退 EBay

在 EBay 大举进攻中国市场的时候,马云却以承诺淘宝网三年免费,一点点拿下了市场份额,最终把 EBay 打得晕头转向而不得不退出。用马云的话说,就是在大酒楼对面开了一家小酒馆,但是小酒馆却是免费的。大家当然都来了。在门户网站都签订了排他性广告投放协议的情况下,淘宝却抓住了小网站的广告位，一举突破封锁，实现了遍地淘宝的景观。

史玉柱：不按常理出牌，创造规则

玩网游可以不要钱？在 2005 年 12 月 20 之前，恐怕这是一句笑谈，但这天之后，成为了现实。因为这天，《征途》宣布永久免费了。这俨然是行业内的一个大逆不道者。

升级可以不用打怪？虽然没人说为什么一定要打怪，但是游戏设计者总喜欢这个环节。但是《征途》之后又变了。可以靠智力问答升级。

这种不遵循行业模式的行径却使得史玉柱大获成功，并且带动了陈天桥一起来免费。

【依样画葫】

但凡选择宣布产品免费的企业，旗下一定非单一商品，而是具有联动性能发挥协同效应的产品组合。如此才可以使得在免费产品上的损失由其他产品来弥补。因此第一步要设计出相互关联的产品组合，即一产品带来的用户会直接影响到另一产品的用户群。随后选择有影响力但同时也非高成本的产品进行免费，从而吸引消费者，培养用户。

【患得患失】

使用免费策略，必须要有相互联动，互相能贡献利润的产品组合，如果缺失这一基础，那么免费的结果只能是叫好不叫座，用户量的增长与收入的下降。

失之东隅收之桑榆

有所失才有所得，在衡量得失之时，要能高瞻远瞩，也要能看到近水楼台，免费模式不是单纯的口号与热血，而是实实在在明白自己在哪里获取超额利润后的选择。

2.5 渠道：适度削藩：删繁就简三秋树，标新立异二月花

【他山之石】

当年明月在《明朝那些事儿》大结局中写道："比如崇祯三年（1630）西

北灾荒,派下去十万石粮食赈灾,从京城出发的时候,就只剩下五万,到地方,还剩两万,分到下面,只剩一万,实际领到的,是五千。""最先动手的是户部官员,东西领下来,不管好坏,先拦腰切一刀,到地方,巡抚先来一下,知府后来一下,剩下的发到乡绅手里,美其名曰代发,代着代着就代没了。"

为什么会造成这种局面呢?

【引经据典】

老子曰:"民不畏威,则大威至矣!无狎其所居,无厌其所生。夫唯无厌,是以不厌。是以圣人自知不自见,自爱不自贵。故去彼取此。"(第七十二章)

【注】 民不怕威了,那么大的威胁就会来了。为什么人会不怕威严了呢?无非几种情况,一是,官逼民反,命都不要了,怎么还怕威?但是,被逼才会反,住所没了,生存的手段没了,不然谁愿意上梁山?二是,威信下降,公信力下降,人前一套,人后一套,久而久之,大家都不信了。诸葛亮出师表说,"宫中府中,俱为一体;陟罚臧否,不宜异同;若有作奸犯科及为忠善者,宜付有司论其刑赏,以昭陛下平明之理;不宜偏私,使内外异法也",强调的是赏罚严明,一视同仁。赏罚严明就是不要把功劳都给自己,苦劳都给别人,长此以往,不再会有人愿意为你卖力,更别提卖命了。所以,圣人自知,但不会炫耀,自爱但不会以自己为贵。

顺藤摸瓜:层层盘剥,闯王不来百姓自投

我们回到开头所述的故事,当然应该归咎于当时官员的腐败成性,但是撇开这些,我们其实可以发现这是一个渠道的问题:将崇祯作为生产者的话,户部、巡抚、知府、乡绅分别是批发商,中间商,零售商,最后到消费者手中,所剩无几。如果是层层盘剥,那么由下而上更不可思议。所以,当年明月很幽默地写了一段:"如果老百姓交租是一百石,那么李自成的民军过境的时候,还可以出门看看热闹,回家继续吃米饭,后来交租二百石,百姓只能吃糠,民军过境的时候,会出门叫好助威,让他们好好打,为自己出气,再后来,四百石,老百姓糠也吃不上,索性直接背着包袱去找李自成,加入民军。闯王来了不纳粮。"

所以老子说:民不畏威,则大威至矣。无狎其所居,无厌其所生。

这些层层关系是腐败、是不合理。但是对于合理存在的渠道成员呢？每个渠道成员自然都需要至少是合理的利润，成员一多，或者是积聚的价格高了，或者就是僧多粥少，大家分得少了。对于企业来说，控制渠道关系是非常重要的环节，疏通不好，很可能众叛亲离。

我们先来看渠道的长度。

渠道的长度又称为层次结构，是指按照其包含的渠道中间商，即渠道层级数量的多少来定义的一种渠道结构。通常用中间机构的级数来表示渠道的长度。

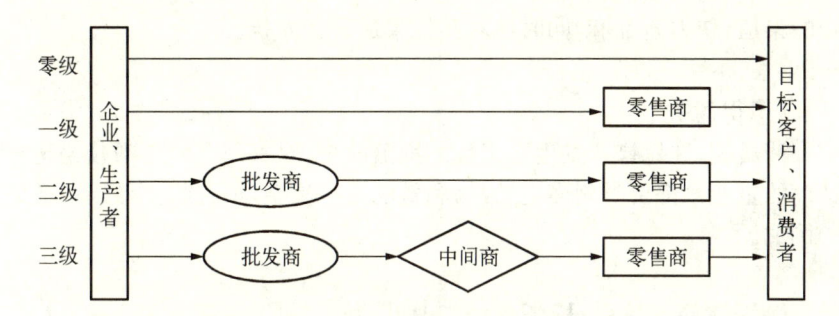

```
零级 ─────────────────────────────────→ 目
                                        标
一级 ───────────────────────→ 零售商 ──→ 客
     企                                 户
     业                                 、
二级 、 ──→ 批发商 ─────────→ 零售商 ──→ 消
     生                                 费
     产                                 者
三级 者 ──→ 批发商 ──→ 中间商 ──→ 零售商 ─→
```

渠道设计中最根本的方法就是根据渠道层次的数目来确定渠道的长短。产品从制造商流向消费者的过程中，每经过一个对产品拥有所有权或负有销售责任的机构，即称为一个"层级"，有的学者也把它称之为一个"通路"，"层级"越多渠道越长，反之"层级"越少渠道越短。

零级渠道就是直销，比如戴尔模式。

但是更多的是采取间接渠道，也就是分销模式。比如沃尔玛，家乐福这些零售巨头，其实中小生产商很不喜欢他们，因为被压价压得很厉害，还要缴纳不菲的入场费。但是却又很无奈，渠道霸权在人手上，好卖能出货是硬道理。家电行业，国美、苏宁同样依靠渠道霸权去协调和经销商的关系。当然，他们遇到过一个很硬气很难缠的对手，格力。后来格力对自己建造的渠道模式又"压迫"得不轻，导致一些危机的出现。

对渠道要不要约束？要。这是必然的。

但是要怎么约束？给人一条吃饭的路。

【异曲同工】

联想集团在2004年间，为了应对戴尔的直销模式，也一改为自己建立了汗马功劳的传统分销模式，起建大客户营销＋电话营销的模式，但是这种转变却引起分销商的猜疑与不满。甚至出现了联想与分销商竞相压价和抢单的状况,导致渠道管理混乱。虽然后来杨元庆亲自出马安抚,并表示将直销比例控制在 20%,但是一些大分销商还是开始加紧投资非联想业务,并且把触角伸向终端,以加强控制。

【依样画葫】

削减渠道是一项需要魄力的行动。首先,现有渠道吞噬了企业的毛利,其次渠道发生重复交叉、利用率低的情况。在这种前提下,可找出拖沓的渠道,快刀斩乱麻,同时也对其他渠道进行安抚。

【患得患失】

清君侧,诛晁错。发生在汉代的削藩故事,对每一个萌生削减渠道经销商的企业家都要时刻谨记,因为利益的错综复杂,很可能会导致渠道商的倒戈。

删繁就简三秋树,标新立异二月花

对于消费品而言,渠道为王是广泛接受的理念。渠道的铺设,往往需要耗费大量的人力物力财力,唯有给渠道减负,走出别人没有走过的路,才能获取更高的利润。

2.6 渠道:守正出奇:鸡声茅店月,人迹板桥霜

【他山之石】

雷士照明是一家传统制造企业,成立于 1998 年 12 月,在十年间创造了十倍的增长。1999 年销售收入 2 700 万元,2007 年突破 20 亿元,年均近 70% 复合增长率的推动堪称惊人。并于 2007 年力压销售 15 亿元的佛山照明和 17 亿元的浙江阳光等业内强势企业,成为国内销售规模最大的照明企业。雷士照明的迅速崛起,引来风险资本的关注,软银先后两次注资共 3 200 万美元,高盛于 2008 年 9 月逆市注资 3 700 万美元。

其背后,是发轫于渠道的商业模式。

【引经据典】

老子曰:"以正治国,以奇用兵,以无事取天下。吾何以知其然也哉?

以此：天下多忌讳，而民弥贫；民多利器，国家滋昏；人多智，奇物滋起；法令滋彰，盗贼多有。故圣人云：我无为而民自化，我好静而民自正，我无事而民自富，我无欲而民自朴。"（第五十七章）

【注】《孙子兵法》有云：凡战者，以正合，以奇胜。人称守正出奇。老子说，治理国家要以正道，用兵作战出奇招，获取天下的支持靠无为。对于老子所谈及的无为，千万不可以为是无所事事，而是一种战略态度，是有限度有规划地无为而治，不然又何必谈及正奇之道呢？取天下不正是治国用兵所得的么？他对于无为而治的判断理由是：天下忌讳越多，人民越贫穷；民间锐利的兵器越多，国家越昏庸；人民财智越高，奇思妙想的事物越多；法令越多，盗贼越多。所以圣人说，我无为民众自己教化，我喜好宁静而人民自得其正，我无事无扰而人民自致其富，我无所贪求而人民自得浑朴。

顺藤摸瓜：雷士照明，照亮隐形渠道

对于传统的经销商模式，是厂家与几大经销商联络，大经销商又与中经销商，中与小，间或厂家与中小之间也有关联，再有自行建设专卖店。其特点为铺面广，但集中度不高，各个经销商之间存在利益冲突，当然他们之间的冲突也会成为促进销售的一种动力。但是在管理上，存在不少困难。采用奖金激励，绩效考核惩戒措施等，固然可以有效果，但是并不那么紧密。对于传统模式的改造，会成为新的商业模式的核心。

雷士照明对于渠道的建设可以归纳为：开发隐形渠道，与有形渠道互补。

具体路径有以下四种：

一是动员经销商组建专业的营销团队，并对业务人员进行专门的培训管理；

二是对当地装修公司和设计院进行跟踪和拜访，加强与专业设计人员的联络；

三是定期邀请装修公司及设计院的专业人士参观企业，加深他们对企业及产品的了解；

四是对设计公司及设计院的活动提供各种形式的赞助。

除此之外，雷士照明还举办一些行业性的活动拉近与设计师的距离，

如设计师交流会、设计师论坛等。

尽管缺乏具体的数据来说明隐形渠道对公司营收的贡献,但从其收入结构可窥见一斑:雷士照明收入主要来源于商业照明和工程照明等领域,而家居照明的贡献不足二成。不过,隐形渠道的开发容易触碰商业潜规则,如果雷士照明不能合理掌控,则不仅有损隐形渠道对营销的贡献,而且公司也将面临一定的风险。

雷士照明渠道建设的成功是在于其发现了隐形渠道,而这种大力拓展则是出于对自己业务模式和收入来源的判断,如果没有对自身业务的充分认识,便盲目创新,很可能是得不偿失的。

【异曲同工】

格力与国美之争引发过业界关于渠道自建还是借力卖场的讨论,最终结果是格力与国美重修于好。照此来看,回到起初,似乎也是一种无为。但是其过程堪称守正出奇。从家电卖场退出而选择自主渠道建设,董明珠的强势被认为是一种兵行险招,是出奇,但是究其根本,我们发现,国美的销量在格力的整个销售中所占比例并不高,而格力空调在海外的销售一直在扩张中,所以当下里,并无所谓与国美的撕破脸皮。这说明格力的出奇完全在守正的基础上进行有理有利的规划。守住海外市场,在渠道建设上,采用了与经销商入股的方式成立合资公司来运营,从而以双方的资本投入约束经销商。

这是一种新型的运营模式。在传统的经销模式中,一种垂直管理的方式,采用各种奖惩手段约束,但窜货,卷款等现象都时有发生。反倒是适当放权,共同经营之后,效果明显。

这与老子关于法令滋彰,盗贼多有,我无事而民自富等判断是一致的。

【依样画葫】

渠道是最讲求实战效果,同时也是在营销 4P 理论中,唯一为企业直接回笼资金的要素。因此在对渠道设计时,首要对现有渠道进行评估,发现哪条渠道带来最丰厚的利润,只有在对现有渠道有了充分了解的情况下,才可以进行取舍或重构。

【患得患失】

渠道建设最怕的是想当然,再有建设性的创意如果脱离实际,也只是天马行空,空中楼阁,不靠谱。

鸡声茅店月,人迹板桥霜

瑰丽的想象让六个名词组合而成了为人传诵的诗句,对于渠道的建设一样需要大胆的创意和果敢的决心,当然这一切都来自于对市场的细致观察。

2.7 渠道:和为贵:离恨恰如春草,更行更远还生

【他山之石】

2006年成立的暴风影音,已经成为中国最大的互联网影音播放解决方案提供商,其主营业务涵盖本地播放、在线直播、在线点播、高清点播等几乎所有的视频播放服务形式。以视频播放客户端为基础,通过与包括搜狐网、土豆网、PPS、联合网视、激动网在内的产业链上游企业合作,为其下游用户提供超过2 000万部电影、电视剧、原创视频、高清电影等精彩视频内容,打造了互联网影音播放平台。

暴风影音已成为连接渠道上下游之间的重要环节。

【引经据典】

老子曰:"含德之厚,比于赤子。毒虫不螫,猛兽不据,攫鸟不搏。骨弱筋柔而握固,未知牝牡之合而朘作,精之至也。终日号而嗌不嗄,和之至也。知和曰常,知常曰明,益生曰祥,心使气曰强。物壮则老,是谓不道,不道早已。"(第五十五章)

【注】 2008年,股神沃伦·巴菲特的慈善午餐拍卖拍下了历史最高价,211万零100美元,拿下这个近乎天价的是中国私募教父赵丹阳,他创办的基金正是:"赤子之心中国成长投资基金。"

什么是赤子之心呢?

孟子说,"大人者,不失赤子之心也。"所谓赤字,就是婴儿那般,赤子之心,是纯洁,是美好,是真诚。老子说,是含德深厚。毒虫不侵袭,猛兽不伤害,恶鸟不抓扑。为什么?因为无欲无争,被攻击是因为自己表现出了攻击的信号制造了对方的恐惧与威胁感。赤子,精气充足,元气醇和。和为贵。认识到和,这就是常,知道了常,那便可以明了洞悉了。"益生曰

祥,心使气曰强"两句,有人认为是"溢生则殃",过度追求生反而不好,心态不稳争强好胜肆意妄为会导致灭亡。物壮时就老,是因为不合道,不合道就会早亡。

顺藤摸瓜：暴风影音：和为贵——连接终端为双赢

2008年7月暴风影音推出了相当于"网络电影院"的播放平台,是介于内容提供商和终端用户之间的渠道,互联网用户可以在这一平台上自由选择众多内容服务商提供的视频。通过暴风影音平台的推出,我们发现视频行业形成了上游内容提供商-暴风影音平台渠道-终端用户的完整产业链。我们将其整理如下图所示：

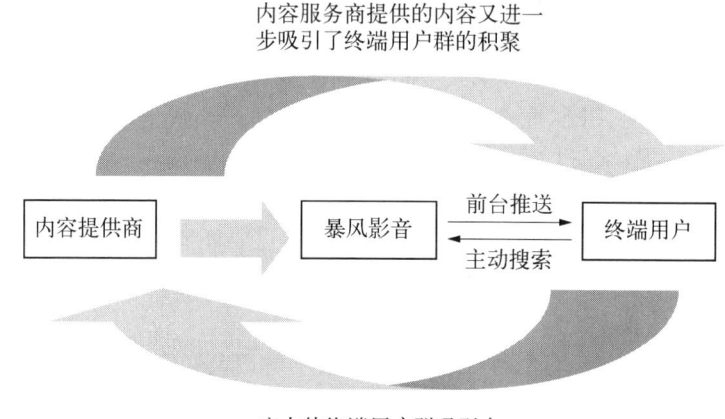

```
        内容服务商提供的内容又进一
        步吸引了终端用户群的积聚

  ┌────────┐        ┌────────┐  前台推送  ┌────────┐
  │内容提供商│ ====>  │暴风影音│ <──────  │终端用户│
  └────────┘        └────────┘  主动搜索  └────────┘

        庞大的终端用户群吸引内
        容服务商与暴风影音合作
```

合作伙伴提供视频内容,而暴风影音成为播放平台,一方面满足终端用户的主动搜索观看需求,另一方面通过暴风影音客户端的推荐又可以在前台进行推送。暴风影音客户端几年来积累的庞大人群是吸引内容提供商合作的关键因素,而内容服务商的合作又进一步吸引了终端用户,这样就进入了一个良性循环。

暴风影音平台提供视频搜索、点播、直播等一站式在线视频服务,可为合作内的每一家企业带来新增巨量流量。公司CEO冯鑫表示,2008年7月推出后,暴风影音播放平台在3个月内给合作伙伴带来超过3 000万/天的视频流量。

而与内容提供商之间的合作又有效避免了版权纠纷。在此之前,视频网站内容的版权纠纷一直是业界关注的问题,可以说是一种渠道冲突,而这会对品牌广告主投放广告带来困扰。

同时,暴风影音也不需要承担租用带宽和内容制作,可以节省大量成本。通过海量用户、海量内容,以及在线平台的整合,在广告上采取分成等模式,形成一个良性的整合效应,带给用户更好的使用体验,同时也凸显更佳的广告价值。由于有效规避了版权问题和发挥整合效应,暴风影音播放平台在视频行业核心商业模式-视频广告上获得了突破,进入爆发性增长阶段。

与视频网站屡屡出现版权纠纷,造成渠道冲突不同,暴风影音的平台计划在一开始就选择了合作,把自己定位在一个中间商,从而有效避免版权冲突,也带来更多的内容。

暴风影音很可能获得像家电行业中苏宁、国美的"渠道霸权",并成为行业的整合者和主导者。

这为我们提供了一个思路,渠道建设并非是走自己的路,让他人无路可走,而是走自己的路,让大家的路走得更广阔。凡事和为贵,和是和气生财,和也是合作生财。

【异曲同工】

中国网络电视服务商PPLive在2011年2月15日对外宣布,该公司获得软银集团2.5亿美元注资,注资之后软银将持有PPLive公司35％的股份,此次注资成为全球金融危机以来,私募资金投放互联网行业金额最大的单笔融资,资金规模已超过优酷上市融资的总额。

PPlive的核心内容主要是长视频,其中除了和各个地方电视台合作外,还有不少自主的线下直播,如在2010年拿到湖南卫视达人秀和快男比赛的现场直播权,还和黄健翔、杨澜等主持人合作开发PPC平台的专业视频。传统电视是以内容为中心的播放模式,而网络电视是以用户为中心的播放模式。可以打破媒体界限,边看边聊。在本质上,PPLive与暴风影音有着异曲同工之处,即本身不参与内容制作,而是作为一个渠道,连接内容提供商和终端,由此省却大量成本。

【依样画葫】

之上我们谈到的是如何避免渠道冲突,而如果渠道冲突既成,应该如何处理呢?

回归赤子。

这样才可以免除争执和攻击。怎么保有赤子之心呢？一要和为贵，二要找到规则，三不能为了扩张而过分强势，四不可为所欲为。

具体来说，和，是和谐共处，是以诚待人，要修复渠道关系，首要有诚意，做出姿态，大家是共荣共生而不是你死我活。

在操作层面，要发现本质，找到规则。2009年谷歌联合几家唱片公司签约，推出正版MP3搜索，优酷则买下"我的团长我的团"的网络首播权。其实，网络媒体已经是不可忽略的中坚力量，对于内容提供商来说，他们并不愿意失去，而是想合作，这就是本质。

三是不可过分强势，不能凭借自己的渠道优势而大肆提价，捆绑销售。

四是不可为所欲为，2009年对于互联网内容净化措施非常严格，任何不利于互联网健康发展的举动都会为自己招来严管。

在这种情况之下，保持赤子之心，渠道关系必然可以缓和，和谐发展。

【患得患失】

渠道冲突是常见于经营活动中的一种现象。从唱片公司状告百度MP3搜索开始，到视频网站版权问题纷纷扰扰。这一条产业链是从内容提供商经网络渠道到终端消费者，这在视频网站经营者看来天经地义，在消费者看来免费欣赏更是求之不得，但是损害了内容提供商的利益，损害了他们的既有渠道的销售状况。甚至网络版权，盗版的问题都没有规避。包括政府政策发放经营牌照，三大视频网站之一的"我乐网"就关停整改数月，损失不可估量，这种风险也导致投资者的犹豫和摇摆。

离恨恰如春草，更行更远还生

爱的力量可以使人包容，而恨的力量却可以使人激进，爱与恨是长期与短期的矛盾，对于渠道而言，大爱无疆，见效缓而持久，但是消除恨却是首要的，因为恨的积聚拥有着毁灭性的力量。

2.8 促销：立体轰炸：此情无计可消除，才下眉头，却上心头

【他山之石】

漫步南京路，走进宏伊，直上18楼。一杯清茶，一段悠扬的音乐，临

窗享受着一对一的 VIP 讲解，越过落地大窗便是咫尺之遥的外滩。几年前几乎没人相信这也是一种购钻的方式。这就是钻石小鸟。

【引经据典】

老子曰：五色，令人目盲；五音，令人耳聋；五味，令人口爽；驰骋畋猎，令人心发狂；难得之货令人行妨。是以圣人为腹不为目，故去彼取此。（第十二章）

【注】 红黄蓝白黑，宫商角徵羽，酸甜苦辣咸，通过色、音、味对感官的刺激而使人做出一些可能背离理性的判断与选择。但圣人不会。因为圣人注重内在而不是表象。

我们反其道而理解本章的内容：不妨将其理解为促销中的几项原则。在此之前，明确一点，不是所有人都是你的目标消费者，"圣人"就不是，因为"圣人"几乎没有购买冲动。所以，对于大众消费者，我们可以反其道而用之。

顺藤摸瓜——钻石小鸟让奢侈品网购成为可能——全方位立体式促销轰炸

钻石小鸟的异军突起在模式上属于"水泥＋鼠标"，但是我们对其实体店营销手段的分解，则是立体式轰炸。在宏伊旗舰店，"绕过前厅，映入眼帘的便是深蓝的光纤裸钻厅。在这里，陈列着经 GIA 国际权威认证的极品美钻，专业的高级珠宝销售顾问将根据您的需求选择性价比较高的裸钻，更有近千款铂金戒托可供现场选款定做。"这段精彩的文字来自钻石小鸟的网站介绍。从中我们可以看到：音乐调试顾客心情，清茶、VIP 讲解、高贵式体验、展厅布局，落地窗外外滩的景色，增强顾客的意愿。钻石小鸟的线下体验中心将本章所述三大招术无缝连接。

当然钻石小鸟的成功同样在于线上与线下的完美契合，这种"鼠标＋水泥"的模式使得奢侈品的电子商务成为可能。

传统的钻石销售是以门店陈列成品销售为主，商家必须承受沉重的铺租经营费用和库存周转压力，而不能为消费者提供足够多的选择。从推广上来说，传统钻石销售模式主要依赖传统平面媒体和电视媒体进行品牌和市场推广，成本居高不下。而钻石小鸟通过互联网这个购销和推广平台,给消费者提供更多的选择。同时,在国内主要城市建立体验中心,提供一对一的线下顾问式服务。顾客选定裸钻后,结合其选定的戒托款式、尺寸甚至顾客自己设计的款式,钻石小鸟会为用户量身定制出钻戒或者饰品。基于此,钻石小鸟"鼠标+水泥"的销售模式,不仅节省了传统钻石行业的中间环节和经营费用,使同样品质的钻石在网络上的价格与传统门店的钻石销售价格低 40%—50%,而且消除了消费者在网上购买钻石的顾虑,从而有效地吸引普通消费者,显示出较强的竞争力。

【异曲同工】

宜家作为家居卖场,甚至充分研究了顾客的行动路线,并设计了类似迷宫一般的线路,无论人群拥挤与否,都只能按着这一条既定路线去参观,这时,两旁的宜家产品得到了有效展示,那些家具以不同的格局摆放,这让你感觉宜家家具有多么灵活的适应性。除此之外,宜家设计了温馨餐厅,顾客可以根据自己需要随时选择就餐或休息。为满足孩子们的特殊需要,宜家开发了一批既能吸引儿童兴趣,又能提高孩子运动能力和创造力等的产品,如儿童游戏区、儿童样板间,餐厅还专门备有儿童食品等。

【依样画葫】

我们来看立体式促销的三招:

第一招:"色字当头一把刀"——合理运用色彩

包装、广告、陈列、厅堂等等消费者所能直接接触到的地方,都需要对色彩进行好的搭配。这里的原则就是"色字当头一把刀",这刀是什么刀?是一把能让人眼前一惊的刀,惊什么? 惊艳。

在追求感官刺激的现代社会,绚丽夺目的产品包装、广告设计往往是夺人眼球的必备选择。但是要分两方面看问题,当你的竞争对手全部使用炫彩系,一个比一个花哨,花哨到消费者不容易区分,也没有深刻印象的时候,应该把色彩调成淡色。反之亦然,当行业处于淡色调时,用炫彩来突出自己的与众不同。

不过,也要看行业。麦当劳等速食店的颜色设计就是明亮,座椅也设计的生硬不舒服,因为在这些快餐店里消费者消费的价值并不会因为坐的时间的增加而增加多少。

反之,咖啡厅的灯光就是柔和昏暗系,座椅也非常舒服,这是因为停留时间越久,消费价值越高。

第二招:合理运用声音

除了视觉刺激之外,听觉刺激也不可忽视。比如书店、咖啡厅里的柔和音乐,比如汽车广告的动力十足。音乐可以影响人的心理状态,说到音乐,不能单纯地理解为是旋律或是歌曲,声音同样包括在内。比如,订餐小秘书,5757577,我吃我吃我吃吃,就是很好的例子。听到的时候感觉非常新奇,而且以巧妙的谐音吸引大家的注意。不过,要规避的是,大家记住了广告词,却忘记了是用来做什么的。

第三招:体验式营销

体验式营销是现在非常流行的营销手段,但是很早就有应用。

传统手段:比如在超市里看到的免费品尝区,比如免费试穿等都是传统场合行之有效的促销有段。让消费者在真正使用前建立一个信任喜欢的印象无疑可以很有效地促进购买。曾经走访过汽车专卖4S店,经理也表示让消费者试车是很重要的环节。试车时,试车员还会不断用一些带有蛊惑性的语言,称赞消费者试车时的飒爽,让消费者拥有这辆车的意愿变得更强烈。

新兴手段:通过网络圈定一些博客作为使用者,然后将产品免费寄给他们,并完成一篇体验报告,提交到网上。这是将体验式营销和口碑营销通过互联网结合的例子。现在产品体验员已经成为一种时兴的兼职。

在产品的促销上,广告、包装,乃至终端陈列和接触点,都要声色味俱全,采用体验式营销的方式建立起和消费者之间的情感沟通可以增强购买意愿。

【患得患失】

立体式轰炸固然对消费者产生极大的震撼,但是倘若宣传的内容与产品相差万里,那么只能起到反效果。

此情无计可消除,才下眉头,却上心头

好的营销手段,要达到"才下眉头,却上心头"的效果,不仅是物质的感知,也是情感的维系。对于奢侈品尤其如此,冲动型消费凭借的就是情感。

2.9　促销：金钱攻势：成也萧何败也萧何

【他山之石】
　　2008年，中华英才网、智联招聘的广告投放额分别高达3.1亿元和2.8亿元，在年度互联网行业广告主排行榜上分列第3和第5位；前程无忧虽没有公布具体的广告明细，但其销售和市场推广费用也高达2.2亿元。三大网络招聘网站毫无疑问陷入了烧钱投放广告模式。但与此相比的业绩呢？2009年3月，前程无忧(51Job)公布了其上市以来首份业绩下滑的年报。报表显示，除总收入较上年增长外，其余盈利指标在2008年均出现不同程度下滑，净利润下滑26.1%至7 660万元。而被美国招聘巨头Monster全资收购的中华英才网(ChinaHR)和被澳大利亚最大的招聘企业Seek控股的智联招聘(Zhaopin)，2008年居然不约而同地巨亏1.7亿元左右。

【引经据典】
　　老子曰：以道佐人主者，不以兵强天下，其事好还：师之所处，荆棘生焉；大军过后，必有凶年。故善者果而已，不敢以取强焉。果而勿伐，果而勿矜，果而勿骄，果而勿得已居，是谓果而不强。物壮则老，是谓不道，不道早已。（第三十章）

　　【注】 用道辅佐人主，不以武力逞强于天下，大军过后，一定有凶年。那么用之于商战，不妨以金钱喻兵。这章的意思则是说，想纯粹以金钱资本的力量打败竞争对手，是不可取的，即便获胜，也会留有隐患，更多的可能是两败俱伤，或是以失败而告终。

　　顺藤摸瓜：网络招聘，粗放式广告投放下的隐患
　　不可否认，在现代商业中，资本的力量被发挥到了近乎极致，可以说，有了金钱资本的力量，便可以攻城掠地，几近无所不能。而没有资本，却要寸步难行。但是并非单靠钱的力量就可以吞并竞争对手从而获得市场。因为资本的逐利性和多源性，信息的公开性，在每一个有利可图的市场上都会有资本的进入和扶持。像携程与艺龙，前程无忧与中华英才网，相近的内容服务，相近的盈利模式，都在资本市场有不错的表现。在前几

年,更是有 IDG 这样,在每个细分领域的前三都注资的风投存在,足以证明想依靠纯资本的力量和资本抗争,是一场艰难而历久的战争。战争的结果极大可能是元气大伤而得不偿失。

这就是所谓大军过后,必有凶年。

没有在内容服务上提升价值,而是靠资本去搏斗,在同业竞争中,带来的伤害往往很大,烧钱却得不到足够漂亮的回报。

我们来看三大网络招聘企业的业绩下滑:表面看来似乎与外部环境有关,但其背后却有着更深层也是更本质的原因:商业模式雷同,收入来源单一。从财务数据看,主要原因在于市场投入过大导致成本高企,以及行业内价格战导致盈利水平下滑。但价格战的背后是商业模式上的雷同。我们来看目前以前程无忧,智联招聘和中华英才网为首的网络招聘模式:

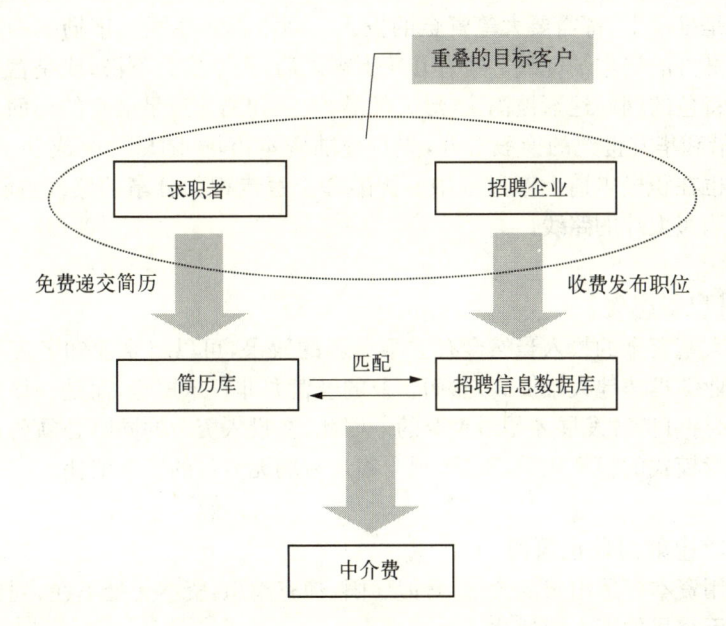

```
                    重叠的目标客户
              ┌──────────┴──────────┐
         ╱                                  ╲
        ( 求职者              招聘企业 )
         ╲                                  ╱
          └──────────────────────┘
    免费递交简历              收费发布职位
          ↓                           ↓
       简历库   ←──匹配──→  招聘信息数据库
                       ↓
                    中介费
```

由图可见:通过整合求职者和招聘企业资源,建立了庞大的简历库和招聘信息库,利用计算机技术实现求职者与招聘企业双向搜索功能,从而搭建服务供需双方的网络平台。但是其目标客户群的重叠,业务模式的雷同势必造成价格战。

前程无忧 CEO 甄荣辉曾经表示:"现在我们发布一个职位最低只收 20 元人民币,大约 3 美元。在美国,Monster 发布一个职位平均收费 300

到 400 美元。我们的价格只有 Monster 的 1%。"

各招聘网站充当的仅仅是中介桥梁,反应在营收上表现为收入来源单一,即求职者免费、招聘企业付费。这种完全依赖招聘企业的盈利模式存在较大的风险,在经济繁荣时可有较好的的财务表现,但在经济低潮时则遭受经营压力。

在企业用工低潮,竞争企业相互压价之时,大力投放广告只会造成成本高企,从而导致利润大幅下降。因此纯粹的金钱攻势并不一定与收效成正比,应当在如何寻求利润增长点上做考量。

【异曲同工】

与三大网络招聘企业类似的还有三大视频网站。视频网站行业是一个烧钱的行业,这是共识。无论从网络运营成本的投资,从内容版权的购买还是推广上,都需要大笔资金的投入。网络视频在国内市场初期是一场血淋淋的资本消耗战。经过几轮下来之后,资本实力不济,或是营运模式无特色的网站逐渐被淘汰,形成优酷、土豆和酷 6 三足鼎立的局面。酷 6 凭借和华友世纪的换股合并,先行登陆资本市场,随后优酷成功上市,土豆也在积极申请上市过程中。优酷和土豆走视频分享的路线,而酷 6 在走购买大片的路线。

【患得患失】

大笔资金的投入当然会有立竿见影的效果,可以将企业知名度甚至企业业绩迅速地大幅提高,然而企业的经营并非百米短跑,而是一场马拉松,保持可持续发展才是最重要的。因此,在投入资金的同时必须要从企业经营模式的根本入手,不然,则会陷入一场无穷尽的资本消耗。

成也萧何败也萧何

用资本打造出来的帝国,看似稳固,却有隐患,资本无处不在,到后来便是无穷尽的资本消耗战。

第三节 关系生产力

3.1 消费者关系：谁是消费者：解铃还须系铃人

【他山之石】

美国西北大学凯洛格商学院教授、整合营销创始人唐·舒尔兹曾预言："零售商未来的成功模式只有两种，一种是沃尔玛模式，即通过提高供应链效率，挤压上下游成本，以价格和地理位置作为主要竞争力；另一种是德士高模式，即通过对顾客的了解和良好的顾客关系，将顾客忠诚计划作为企业的核心竞争力。没有任何中间路线。"

【引经据典】

老子曰："知不知上，不知知病。圣人不病，以其病病，是以不病。"（第七十一章）

【注】 苏格拉底曾经对自己的学生说，我唯一知道的就是我一无所知。他在地上画了一个圈：圈里是我知道的，圈外是未知的知识。能知道自己不知道，这是圣人所为，不仅仅是谦虚，而是知识的无穷。不知却以为自己知道，疑惑不知道自己知道，这都是很可怕的问题。圣人不出错，是因为时刻提醒自己以出错为错，这是一种预警，一种朴素的风险观。

顺藤摸瓜：德士高：谁是你的客户

如果我们把第七十一章的内容运用到客户关系管理中，不妨这么理解：

如果你知道自己不知道客户是谁，那么还有机会，可以去努力知道。

如果你不知道自己的客户是谁却以为自己知道,那么很可惜,恐怕只能靠运气来管理客户。

如果你不知道自己知道自己的客户是谁,那么恭喜您,您的运气不错,但是运气很难永葆。

认识客户真的这么重要吗?

如果说,认识客户只是第一步,认识客户可以让客户从单纯的消费者转化为生产力,来不断地贡献增值利润点,是不是就很有吸引力呢?

2007年,德士高超市连锁集团(Tesco)将其控股的乐购连锁卖场统一标识更改为Tesco乐购。这标志着世界三大连锁零售商之一的德士高在中国大陆市场完成了形象改造。

德士高集团的成功起于推行的"俱乐部卡",我们来看其背后的商业逻辑:

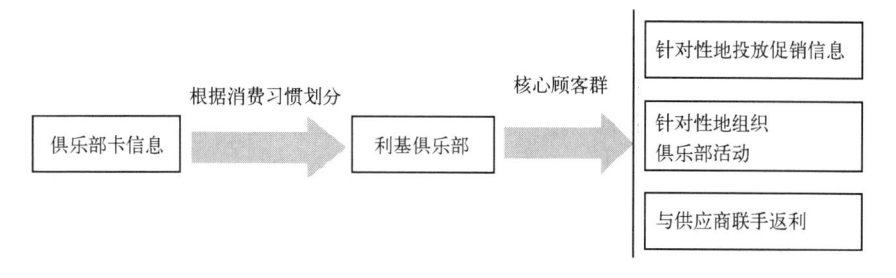

俱乐部卡信息 →（根据消费习惯划分）→ 利基俱乐部 →（核心顾客群）→ 针对性地投放促销信息 / 针对性地组织俱乐部活动 / 与供应商联手返利

第一步,德士高通过发行俱乐部卡,掌握了大量详实的顾客购买习惯数据。

第二步,根据掌握的消费习惯确认核心顾客群,并把顾客划分成不同的"利基俱乐部",如单身男人的"足球俱乐部"、年轻母亲的"妈妈俱乐部"等。

第三步,针对不同的利基俱乐部,德士高进行了以下三种针对性的营销手法:

1. 针对性地投放促销信息

营销人员根据利基俱乐部制作了不同版本的"俱乐部卡杂志",刊登最吸引利基俱乐部成员的促销信息和其他一些关注的话题。针对性的投放将比粗放式广告投放更容易带来直接的消费转化。

2. 针对性地组织活动

其目的在于扩大利基俱乐部的影响,并进一步提高顾客的忠诚度,增加情感转换成本并使之成为有效的竞争壁垒。

同时,通过举办针对性活动,可以由忠诚顾客的推荐介绍获得新的核心顾客。

3. 联手供应商进行返利

由于德士高这种按照消费者购买习惯细分市场的"利基俱乐部"数据库,内容真实详细,促销非常具有针对性,供应商十分愿意参加这样的促销活动,提高品牌知名度、加强与消费者的关系。由此,德士高和供应商联手促销,作为返还给消费者的奖励,把维系忠诚计划的成本转移到了供应商身上,有效控制了自身成本。相比较沃尔玛强制供应商降价促销,供应商基本上都是自愿与德士高联手,实现了共赢。

通过德士高的案例,我们发现,消费者不仅仅是商品的接受者,同时还能转化为一种生产力,通过对消费者数据的挖掘,认识消费者,再由业务延伸,增加公司的利润点。同时,更多更贴近的服务,使得顾客得到的价值更高,顾客的转移成本更高,从而提高了顾客的忠诚度。

【异曲同工】

自携程旅行网上市后,为电子商务带来了垂直营销的思路。在线旅游市场的携程、艺龙;育儿市场的好孩子、婴儿树;房地产领域的搜房网、易居中国;汽车领域的汽车之家等等,这些互联网企业的成功都源于他们深刻地发现了细分市场,了解自己的目标及客户需求,并在此基础上推出了特色服务。

【依样画葫】

首先,找到自己的客户群体,并将其细分为:大客户,小客户;老客户,新客户;潜在客户,准客户。

接着,了解细分客户群:每一个细分客户群的需求、消费特征、消费额度、价值贡献率都要做详细的管理,做对应的营销,这样才能保持客户的稳定增长。维持一个老客户的花费是远远低于开发新客户的。

维护老客户

提供一对一的精确服务:

要认识客户,尤其是大客户的独特需求,真正让他们满意、感激,至于忠诚。

与客户建立朋友关系:

建立朋友式的关系，真诚地对待客户，预测客户的需求，关心他们的消费，做好售后服务，认真对待他们的不满，真正做到以客户为中心。经常与客户沟通，提供资讯，建立感情，提高品牌的忠诚度。

增加客户转移成本：

为了防止客户的流失，要建立一个防止流失的壁垒。可以在公司与客户之间适当增加相互的约束，也可以给客户某些承诺。以达到留住客户的目的。即使由于公司的某些失误让客户有些不满意，但是客户的转移成本会给公司赢得弥补和调整的空间和时间，从而增加公司和客户关系的"柔韧性"。

开发新客户

将客户分为大客户、准客户和潜在客户三类进行分析，其中大客户将会创造更高的价值，这是重点对象。

大客户的开发：

必须在充分了解客户情况下，做出比较完整的计划，针对客户的性格特征做好准备。

准客户的开发：

首先应取得客户的认可，只有取得客户的认可，客户才会介绍自己的家庭情况及朋友的情况，从而获得准客户的详细资料。

潜在客户的开发：

1. 口碑辐射法

口碑辐射法就是想办法取得某些具有影响力的中心人物的协助，把其势力范围内的个人和组织变成潜在客户，然后进行开发的方法。

2. 代理人法

即通过新"代理人"寻找并开发潜在客户的方法。可以在亲戚、朋友和老客户中寻找一些"代理人"，给予一定比例的奖励，让他们为公司寻找一部分准客户。

3. 广告开拓法

广告方式，可在很短时间内使潜在客户认识，使许多客户对你产生好感和兴趣，甚至有的潜在客户会主动靠拢。

4. 文件甄别法

掌握一些单位和参加人员的电话号码：从一些企业名录、地区或部门性的电话号码簿中可以甄别客户。销售人员也可以参加多种社交活动,开阔眼界,广交各界人士,建立广泛的社会关系网,从而获得客户资料,开发潜在客户。

【患得患失】
源自对消费者行为的开发,却必须注意适可而止。过度的信息推送,同样会造成消费者的困扰和反感。

解铃还需系铃人
系铃人才有办法解铃。充当系铃人,才可维系客户。

3.2　消费者关系:满足消费者:欲将心事付瑶琴,知音少,弦断有谁听

【他山之石】
2008年,上网本概念异军突起,在金融危机笼罩下的2009年火热销售,一时风头无二。可是,尼葛洛庞蒂——这位张朝阳的导师,最初搜狐的天使投资人,早就提出过100美元的笔记本计划,却没有成功。这是为什么呢?

【引经据典】
老子曰:"圣人无常心,以百姓心为心。善者吾善之,不善者吾亦善之,德善矣;信者吾信之,不信者吾亦信之,德信矣。圣人之在天下,歙歙乎为天下。浑其心,百姓皆注其耳目,圣人皆孩之。"(第四十九章)

【注】　想百姓之所想,急百姓之所急,圣人的心思是根据百姓的需求而变化的。无论善良还是不善良的人我都善良地对待,无论诚信还是不诚信的人我都诚信待他,德行会感染他们。圣人治理天下,不会独断专行,而是广泛吸纳建议,百姓也都乐于将所见所闻告诉他。我们可以将其应用于产品开发前的市场需求分析。

顺藤摸瓜:上网本,简约而不简单
2009年4月15日,中国移动携联想、戴尔、惠普、海尔、清华同方、方正、三星等十七家国内外PC厂商进行深度合作,共计推出29款G3系列

定制笔记本。并将为之定制多种优惠资费套餐。简化功能,内置 G3 无线上网模块,突出网络功能,使得上网本在上市的三天内卖出 2 000 台。但尼葛洛庞帝的计划为何失败了呢?

这是由于上网本针对的是发达及发展中国家的中产阶层,这些人希望拥有第二台电脑,既方便随身携带,又满足随时随地上网的需求。这样,3 000 元左右的上网本优势就极其明显,甚至比一些手机还便宜。而尼葛洛庞帝的计划主要购买者则是贫穷国家的低收入者,对于低收入者而言,这更像一种奢侈品。

两相比较下的效果不同,是对消费者需求认识的不同。

什么样的产品是好产品,什么样的企业是好企业?好的产品,好的企业没有一成不变的固定标准与模式。考核其是否优秀则看是否能够很好地进行消费者需求分析、消费者行为研究。好的产品会根据消费者的需求而设计,随之进行升级服务。

对于老客户、忠诚客户,要根据其需要更新产品;对于潜在客户,或非客户,要通过对其行为需求分析设计相应产品。蓝海的出现就是基于对原本非客户群的分析,从而发掘市场的真空地带,借此摆脱竞争惨烈的红海,以获取高利润。

所以,在产品开发时,不可独断专行,不能以自己公司的偏好来设计产品,而应当广开门路,切实有效贯彻执行市场调研。

顾客是上帝,是营销界的名言。

沃尔玛的服务理念:第一条,顾客永远是对的;第二条,当顾客不对的时候,请参考第一条。

这对于零售企业而言,是销售的关键。而对于产品研发而言,更应如此,不能试图去改变或是教导顾客从事新的消费习惯,而是应该去引导,去激发其潜在的需求。

可口可乐公司作为最具品牌价值的公司在推出新产品时在客户分析上也出过差错。当时调研表明客户更喜欢新可口可乐的味道,但当可口可乐公司真的用新口味的可乐代替传统可口可乐时,却因为忽略了客户多年来对传统可口可乐的情感而导致了失败:众多的消费者上街游行示威抵制新口味的可乐。最后可口可乐公司不得不对此进行道歉,并换回传统可口可乐的口味。

这提醒企业,顾客永远是对的,他们用自己手中的消费权力来投票。如果不能赢得他们的选票,企业将在竞争中落败。新品的推出,在战略上要大胆,在战术上必须谨慎。可口可乐公司能听取建议,能调研,但却停留在口味的表面,忽视了更为关键的情感联系。好的品牌不仅是产品的营销,更是情感的营销。

【异曲同工】 沃达丰简约手机

沃达丰是世界著名的移动运营商,提供完整的移动通讯服务,其中包括语音和数据通讯。即使像沃达丰这样庞大而又成功的企业,也可以通过对核心用户的基础研究找到新的利润增长点。

2003年,沃达丰发现自己的经营方针存在某种缺陷,不适合某个目标客户群。这些人介于31—55岁之间,沃达丰称之为成年用户(APUs),他们的特点是使用手机的概率低,有些甚至不使用手机。沃达丰认为,这个客户群具有一定的潜在利润,应该激发他们的兴趣,成为自己的用户。但是,要做到这一点,就需要深刻了解他们的需求和行为特征。

沃达丰经过大量研究,提出了沃达丰简约(Vodafone Simply)理念,这个新理念在移动电话领域显得很偏激,它的目的就是帮助这些APUs消除对越来越复杂的移动电话技术的抵触情绪。在实际操作中,去除了游戏音乐上网等复杂功能,而是专攻语音通话与短信。沃达丰将这一理念在16个市场中进行了试验,根据其后6个月的新客户登记数量和客户满意度的上升情况,沃达丰认为这个方法起了作用,而且,它还发现这些APUs使用手机的频率也上升了,这样的简约版设计让沃达丰找到了新的增长点。

【依样画葫】

满足消费者需求的第一步是了解到消费者的需求是什么,在此之前则是先对市场进行细分,确认目标消费者。在了解到消费者的需求后,针对需求进行产品设计,从而满足需求。

【患得患失】

满足消费者需求就像对症下药,关键在把脉,如果脉把错了,那后面的药方也就无效了。

欲将心事付瑶琴,知音少,弦断有谁听

在一个知音难觅的时代,人们对于满足的门槛看似上升,实则下降,只要满足了部分诉求点,就意味着开辟了一个新的市场。

3.3 消费者关系：维系消费者情感：清水出芙蓉，天然去雕饰

【他山之石】

"上海是我长大成人的所在,带着我所有的情怀;第一次干杯,头一回恋爱,在永远的纯真年代。追过港台同胞,迷上过老外;自己当明星,感觉也不坏;成功的滋味,自己最明白,城市的高度,它越变越快,有人出去有人回来,上海让我越看越爱。我在上海,力波也在！力波啤酒,喜欢上海的理由！"——某天,当这段带着怀旧带着成长带着说唱味道的歌曲在电视广告中出现后,力波啤酒迅速打进了逐渐成长起来的年轻人市场。

【引经据典】

老子曰：视之不见,名曰夷；听之不闻,名曰希；搏之不得,名曰微。此三者不可致诘,故混而为一。其上不皦,其下不昧,绳绳兮不可名,复归于无物。是谓无状之状,无物之象,是谓惚恍。迎之不见其首,随之不见其后。执古之道以御今之有,能知古始,是谓道纪。（第十四章）

【注】 看不见,听不到,摸不着,无法区分,混而为一,这是道的特征。用历史的教训指导现在,能起作用,是因为道的存在,道是规律,是标准。以此证明肉体凡胎感受不到的道是真实存在的。

顺藤摸瓜：力波啤酒,喜欢上海的理由

力波品牌诞生于1987年,是上海最早的合资啤酒品牌。REEB is BEER。力波就是啤酒,啤酒就是力波。REEB英文名字来源于将BEER字母的顺序颠倒过来,中文谐音力波,一上市即成为上海主流啤酒的领导品牌,这个名字是从当时的消费者征集来的。后来,"力波"渐渐被竞争品牌赶超,被消费者淡忘。但是通过一个在上海"长大成人"的年轻人的见闻和经历,点出力波始终在上海人的生活中,和上海共同成长、发展。广告片在唤起上海消费者对"力波"普遍认同的同时,努力改变其原有趋于老化的品牌认知,塑造了年轻、充满活力的品牌新形象。这种由回忆,成长,见证的关键词构成的元素最容易打动消费者。在4C理论中——消费者,成本,便利和沟通——沟通,其实是将产品和消费者联系在一起,通过

一个连结点,得到情感上的认同。

看不见,听不到,摸不着,混而为一却又真实存在。情感恰恰也是如此。你不能很准确地描述出来,却又知道是真实存在。消费者情感作为情感的一种,同样适用于此。同时,我们也很清楚,对于情感的培养,却又是从视觉、听觉、触觉开始,能实实在在地感受到。所以,要维系消费者的情感,就要从这些方面出发,这是外在,而内在是情感诉求,要用外在的表现手法来契合。

【异曲同工】
优酷作为视频网站,也已注重对内容的创作。2010年优酷网11°青春计划捧红了《老男孩》,这部带有怀旧元素的励志网络短片引来了共鸣,共鸣赢得了追捧。最能切入消费者情感的未必是华丽的辞藻与篇章,未必是动辄大手笔的制作,简简单单,实实在在,来于生活,最能打动人心。

【依样画葫】
最重要的是要寻求到消费者的情感诉求点,无论是哪种营销方式,最有效的一定是点对点的突破,省时而高效。因此先要寻找到这个诉求点。第二步是针对这个诉求点植入文化、理念、情感,以达到共鸣。

【患得患失】
情感最怕矫揉做作,做的太假太生硬,反而会适得其反,因此最简单最朴实最有效,清水出芙蓉,天然去雕饰。

清水出芙蓉,天然去雕饰
真正的消费者情感诉求不是似锦繁华,而是真心、真诚、真挚,不是做作,而是质朴。

3.4 消费者关系:消费者至上:水能载舟,亦能覆舟

【他山之石】
2010年,腾讯公司作出了一项艰难的决定:不再兼容奇虎360,由此引发了中国互联网有史以来最大的不兼容事件,两家公司之间的"竞争"将战火燃烧到了用户的桌面,以让用户选择之名,损害了用户利益。无论

是何结果,这都是一场两败俱伤的战争。

【引经据典】

老子曰:"治大国,若烹小鲜。以道莅天下,其鬼不神。非其鬼不神,其神不伤人;非其神不伤人,圣人亦不伤人。夫两不相伤,故德交归焉。"(第六十章)

【注】 治大国就像烹小鲜,煮鱼的时候不能多翻腾,乱倒腾,容易损伤鱼的完整,治理国家也一样,以道治天下,圣人不伤人。

顺藤摸瓜: 3Q大战,逆水行舟

2010年互联网爆发有史以来最大规模的不兼容事件。一方是互联网霸主腾讯,一方是新贵奇虎360。事件从360宣布QQ扫描客户隐私并推出扣扣保镖以保护用户隐私开始,上线3天"感染"两千万用户,这让马化腾忍无可忍,于是在技术上强制不兼容。在这场战争中,360占据了道德的制高点,而腾讯无疑在舆论上遭到抵制。但是360也很清楚,过了这段时间,用户还是会回到QQ上,因为作为平台,QQ成为联系身边人不可或缺的关键工具。有人调侃,世界上最远的距离,是你删了360,而我删了QQ。

从前腾讯告彩虹外挂,告51.com,走的都是司法程序,而这次腾讯等不急了,先下手自救。为什么呢?

我们看扣扣保镖对QQ到底做了什么?

屏蔽QQ插件,过滤QQ广告,禁止自动开启QQ宠物,QQ秀。这些都是互联网增值业务,是腾讯主要收入来源,是腾讯的根基和命脉之所在。而360为何对腾讯发动这样的战争呢?则是由于腾讯推出了自己的电脑管家,拥有和360安全卫士一样的功能,以腾讯庞大的用户群,一夜之间占领360的市场份额几乎是可能。说到底,在这场战争中,是商业利益之争。无论是腾讯还是360,所谓保护用户隐私都是一个冠冕堂皇的幌子。

在这场战争的背后,依旧映射着我们的企业仍然不能以用户利益作为自己的首选。只有在触动商业利益的时候,才会想起去傍一个用户利益作为借口。

无论结局如何,在不断地相互攻击和揭发中,双方必是两败俱伤的结局。将不复拥有过去积累的用户情感。

【异曲同工】

2011年2月21日阿里巴巴B2B公司宣布，为维护公司"客户第一"的价值观及诚信原则，2010年公司清理了约0.8%逾千名涉嫌欺诈的"中国供应商"客户，公司CEO卫哲、COO李旭晖因此引咎辞职，原淘宝网CEO陆兆禧接任。

CEO和COO同时双双引咎辞职，这在尚处于幼儿期的中国互联网世界绝无仅有，但是当这出现在向来不走寻常路的马云手上，一切又会变得顺理成章。

马云说，"过去的一个多月，我很痛苦，很纠结，很愤怒"。

互联网的核心是自由和共享，但是互联网经济的基础确是诚信。最初作为C2C平台的淘宝，其成长基石是那一整套的诚信体系建设，虽然，淘宝某些时候被演绎成你情我愿的"冒牌货"市场，但确是大家都懂的一分价钱一分货的交易，并未缺失诚信。而对于B2B的涉嫌欺诈，千分之八的比例，有人说，对于某些公司而言或许就瞒下了，然后悄悄地处理。马云大张旗鼓的处理方式当然一方面是为了再度强调"客户第一"的价值观和诚信原则，一方面愈加反映自己的痛苦纠结和愤怒，但另一层面上，是否适合如此的大动干戈？是否必须要辞职？降级的处理或另有他用的处理是否会减轻辞职所带来的影响。如卫哲自己所说，我的辞职造成的震动甚至阵痛是必要的健康的。

【依样画葫】

遇事要时刻以用户利益放在第一位，即便是作秀也要做的让人信服。

【患得患失】

在实际利益冲突时，企业通常可能不会直接与消费者发生冲突，却或许会为了眼前利益而选择藏匿，这同样是很可怕的一件事情，因为一旦暴露，失去的是人心。

水能载舟，亦能覆舟

再大的船，也要在水中航行。离开了消费者的支持，纵有通天本领，也只能无奈搁浅。

3.5　市场关系：顺应市场变化：识时务者为俊杰

【他山之石】

马云入主雅虎中国之后，迫不及待地进行了一次瘦身和变脸，在 2005 年 11 月，由门户直接变成了像百度，google 一样的一个搜索框。当时有篇报道的题目很有意思："雅虎中国变脸搜索　马云重返不赚钱的纯真年代"。

2006 年 8 月 15 日，雅虎中国再度变脸，回归门户，不同的是融入了社区的内容，将社区和门户相结合。那一年，一篇报道的标题很好玩：雅虎中国再变脸，一年走回一个轮回。

而 2008 年 7 月，雅虎中国三变脸，整合口碑网，进军生活搜索服务。

【引经据典】

老子曰：致虚极，守静笃。万物并作，吾以观其复。夫物芸芸，各归其根。归根曰静，静曰复命，复命曰常，知常曰明。不知常，妄作凶。知常容，容乃公，公乃王，王乃天，天乃道，道乃久。没身不殆。（第十六章）

【注】　用连句的行文风格使得读来朗朗上口，气势十足，但若要提纲挈领，关键在把握首尾，也就是归根，明；知常，久。其间种种，乃推导过程。本章在于讲述，要懂得返璞归真，叶落归根，知晓运行规律，不逆势而为，才能存活得长久。运用于市场中，便是撇开花哨的包装，直击市场的核心，在市场规律的指导下进行市场运作。

顺藤摸瓜：雅虎中国，变脸没商量

相信诸位大多听过宋代禅宗大师青原行思提出参禅的三重境界：参禅之初，看山是山，看水是水；禅有悟时，看山不是山，看水不是水；禅中彻悟，看山仍然是山，看水仍然是水。

人们常常会把焦点放在看山看水的人身上，认为是人的修为不同了，所以才能经历看山不是山，再到看山还是山的彻悟。但是不妨换个角度来看，山始终是山，水始终是水，不曾有过改变。这就是"常"，是道，是规律。

我们会看到一些企业在不断地变换自己的战略，甚至每一次的变化都是在否定上一次的决策。但是根本而言,他们真的变了么？未必。就像看山看水的人一样,是在规律的吸引下,在探求规律的过程中变换着自己的应对措施。举个例子,万科走的一条道路是专业化到多元化再回归专业化的路线,是一个反复的过程,我们甚至可以说,只做住宅区的万科是完成了一次叶落归根。那为什么会这样？显然不是随意而为。而是市场的指标告诉他们走专业化的道路是最合适自己的。在过程中,付出的学费、教训,积累的经验都是在一步步地摸索。规律往往是要用教训换来的,轻轻松松很难切中要害,世上没有这么便宜的好事。所以,看到许多企业家几乎都是摸爬滚打,左冲右撞,闯荡出来的一条道路。很少有人在创业伊始就明确了自己的方向并把它坚持到底而且获得了成功的。不过,有一点共同的是,大凡成功的创业人士,都是自始至终在追随着市场规律,只是一开始,可能还把握不住,还有偏差。消费者永远是正确的老师。想要摸索出规律,就必须研究消费者。

我们来看马云每一次变脸的背后是什么：

第一次：搜索框

马云说:"这些人曾经经历过中国互联网的纯真年代,只想做事,不想赚钱,后来互联网的冬天到来,迫使他们不得不寻找赚钱的机会和门路,但是现在要他们重返不赚钱的互联网纯真年代,不用考虑任何商业模式,只要把搜索服务做好。"

很动听。其背后隐含的是,Google 在全世界的无比成功以及百度在中国的所向披靡,让马云深深地动了心。资本的本质是逐利性。不逐利的资本是公益,公益不是一个商业的本职,商人的天性是追求盈利,马云不会例外,因为他是一个精明的商人,所以罩上了一个很好的宣言。很正大。而且颇有几分归根的意味。

第二次：社区＋门户

通过近半年多的磨合和尝试,能够利用框运算成功的只有 Google 和百度,回归雅虎成名的门户模式是一种求变的选择,而社区则是 2006 年开始逐渐兴起的模式。

第三次：整合口碑网,进军生活搜索服务

在大众点评网为代表的本地生活服务搜索加点评模式逐渐改变人们搜索习惯的时候,整合同为点评类网站的口碑网,为的是流量和业务模式的升级。

三度变脸,每一次都引发大讨论,其变脸的背后究竟是什么？必然是利益。"天下熙熙皆为利来,天下攘攘皆为利往。"每一次的变动都是在摸市场的脉,只是随后发现摸得似乎并不够准,于是一变再变而至三变。时代在发展,市场在变化,唯一不变的就是要随市场变化而变化。不变的就是消费者寻求最适合服务的要求。

【异曲同工】

在 PC 界,有非常著名的戴尔模式,即戴尔赖以成名的直销模式:由戴尔公司建立一套与客户联系的渠道,客户直接向戴尔发订单,订单中可以详细列出所需的配置,然后由戴尔"按单生产"。实质就是简化、消灭中间商。然而戴尔在从 2007 年丢失了 PC 的老大位置后,就仔细分析了与竞争对手的差距,开始尝试直销之外的其他销售模式。戴尔在全球与沃尔玛等零售巨头合作,在中国,戴尔与国美牵手,继而挺进宏图三胞 PC 连锁、入主淘宝等各种零售路径。如今的戴尔走向了直销+分销的模式。

【依样画葫】

市场不是一成不变的,也不再是一招鲜吃遍天的时代。市场随时在变化,企业也要随时去适应市场的变化。首先要能根据业务数据来分析发展趋势,随后根据趋势来相应调整自己的业务模式。

【患得患失】

顺应市场最怕的是顺应的不是真正的趋势,而这一切很可能来源于错误的数据或是不缜密严谨的分析。

识时务者为俊杰

市场有其运作的规律,这个规律是在广大消费者的影响下产生的,没有任何定律是固定不变的,必须随市场变化而变化,这也就是不变的规律。归根也好,求新也好,其实都是在此基础上完成的。

3.6 市场关系:创新不止:小荷才露尖尖角,早有蜻蜓立上头

【他山之石】

2011 年 3 月,巴菲特曾表示:"即使苹果拥有全世界最美妙的未来,

我也不会为之干杯,更不会评估它的未来。我只会关注那些我能够判断其未来5至10年间的走势的企业。"尽管股神更喜欢类似可口可乐这样可判断的持续发展企业,但苹果已经以其创新超越微软成为市值最高的高科技公司。

【引经据典】
老子曰:"希言,自然。飘风不终朝,骤雨不终日。孰为此者?天地。天地尚不能久,而况于人乎?故从事而道者同于道;得者同于得,失者同于失。同于得者,道亦得之;同于失者,道亦失之。"(第二十三章)

【注】 即便是天地,也不是一成不变的,风和日丽,狂风骤雨都不会是一种持续的常态,那么对于人来说,更加如此。士别三日当刮目相看,正是这个道理。人在变化,在发展,由人组成的社会也在变化,人的需求所形成的市场同样地在不断发展,过去的准则可能不适合现在,现在的标准在未来也可能被淘汰。要跟上时代发展,必须要不断发展自己,才可能免于落伍。

顺藤摸瓜: 苹果,活着就是为了改变世界
提倡自主创新,追求创新文化,如今已经成为企业的竞争要素。
首先,为什么要创新?
因为市场不是一成不变的,顾客不是一成不变的,员工不是一成不变的。有变化就要有对策。后于变化而应对,还是先于变化而应对,都是可行的,但是一定要有对策,即便说不变那也是一种方案,鉴于背景在变化,这种不变也就是一个变。
接着,怎样创新?
简单说,就是满足需求。撇开花哨的不说,商业之道就是一边存在需求,一边存在供给,两者匹配则产生商业机会。任何一次商业机会的出现都必然在于满足一种消费者需求。比如技术进步产生的需求,如基于手机的发明涉及的商业模式;比如新的社会进步带来的细分市场,如为单身白领女性提供的系列美容瘦身服务;比如通过流程重设发现的市场机会,如西北航空提供的短途空中客运服务。
这些变化看似多端,但是关键点就是立足于满足需求上。所以,天不

能久,人不能久,但道可久,同于道者可得。

最后,更重要的是如何保持持续的创新?

创新,作为一种企业文化,需要时间来积累。但是在积累之前,需要制度来保障。在制度之前,还需要创新能力的员工。有人或许会问,为什么不是重赏之下,必有勇夫?因为缺乏具有创新眼光的领导,则难有制度,缺乏创新能力的员工,制度的收效甚微会导致缺乏信心,进而打击领导者的信心,从而使之流产。

我们来看一直在创新的苹果公司:

iPod:外观优雅的 MP3 播放器开启了苹果的辉煌十年。

iTunes:一款有着强大商业模式的魅力软件,证明了只要价格适宜,界面足够便捷,人们是愿意为音乐付费的。

iPhone:一款智能手机,在推出三年之后,仍然没有竞争者能超越。

苹果商店:这是"苹果革命"中最安静的部分,目前有价值 20 亿美元的货物通过这个革命性的商店流通。

iPad:创新的平板电脑,一问世便牢牢占据领头羊的地位,超过平板电脑市场 90% 的市场份额。

苹果公司一直以来以其创新成为潮流的引领者。乔布斯有六条创新理念:

1. 人活着就是为了改变世界。
2. 领袖与跟风者的区别就在于创新。
3. 人这一辈子没法做太多的事情,所以每一件都要做得精彩绝伦。
4. 成就一番伟业的唯一途径就是热爱自己的事业。
5. 只要敢想,没有什么不可能,立即跳出思维的框框吧。
6. 不要把时间浪费在重复其他人的生活上。

【异曲同工】

业界最著名的创新企业之一可能要算英特尔公司,该公司著名的摩尔定律不知道让多少追随者懊恼不已,但是对于消费者,尤其是时尚消费者,则欣喜若狂。

不过,要说的主角不是它,而是同业的另两位巨头,微软和 IBM。

IBM 是一家非常注重创新的企业,但是就是这么一家企业也会在技术创新的浪潮中出现判断错误,从而错失良机。

技术创新变动的背景：	UNIX 的兴起
结局：	Wintel 的两强霸权
IBM 在做什么：	判断失误

失误一：
没有认识到个人电脑最终将应用于商业和企业，而不仅仅是爱好者和学生。

失误二：
没有认识到 PC 会挑战 IBM 的核心企业计算设备，放弃了对 PC 最高价值部分的控制。
于是，微软拥有了操作系统，英特尔拥有了微处理器。从而出现了 Wintel 格局。

但是这并不是 IBM 的唯一失误，在发现个人电脑的业务应用如此广泛之后，IBM 自然不会袖手旁观，推出 S/360，意图与微软一较高下，但是结局如何呢？

	IBM：S/360 被攻陷	
操作系统	OS/2	Windows
性　　能	卓越	合格
市场份额	5%	90%

IBM 前任总裁郭士纳感叹：
"我们高超的技术被打败了，被一个仅仅是合格的产品打败了，因为推出该产品的公司真正理解客户的需求。"

郭士纳是 IBM 历史上出色的领导者，他认识到了需求的关键。而微软的成功虽然更多的是商业上而非技术上，但是他却在不断满足用户的需求中不断进步。

【依样画葫】
企业面临的外部环境始终在变化，以 PEST 模型为基础，从政治、法律环境、经济环境、社会环境和技术环境去考量变化，尤其是变化所产生的影响和带来的机遇。在外部环境分析的基础上，以内部资源为依托，是采取何种应对措施的必然考量。在发现了创新机遇，进行了创新尝试后，还要有完善的机制来保证创新。

【患得患失】

以不变应万变,万变不离其宗,是一种经营模式,但是这种经营模式下又在鼓励创新与变化,这种以变为不变,以不变为变的理念在很多时候是组织内部的文化积淀而形成的平衡,盲目照抄并不能得其真昧,更不必说生搬硬套了。

小荷才露尖尖角,早有蜻蜓立上头

环境的变化就像是荷花才露出尖尖的角,企业应当像目光敏锐的蜻蜓那样,端倪甫一出现,就及时发觉,占据先机。

3.7 市场关系:农村包围城市:旧时王谢堂前燕,飞入寻常百姓家

【他山之石】

2009年,柳传志宣布复出,重任联想集团董事局主席,随后也公布了联想的新兴市场计划,即在农村市场加大投入力量。在金融危机下的这种转变,再度让我们看到,农村市场的广阔空间会成为一个最好的避风港或是增长区间。

【引经据典】

老子曰:"昔之得一者:天得一以清,地得一以宁,神得一以灵,谷得一以盈,万物得一以生,侯王得一以为天下贞。其致之一也。天无以清,将恐裂;地无以宁,将恐发;神无以灵,将恐歇;谷无以盈,将恐竭;侯王无以为贞而贵高,将恐蹶。故贵以贱为本,高以下为基。是以侯王自称'孤、寡、不谷'。此其以贱为本也,非乎?故致数誉无誉。不欲琭琭如玉,硌硌如石。"(第三十九章)

【注】 得"一",则天清,地宁,神灵,谷盈,万物生,天下贞。无"一",则天裂,地发,神歇,谷竭,侯王蹶。由此看见"一"的重要。那么"一"是什么?道生一,一生二,二生三,三生万物。一是根本,是基础。基础在下,万丈高楼平地起,广阔深厚的地基是一。

顺藤摸瓜: 三株和脑白金,农村包围城市

在近代客户关系管理理论中,有着大客户创造更大价值的20/80

法则。这是存在的,也是许多公司努力追逐高端客户的理论基础,这与产品的定位息息相关。但是并非一定要锁定高端客户才是王道,这不是通则。

老子说:贵以贱为本,高以下为基。基石不稳,楼阁不固。毛泽东农村包围城市的战略正是在充分发挥基石的作用,基础稳健,才有资本进行城市争夺战。

为什么要重视农村市场呢?因为中国目前的现状,农村市场是非常巨大的市场,尽管暂时的消费能力并不大,但是随着经济水平和收入的提高,其消费潜力巨大,尽早的布局可以抓住未来的消费。再者,农村市场更注重性价比,价格和够用的功能是第一要素,神州数码力推低价笔记本就占据了广阔的农村市场。

改革开放后有两个农村包围城市的成功营销案例,一个是三株,还有一个是青出于蓝而胜于蓝的脑白金。虽然都取得了成功,但是两者存在区别:

三　　株	脑　白　金
以开拓农村根据地为最终目的	以农村为无奈的跳板: 从小城市出发,进入中型城市,然后挺进大城市,从而走向全国
几十万营销大军上山下乡	首战以 10 万元广告费打江阴

史玉柱说过"很多人认为脑白金最大的特长是做广告,实际上最大特长是地面推广,在全国 200 多个城市设办事处,3 000 多个县设代表处,全国遍布 8 000 多人。"

夺取最终胜利的是在地面

由上述史玉柱的话可以发现成功的关键更多在于地面的推广。广告,无论电视媒体、广播媒体、报纸媒体,还是互联网新媒体,更像是一种空中打击力量,高高在上,绚烂无比,但是这是在投入资金。而能否收回资金,则在渠道。

【异曲同工】

在化妆品行业,外资占据了 90% 的市场份额,而一提及外资化妆品品牌,无疑就将其与高端画等号,发达城市百货大楼一楼清一色的外资品牌,然而仅仅如此,是不足以占据 90% 以上的市场分额的。我们看截至

2009年，欧莱雅三分之二的收入是来自于三线城市，护肤品61%来自于三四五线城市，这与欧莱雅这样的高端品牌在人们心中的形象似有不符，却不得忽略其渠道战略布局的成功，这也是其多品牌战略的成功。

【依样画葫】

拥有中国最广大地域的是农村，农村市场永远是不可忽略的市场，在外资非常重视农村的今天，本土企业更加不能忽视。但是农村市场的渠道建设又非常困难，要一个村一个村打下来，并且需要及时维护。再者，产品大多是由中心城市逐步扩散，将中心城市的流行品同步到农村市场也会充满机会。

【患得患失】

渠道是传统4P理论中唯一进钱的元素，与终端消费者打交道，就意味着渠道背后代表的是客户群。即便广告拉动了消费欲望，若找不到渠道去购买产品，那只能是一种徒劳的浪费。

旧时王谢堂前燕，飞入寻常百姓家

过去的高档品牌，如今都开始了二三线甚至四线城市的布局渗透，而地域广阔造成的消费能力差异带来的机会逐层递进。

3.8 市场关系：面子原则：醉翁之意不在酒，在乎山水之间也

【他山之石】

2005年，阿里巴巴和雅虎的交易案成为互联网届的一枚重磅炸弹。关于这笔交易，外媒称雅虎收购阿里巴巴，而国内则给出阿里巴巴鲸吞雅虎中国的标题。马云的解释很有意味，你不能买了人家还到对方家门口吆喝说，我买了你吧。要留个面子给对方。

【引经据典】

老子曰："将欲歙之，必故张之；将欲弱之，必故强之；将欲废之，必故兴之；将欲夺之，必故予之。是谓微明。柔弱胜刚强。鱼不可脱于渊，国之利器不可以示人。"（第三十六章）

【注】 想要做什么,必须先反方向地进行行动,比如将要收拢,必须先扩张;要夺取,必须先给予。这在逻辑上似乎有些不可理解。但是正如化学反应中的可逆反应,增加生成物,反而可以加快反应速率。

顺藤摸瓜:阿里巴巴鲸吞雅虎中国的面子

或许会问,这是不是一种欲擒故纵?

在人和人的谈判中,有时候欲说还休是为了吊起胃口,为了故作神秘,为了抬高身价。欲走还留,是为了对方的挽留,给双方一个台阶;欲擒故纵是为了消除对方的傲气,打压对方,从而获得最具性价比的结果。诸葛孔明攻心为上,七擒孟获,花这么大的成本正是为了一劳永逸,从而长久地解决边疆问题。

2005年,阿里巴巴和雅虎的交易案成了互联网届的一枚重磅炸弹。关于这笔交易,马云的解释很有意味:要留个面子给对方。

其实,留一个面子,这个最具中国人际关系的说法,可以很好地来诠释老子的话。

给面子主要的作用就是抬高对方,随后产生三种效果。一是使他产生自我膨胀,丢失一些防备,从而获取所希望的资源。二是给对方一个安慰,让对方在送出自己资源的时候于心能"稍安毋躁"。三则是让对方感受到你的诚意,从而用义气说话,加快资源交换的流程速度。

那么面子是不是越多给越好呢?就如同成本要下多大一样,不是越大越好。到头来收不回成本,那就是得不偿失。孔明七擒孟获是好,换成十擒就未必好,因为资源在消耗,而时机在流失,若是魏国来犯,那就不妙了。如果本来打算收拢,扩张得过大,那就收不得了;想要削弱,增强得过多了,也弱不了了;想要废除,兴盛得过了头,翅膀长硬也就没能力废除了;想要索取,给予得过多了,不值得了。

那么问题是面子给多少?

定量的说,万通董事长冯仑给了一个"6-3-1"法则。

【异曲同工】

冯仑说,在社会上做生意,无非是要在人情世故上让大家都舒服了。我一般采取的是"6-3-1"的办法。"6"叫情势,是社会、法律强制要求我们遵守的;"3"是经济利益,算账;"1"是面子,是妥协。比如,我收购别人,一定要变成别人收购我的架势,明明是我很强大,但要说我很弱小,他显得牛了,事儿一下就办了。一般我们都是留 10% 的余地来处理面子问题,如果做交易我赚了钱,得在某种场合给对方一个好的说法,让他特别有面子。否则,在生意场上你就会变成一个刻薄寡恩的家伙。按照鲁迅说的,面子是中国人的精神纲领。总是尊重别人,把人家放到台上,你在下面,"善处下则驭上",这样你在社会中就可以比较好地发展自己。

【依样画葫】
在待人接物时,一要重情势,二要重利益,三要考虑面子。

【患得患失】
在面子的处理上,不宜过度,过多会使得对方自我膨胀,过少又会出力不讨好。

醉翁之意不在酒,在乎山水之间也
商人和企业家的区别之一在于商人会盯着眼前的酒或者身后的酒窖,而企业家关注的则是广阔的山水天地。

3.9 市场关系:危机公关:此时无声胜有声

【他山之石】
2009 年,百度搜索引擎竞价排名,虚假医药广告被央视点名曝光,顿时给百度带来巨大压力。李彦宏迅速作出反应,当天撤下涉及的医药行业的敏感关键词,并发表道歉,承认错误。以及后来一系列示好行动,得到"知错能改,善莫大焉"的评价,并在春晚中亮相。

【引经据典】
老子曰:"知者不言,言者不知。塞其兑,闭其门;挫其锐,解其纷;和其光,同其尘,是谓玄同。故不可得而亲,不可得而疏;不可得而利,不可得而害;不可得而贵,不可得而贱,故为天下贵。"(第五十六章)

【注】 苏洵《衡论·远虑》:"知无不言,言无不尽,百人誉之不加密,百人毁之不加疏"。说的是要毫无保留地将自己的见解表达出来。毛泽东在《论联合政府》报告中也引用"知无不言,言无不尽"并且特地加了"言

者无罪,闻者足戒"两句。后两句既是对敢言者的鼓励,也是对听言者所言的忠告和祈望。

但是老子为何要说知者不言,言者不知呢?"知"同"智",表示智慧的意思。是因为大智慧不足为外人道?还是因为佛祖拈花,迦叶一笑,一切尽在不言中?

说话是一门很高深的学问,怎样表达事关重要,可以说是一门艺术。老子所说的不言,指的是不可泛泛而谈,夸夸其谈,要能够一语中的,能够一针见血。怎么表达是其一。其二是在什么时候说。说话的时机有很大的讲究。不同场合不同时机说同样的话效果也完全不同。

那么,什么样的人说怎样的话更容易被人接受呢?要能够规避与外界的利益交换,能够挫去自身的锐气,解脱纷争,中和荣光,与尘土同在。不亲,不疏,无利,无害,不分贵贱。所以得到尊重。

顺藤摸瓜:百度,知错能改善莫大焉

日常,人们说话都有自己的一套模式,这套模式反映了平时的积累以及思维的程度。难度在于即兴,或是出现了临时的问题。这要靠自身的修养。

面对危机的时候,企业领导应该如何表现,如何面对危机,怎样说话是非常重要的。不能想当然地按照平时的思路去讲,因为危机下,人们聚焦的程度是不同的,放大的倍数也是不可同日而语的。

这时候,如果不假思索地说,倒不如不说。面对危机,第一步就是"知者不言"。当然不是说一直不说,第一时间的反应是需要的,但是我们也都很清楚,第一时间没有量化的概念。通常看到消息出来,记者连线,公司发言人一般是在向董事会或者相关部门核查。

百度竞价排名的不合理性在央视曝光之后,李彦宏也是第一时间反应,当天撤下涉及的医药行业的敏感关键词,并发表道歉,承认错误。这种态度在危机下是好的,先认错,因为明摆着是错了,就不要狡辩,至于错的原因可以探讨。李彦宏除了认错,还表示了改进,改进之后还希望大家原谅,这是三个层次的递进关系。

这就是"挫其锐,解其纷","塞其兑,闭其门"。怎么说呢?他没有表示这些关键词给钱是应该的,没有去做辩护,这就是和利益撇开了关系。这很重要。

央视最后以白岩松的评论,给予创业企业机会与关怀而结束。我们

随后也发现了央视春晚李彦宏的身影,和百度的广告冠名。这当然也是一种修复关系的手法。

【异曲同工】

李彦宏和百度当然很成功,但是论资排辈上,还算是小字辈,或者是中生代。相比较而言,在 2008 年,王石的言论引发一片哗然更让人深省,作为一位受人尊敬的企业家,不得不说某些场合下的言论因为过于不慎重而让人惋惜。

2008 年 5 月 12 日,汶川大地震后,许多企业纷纷慷慨解囊。当万科宣布捐款 200 万时,民众很是不满,称万科 2007 年有 48 亿的净利润,捐 200 万太小气。在这种情况下,王石先生显然没有充分估计到事态的严重,而是在自己的博客回应,"赈灾慈善活动是个常态,企业的捐赠活动应该可持续,而不成为负担。"15 日,王石在个人博客里写道:对捐出的款项超过 1 000 万的企业,表示敬佩。但作为董事长,他认为万科捐出的 200 万是合适的。王石还透露说,万科对集团内部慈善的募捐活动中,有条提示,"每次募捐,普通员工的捐款以 10 元为限",不要让慈善成为负担,影响个人的生活质量。

于是 200 万,10 元钱,让万科遭遇了一次重大危机。

在这之后,对王石的骂声一轮高过一轮。21 日,王石在四川绵竹市遵道镇考察时,向记者表达了他对这一事件的歉意,随后万科宣布公司在净支出额度人民币 1 亿元以内参与灾后重建工作,不拿地产权,不开发商业住房,主要用于学校和公益建筑。但是这已很难在短期间扭转民众的不满了。

【依样画葫】

一要把握说话的时机,二要把握说话的对象,三要把握说话的分寸。

【患得患失】

有时候,说得及时并不代表就是好事。信息公开化透明化是目标,但是不合时宜的发言却会给公司带来负面影响。

此时无声胜有声

无声有时比有声更具穿透力,缄默不代表默认,而是在等待更合适的机会。

第二部分　组织篇

　　组织,是使企业实体得以流转物流、现金流、信息流、人才流的纽带,组织是否和谐将影响到企业是否能够正常运转,因此在第一节中,介绍如何打造和谐组织。人是组织的人,组织是人的组织。在追求以人为本的现在,组织和谐万事兴,人是第一位的,要千方百计地把组织里人的主观能动性发挥出来。因此第二节着阐述组织中的个体如何如鱼得水。组织中必然有领导者,而领导者身兼重任,举手投足之间影响企业发展,在最后一节将介绍什么是成功的领导者。

第一节 和谐组织

1.1 打造不抱怨组织：羌笛何须怨杨柳，春风不度玉门关

【他山之石】

2009年，美国最受尊崇的心灵导师之一威尔·鲍温的著作《不抱怨的世界》被引入，从而将全球80个国家，600万人参与的"不抱怨"活动引入我国。"不抱怨＝改善自我 & 提振团队！任何人和团队要想成功，就永远不要抱怨，因为抱怨不如改变，要有接纳批评的包容心，以及解决问题的行动力！"听起来十分诱人。但是如何打造不抱怨组织呢？

【引经据典】

老子曰："天地不仁，以万物为刍狗。圣人不仁，以百姓为刍狗。天地之间，其犹橐籥乎？虚而不屈，动而愈出。多言数穷，不如守中。"（第五章）

【注】 老子说，"圣人不仁，以百姓为刍狗"。此处"仁"不指仁爱，而是偏爱。天地不会偏爱任何个体，而是万物平等。圣人对待百姓也是一视同仁，没有偏爱。公平公正不偏颇，是不抱怨的前提条件。

"橐籥"是风箱的意思。"屈"与"出"相对，天地像风箱一样，越鼓越有劲，出的风也越多。"多言数穷，不如守中"意思是说，多说话会导致困窘，言多必失。不在于说的多少，而在于是否到位。

越抱怨，越会怨天尤人恨自己。不抱怨的关键在于改变。

顺藤摸瓜：一和二同三赞——让语言消除抱怨

天地不仁，圣人不仁，一来是说给组织的领导者听，组织里，要一碗水

端平;二来也是说给组织成员听,要相信你的领导们是公平公正的,不要想乌烟瘴气,邪门歪道。倘若遇到什么不公的事情,首先从自己身上检讨。因为多说话,会招来不必要的麻烦。世上没有不透风的墙,即便只是同事之间的抱怨,也可能隔天就传到领导的耳朵里。更何况抱怨是不能解决问题,反而拖累别人的热情。损人而不利己,何必为之。

那么该怎么办?

把天地间比作上下级之间,那么上下级之间也就像有一个风箱一样,如果不动,那么也就一直这样,不会有什么变化,变化则来自于不断地鼓吹,越鼓吹,风就越多。换句话说,就是要争取表现的机会,重要的是要让领导能够看到你的表现。试想,领导都不怎么认识的人,又怎会得到多少机会?很多时候,机会是无处不在的,只是没有去争取。机会往往青睐有准备的人,但是有准备了,还得勇于敢于站出来承担,机会即责任。有些人能力具备了,但是不愿意承担责任,或者害羞,也只能在笑谈言语中,付之东流。

把握住了机会,有了出色的表现以后,就拥有了一个表达自己想法的机会。这时候你可以趁机提出自己过去的某些不公平的待遇或是其他,切记要婉转,更不能话多,不能得寸进尺,不能趾高气扬,不能一副好像该我的你就得给我的架势。如果是技术层面,你可以婉转地表达这样是否更合理,最好是能够一步步诱导领导到你设计的轨道,然后还大赞一声,领导,您真高明。如果没有进入轨道,也不要强求,因为没人愿意听意见。记住,没人愿意听,等级越低的领导越不愿意,不管你们关系如何。所以,话不可多。

组织要和谐,处事要端平,不要多抱怨,也要少意见。少说多做事,处处求表现。趁机表观点,一和二同三赞。若是无机会,切莫再纠缠。

一和二同三赞:向领导提建议时,首先不管领导的观点正确与否,先附和,随后用自己的想法逐渐引导领导,若成功,则要领导拍板后,大声赞叹,若不成,就搁置不要再纠缠。

所以说,很多时候,造成不和谐也好,化解、避免抱怨也罢,在应用层面上是来自于语言,语言可以消除抱怨,真正有艺术的语言。

学习邹忌好榜样:提意见的语言艺术

大家都很熟悉邹忌讽齐王纳谏的故事:邹忌和徐公比美,妻有私,妾有畏,客有求,于是都说邹忌美。我们要讲述的是邹忌的另一个故事,在他被拜相之前,也更能体现出他说话的艺术。故事出自《史记·田敬仲完

世家》

齐威王好鼓琴,但也因此荒废朝政。一天,邹忌自称是高明的琴师,进宫为大王抚琴。邹忌走进内宫聆听齐威王弹琴。听完后,他连声称赞道:"好琴艺!"齐威王面露不悦,拔剑而问:"你还没仔细听怎么知道好,我的琴艺好在哪里?"邹忌道:"我听大王那大弦弹出来的声音十分庄重,就像一位名君的形象;小弦弹出来的声音是那么清晰明朗,就像一位贤相的形象;大王运用的指法十分精湛纯熟,弹出来的个个音符都十分和谐动听,该深沉的深沉,该舒展的舒展,既灵活多变,又相互协调,就像一个国家明智的政令,像四季变化一样。听到这悦耳的琴声,怎么不令我叫好呢!"

威王说,"说的不错。"

邹忌说:何止是说,治国安邦的道理都在里面了。

威王又不高兴了,"你说音律琴艺,还像个夫子老师,治国安邦的道理怎么能在音乐之中?"

邹忌接着说道:"七根琴弦,好似君臣之道,大弦音似春风浩荡,犹如君;小弦音如山涧溪水,好比臣;应弹哪根弦就认真地去弹,不应该弹的弦就不要弹,这如同国家政令一样,七弦配合协调,才能弹奏出美妙的乐曲,这正如君臣各尽其责,才能国富民强、政通人和。"

威王很高兴,说"说的好,弹琴和治国的道理一样呀"!

三月后拜邹忌为相。

在这个案例中,我们看到邹忌开场时投其所好,接下来就是一通马屁狂拍,但是威王身经百战,知道你是在拍马屁,于是颜色一变,吓唬你两下。在现实生活中,同样如此,领导见的溜须拍马太多了,所以仅这一手远远不够,没有真东西被唬一下就回去了,以后也不会再有机会。说奉承话是第一步,目的是为了接近。接下来邹忌开始说乐理,这就是逐渐要引威王到自己的轨道上来。威王听得有道理,已经动心了,但是还是会再唬你一下。继续问下去。这就被引入自己的轨道了。如果,没有兴趣,也就不会再问下去,只要问下去,机会就来了。于是,邹忌不慌不忙地把琴艺和治理国家相结合。最后由威王下一个定论,皆大欢喜。三月后,被拜相国。所以说,给领导提意见需要讲究智慧,尤其在自己本身有所求的情况下。

羌笛何须怨杨柳,春风不度玉门关

既然春风不度,又何苦要演奏悲怨曲调;如果春风不度,又何不去尝试借春风?

1.2　打造公平组织：安得广厦千万间，大庇天下寒士俱欢颜

【他山之石】

《晏子春秋·谏下二》中记载："公孙接、田开疆、古冶子事景公，以勇力搏虎闻。"

公孙接、田开疆、古冶子是景公手下最有名的三位勇士，力可搏虎，战功赫赫，但也因此居功自傲，成为国家的隐患，晏子设计用两只桃子令三人争功，最终除掉了三人。

【引经据典】

老子曰："不尚贤，使民不争。不贵难得之货，使民不为盗。不现可欲，使民心不乱。是以圣人之治，虚其心，实其腹，弱其志，强其骨。常使民无知无欲，使夫智者不敢为也。为无为，则无不治矣。"（第三章）

【注】 许多人在初读时，会对本章产生一些误解，因为按照字面的理解，不崇尚贤能，才能使民众没有争强好斗之心；不把珍物稀宝作为贵重物品，才不会使民众偷扒；不让民众产生贪欲，不然会民心大乱。以一个人的常识来判断，这不是可笑么？哪个社会不尊贤尚才？不然社会凭借什么进步？我们需要对其逆向思考。

顺藤摸瓜：标准先行

我们不妨逆向思考，"尚贤，民争。"这揭露了组织中的关键因素，一是重赏之下，必有勇夫；二是论功要行赏。而此处的争，也有两种，一是良性，二是恶性。

当然，这里面还隐含了一个前提：要有能够让人信服的标准。这样一来，意思是说：在组织里，有论功行赏的惯例，奖惩要公正，如是，则组织中的成员都会努力去争取那个受褒奖的机会。此处的"争"指的是良性的竞争。

实际上，许多组织里，由于非组织的存在，由于各种人际关系的存在，一些出了力的人没有得到应有的回报，而动用关系的人却能升迁奖励，这样的后果，是朝着不正之风去争。争先恐后的不是去工作，而是去搞关系。比拼谁送的礼多，比拼谁马屁拍得更舒服。更有甚者，同事之间相互

彼此的猜疑、攻击、中伤，都会一一出现，这就有了"民争"，此处的"争"指的是恶性竞争，它会极大地影响组织运转的效率。

老子的办法就是竖立一个合乎其理的标准。

但是实际中我们也都清楚，没有绝对的公平，那么相对的公平怎么衡量？

老子说："圣人之治，虚其心，实其腹，弱其志，强其骨。常使民无知无欲，使夫智者不敢为也。为无为，则无不治矣。"

后来人们从中化出了"虚心"二字，确实可贵，不过偏离了老子的本意。还有不少人纠结于一字一句的解释，却仅仅读懂了一个一个字，又往往产生误解。我在大学里修一门太极的课时，老师说得很妙，太极化于道德经。虚其心，实其腹，指的是运气，气沉丹田。颇有趣味。

那么，到底老子想说什么呢？

从逻辑上讲，在提出了现象之后，是给结论，给方法。也就是在这里，老子给出了使组织和谐的标准：虚心，实腹，弱志，强骨。

虚心：

所谓虚其心，是使其心虚，什么情况下心会虚？无非是等待惩罚时，与天降馅饼时。激励员工，应当在其原本以为获得的收益中，略微浮升一点。千万别去担心这样会导致人的惰性，会有不劳而获，不是叫你去升格一倍，是微升。微调的效果是提升员工满意度和幸福指数。原本指望得到1分，结果得了1.1，很开心，开心的同时又有点虚虚的，觉得自己好像还不够份，下次要更加地努力，更加努力还能换来更好的收益。当然，事先也别急着当老好人给透露出去，惊喜才能带来更大的惊喜。种绿豆得绿豆的结果就是心安理得，银货两清，没有剩余动力可言。得到个黄豆，心里舒坦，工作尽兴。

实腹：

得保证喂饱肚子，肚子饱了，才有力气干活，这是永恒不变的道理。

弱志：

是不是所谓的弱化他们的理想呢？我觉得不完全是。准确地说，是弱化其个性化思想。在组织中，存在个人的理性导致集体非理性的经济学定律。每个人朝着自己的方向走，这结果可能就是合力等于零。所以说，要整合大家的力气往一处使，别太有个性了。也不是说完全抹杀个性，是弱化。这才是弱志。在有整体的把握下，允许个人的自由发挥，将进一步释放员工的能力。

强骨：

身体是革命的本钱，表面看是要强身健骨，但是却不仅限于此。骨骼如何才能强壮？就是要不断地运动。那么在组织里如何呢？就是不断地有活干。大家都会有一个体会，就是忙起来人人都很团结，加班加点，不怕累，不怕苦。但是一闲下来，没事干了，矛盾就出来了，公司里这有不公，那有缺点。闲聊闲聊，就聊出不满来了。所以不能养闲兵。要不断地有任务出来。当然在实战中锻炼出精兵强将来，也有利于工作的开展。

这些是老子所要告诉人们的关键。

至于那无为则无不治也，倒要问问那些鼓吹无为是无所为的朋友们，为无为，是不是一种有为呢？无为的含义是说，有了标准以后，就让标准来办事吧，别乱加干涉。更不要乱改标准。

所以，老子对组织和谐的看法就是竖立一个公平公正的标准，让组织在这个标准之下运转，人不要施加过多的外力去干涉它的自然运行。至于标准，就是虚心，实腹，弱志，强骨。这样看来，是不是会显得更符合逻辑了呢？

学习晏子好榜样：翻手为云覆手为雨，让标准行事

在晏子春秋中记载了一则二桃杀三士的故事，即春秋时齐景公将两个桃子赐给公孙接、田开疆、古冶子论功而食，三人弃桃自杀。

在这个故事里，则是契合了尚贤，使民争。贵难得之货，使民为盗。现可欲，使民心乱。用桃子代表功劳与地位，必然使得每个人都去争抢，起了争夺之心，起了贪欲，于是三人之间的联盟顿时瓦解。只给了两个桃子，正是反用"虚心"之法，因为目的就是在于故意挑起事端，自然就少给你一点，让你去抢，而到了真正功劳大的人出现之时，前两者心中有愧，也是心虚。

所以，在谋略的角度上说，正用为正道，而反用则为阴谋之学。本身无对错，只看用的人的品格有高下贵贱之分。

安得广厦千万间，大庇天下寒士俱欢颜

公平公正的标准就好比那风雨中的万千房屋，可以容纳众人在其中，安心如山，如此，风雨不动。

1.3　打造坦诚组织：千呼万唤始出来，犹抱琵琶半遮面

【他山之石】

杰克·韦尔奇说："在 GE，我们首先花费了大约 10 年的时间来建立

坦诚和信任的企业文化","缺乏坦诚是商业生活中最卑劣的秘密"。

【引经据典】

老子曰：绝礼弃智，民利百倍；绝仁弃义，民复孝慈；绝巧弃利，盗贼无有。此三者以为父不足，故另有所嘱：现素抱朴，少私寡欲。（第十九章）

【注】 礼智仁义巧利，这是大众认为好的特性，但是它们也会是一种阻碍。非但是阻碍，老子认为甚至要废除这些，以达到民利、孝慈、盗贼无有。这又谈何容易。于是，老子另给出了八个字：现素抱朴，少私寡欲。不妨用两个字来解释：坦诚。

顺藤摸瓜：坦诚是绩效的基石

出于职场潜规则，人们会倾向于保持沉默，或者心知肚明，秘而不宣。这种看似个人利益的最大化实际在拖累组织的效率，而组织的收益会直接决定个人收益。因此，许多沉默的人其实是只看到了开始，却没有看到结局。

做人要坦诚相待，在日常生活中，可以理解为一种道德素养。换言之，就是能做到，最好，做不到，也属于个人事务，只要不违反有关规定。在商场上，习惯了话只说一半，像林俊杰歌里唱的，"尔虞我诈是三国"，又好比《投名状》里的那句"兵不厌诈，这是战争"！这是为了给自己留有更宽松的底线，谈判双方最怕的就是自己的底线被对方识破，从而变得被动，狡兔三窟的狡猾在于你摸不清它的底。逐一去试，一来冒有风险，二来时间未必允许。那么，为什么还要坦诚相待呢？

第一个问题：谁需要坦诚？

1. 制度

在企业，组织内部来说，制度要开诚布公，藏着掖着，奖惩不明带来的后果是猜疑和不服，拖沓了员工的热心和激情，弄得不好，组织起来几个小团体，分裂是必然的。

2. 上下属之间

上下属之间的开诚布公，体现在布置任务上要清楚，不要让下属去猜测，这不是皇帝要大臣写清词。下属对上司进行工作汇报要翔实而有重点，有条理，不要乱做一锅粥，不要考验别人的耐心。没有抑扬顿挫，是会让人瞌睡的。该说的没说,会给自己扣上一个不认真或者能力不足的帽子。

3. 新老员工之间

新老员工之间需要坦诚相待,体现在技术、经验的传授上。不可否认有些师傅未必会把自己的心得对徒弟倾囊相授,人或多或少都有自私和自保的心态,这很正常,全教你了,人家怎么生存?那么徒弟就不能木在那,要主动,敢问敢学。

4. 同级之间

同级同事之间也需要坦诚。不是说薪酬待遇方面说得一清二楚,有些公司的确是不允许交流这些。但是对于项目工作的想法建议,则需要能够直率的提出自己的见解。在会议上,或者私下里,一言不发不代表沉默是金,如果你在最后也不发表一下具有分量和价值的总结的观点的话。所以,你会看到几个人经常在一起,而他们团队的效率很高,因为他们会交流,会冲击,会碰撞,火花永远在碰撞中出现,而不是静如止水里。

第二个问题:什么场合需要坦诚?

1. 绩效考评时

所有关系到人的切身利益的地方是最需要坦诚的,因为不能让人信服的结果很可能是为了利益而反目,这最严重的后果。

2. 头脑风暴时

但凡头脑风暴时,必然是对一个项目缺乏核心创意,需要拿主意的时候,这时最讨厌的就是半天不说一句话的人,笔录者除外。头脑风暴法需要不断地有思维的冲击和启发。不能坦诚地表达,畏首畏尾,使热烈的气氛冷却。特别是如果主持人不解风情地问一句,某某的看法呢,一时间的语塞会造成冷场的尴尬。

最后一个问题:坦诚可以带来什么?

1. 增进组织的团结。

2. 提高组织的效率,可以避免一次次的冗长而没有结果的令人厌烦的会议。

学习韦尔奇好榜样:让坦诚提高效率

杰克·韦尔奇先生以坦诚而著名,在其著作中,曾举过这么个例子:"我听到了来自数百家不同公司的员工们讲述的故事。他们描述说,自己日复一日地生活在缺乏坦诚的空气中,尤其是在各种议题的会议上。业绩考评的过程尤其缺乏坦诚。实际上,这样的提问出现得过于频繁了,以至于我会经常在讨论会上进行实地调查。我问听众们:"在过去一年里,有多少人接受过面对面的、诚实坦白的业绩反馈会谈?这些会谈的目的是让你们弄清楚,自己还需要做哪些改进,自己处于公司的什么位置上?接受过的人请举手。"

运气好的时候,将有20%的人举手。而绝大多数时候,这个比例只接近10%。

有趣的是,当我再次反问听众,他们是否经常与自己的手下进行这种坦诚、公正的业绩讨论?举手的人并没有增加多少。

因此,请先忘记来自外界的竞争吧,因为你自己最大的敌人就是企业内部人与人之间不良的交往方式。"

千呼万唤始出来,犹抱琵琶半遮面

"坦诚"二字谈何容易,千呼万唤之下,可以卸下心防,已是成功,而事实和数据就像琵琶一般,遮住的是人情面子,遮不住的是真知灼见。

1.4　打造学习型组织:乱花渐欲迷人眼,浅草才能没马蹄

【他山之石】

说到学习,会有学费,会有学校。2008年6月29日,中国私募教父赵丹阳以211万美元天价拍下与巴菲特共进午餐的机会,惊动世界。而一年之后的2009年6月24日,赵丹阳在纽约"权力之屋"与巴菲特共进天价午餐,合每分钟一万美元。所有目光都聚焦在巴菲特说了什么,而赵丹阳又学到了什么?

【引经据典】

老子曰:"善行,无辙迹;善言,无瑕谪;善数,不用筹策;善闭,无关楗而不可开;善结,无绳约而不可解。是以圣人常善救人,故无弃人;常善救物,故无弃物。是谓袭明。故善人,不善人之师;不善人,善人之资。不贵其师,不爱其资,虽智大迷,是谓要妙。"(第二十七章)

【注】　杜牧在《阿房宫赋》中感叹:"秦人不暇自哀,而后人哀之;后人

哀之而不鉴之，亦使后人而复哀后人也。"不警惕前车之鉴，正是不贵其师，不爱其资的表现，这种表现被老子称为虽智大迷，即便是自以为有智慧，也是很糊涂的。魏征说，以人为鉴，可知得失。善人是不善之人的老师，不善之人也可以作为善人的借鉴，见贤思齐，见不贤而内自省也。

圣人一直善于拯救世人，没有废弃之人；一直善于挽救万物，没有废弃之物。这就叫承袭道的智慧。

但是，为什么人们还会有不贵其师，不爱其资的表现呢？这是因为通常判断不出哪些是需要学习的。老子告诉我们，这样一些特征：善于行走的不留踪迹，善于言辞的不留话柄，善于计算的不用器具。善于关门的不用门插，却无人能开；善于捆绑的不用绳索，却无人能解。

顺藤摸瓜：学习，要学到实处

建立学习型组织是一个热门话题，人们也总是会不假思索的认为这有利而无弊，其实也不见得，这世界上绝少有百分百的好事而无一害。活到老学到老自然是好，但是也取决于开卷有益，同样，学习型组织可以为企业带来文化提升，带来经验积累，但是取决于学什么，怎么学，怎么学以致用。

首先来看学什么？

邯郸学步是一种学法，却是走向灭亡的学法。所以说，不是任何的学习都是好事，即便出发点是好，即便学的东西本身也有益，也会存在一个嫁接的问题，淮南为橘，淮北为枳，学到了一身不合自己的本领，也是事倍功半。屠龙技是一种学法，学到手了无用武之地，也是在浪费精力。所以，有些企业在盲目学习先进，学到最后把自身的特点丢失，还没学到精髓，这是得不偿失。更有甚者，一股脑地照搬经验，自取灭亡。

接着我们看应该怎么学？案例，学习是一种时兴并且有效的方式，积累案例库，包括自身与外部案例，是不少企业专门在建设的。但是每一个案例都要分析其环境，脱离了环境而孤立存在的只能称之为一个故事，而不是可以复制学习的经验。有环境的存在才有可考量的借鉴。

最后是如何学以致用。首先是环境的比对，其次是与自身文化背景的比对，然后进行可行性分析，最后执行。

但是，我们不能不注意的一点是：善行者无辙迹。我们真正要学习的不是表面停留的故事，而是故事背后的驱动。是什么导致现象的发生，是什么促使采取如此的战略。去挖掘背后，才是我们要学习的思维方式与应对。

学习赵丹阳好榜样：脚踏实地，学以致用

我们来看开篇提到那位好学的赵丹阳，到底学到了什么？

在大多数人质疑天价是否物有所值的时候，赵丹阳说，211万美元与他通过此次午餐从巴菲特身上学到的收获从而在将来能赚到的钱相比，很少。十几年前赵丹阳走进书店，买了《巴菲特：从100元到160亿》，从此走上投资的道路，这本书指导他做投资至今。

赵丹阳说，"我只有37岁，我的经历无法与巴菲特的经历相比，所以巴菲特一生的投资经验，对我而言是无价之宝，能让我少犯很多错误。就像武侠小说中所描写的那样，郭靖与武林高手过招一次后，功力就能够得到一个极大的提高。受到巴菲特这样高手的点拨后，从现在起，在投资方面，我又上了一个新的台阶。"通过与巴菲特3个多小时的交流，赵丹阳认为困扰他多年的问题得到了确认，他非常开心，在将来的投资过程中他才敢"下重手"。赵丹阳说，成功的投资是"在正确的时候作出正确的判断，并且要下重手"。

到此为止，这是非常经典的求学案例，然而让这个案例更加经典的从下面一句话开始。

赵丹阳特地向巴菲特推荐了港股物美商业的股票，巴菲特说他回去看看。

随后，物美商业出现了巴菲特效应，从6月24日，巴菲特午餐前的股价8.55港元，到6月29日最高达到10.58港元。赵丹阳狂赚1680万美元。

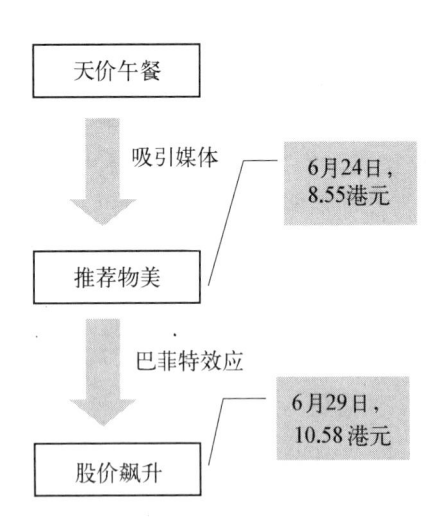

```
天价午餐
   ↓ 吸引媒体      6月24日，8.55港元
推荐物美
   ↓ 巴菲特效应    6月29日，10.58港元
股价飙升
```

至此，先前大多数认为天价午餐是"傻冒"的媒体纷纷转向为赵丹阳叫好，但是，面对这样一条逻辑线路，谁能说巴菲特午餐宴中没有一丝精心设计的阳谋味道呢？

从 2008 年 8 月 15 日到 2009 年 1 月 15 日，香港恒生指数跌幅达到 39%，而物美商业的跌幅也达到 36%，赵丹阳和旗下的赤子之心基金 2008 年亏损达到 18%，亏损数千万元，但他做出了一个重要的决定，参与竞拍巴菲特午餐会，并以 211 万美元的天价吸引全球媒体关注。从时间到内容，这顿午餐显然是经过精心设计的。并且这样一个场合是赵丹阳为物美商业做广告的绝佳机会。

面对操纵股价的质疑，赵丹阳否认这种说法，"难道我喜欢一支股票就不能一直买入吗，就像巴菲特买可口可乐一样。"

我们不得不说，这是一位精明的学生，而后人在学习他的学习精神时，千万不要忘记那一系列的布局，而并非仅仅一顿问道的午餐那么简单。

乱花渐欲迷人眼，浅草才能没马蹄

花花世界，纷纷扰扰，在一个崇尚包装的时代里，不要为外在的表象所迷惑，抽丝剥茧，层层还原，其最终曝露出的本质才是应当重视、学习和思考的。

1.5 打造创新型组织：春色满园关不住，一枝红杏出墙来

【他山之石】

五百强企业 3M 公司是一家鼓励创新的公司，他们有着著名的 15% 原则，即：允许每个技术人员在工作时间内用 15% 的时间"干私活"——即搞个人感兴趣的工作方案，不管这些方案是否直接有利于公司。

【引经据典】

老子曰：三十辐共一毂，当其无，有车之用。埏埴以为器，当其无，有器之用。凿户牖以为室，当其无，有室之用。故有之以为利，无之以为用。（第十一章）

【注】 车，容器，房屋，因为是空的，才有其应有的作用。如果是实心

的,只能当模型玩赏了。

顺藤摸瓜:给创新一片天

如开篇所说,3M 公司有着 15% 原则,然而他们并不是对每个人的工作时间进行严格限制,并确定好哪些是属于"15%的时间",他们是在倡导一种创新与日常工作的互动关系。

创新是企业进步的生产力,创新型企业也是时下流行的话题。但是创新来自哪里?

创新绝非空中楼阁般的一夜而起,而是通过日积月累的生活体验加上灵光一闪,这种闪光点可能只是一次偶然。我们都知道,偶然是小概率事件,但是基数大了,小概率事件的发生可能性也会增加,因此我们说,就像藏富于民一样,要赋创新于大众。

为何说要赋予? 这是因为员工有着其本职工作,不少情况下,一些奇思妙想会被认为不务正业,从而被打击创造力。因此从组织角度而言,要赋予其创新的权利,给予其创新的环境和制度。比如:在员工产生一个很有希望的构想时,他可以直接与相关部门联系,看是否可以付诸实践。成立一个创新评估小组,由该构想的开发者以及来自生产、销售、营销和法律部门的志愿者组成,小组成员始终和产品呆在一起直到它成功或失败,然后回到各自原先的岗位上。这是在组织结构上来鼓励创新。

正如老子所说,当其无,有车之用,留有足够的空间,才能发挥更好的能动性。

学习 3M 好榜样:鼓励创新,从每一个员工开始

一个常常被提起的是 3M 记事帖发明的例子:公司两位员工要为做礼拜的人唱诗,这样就要在不同的页码上加上小纸条,可是有时候纸条难免会掉下来影响礼拜,于是他们想,要是小纸条有一点儿黏性,而且能标出位置那就好了,当然还不能把书弄坏。回到实验室以后他们就做了这种书签的样品,然后拿到教堂去试用,对标注还真有用。这项小发明就成了一种新型的标签,用起来十分方便,很受欢迎,每年销售额高达两亿美元。

与 15%原则相对应的还有 3M 的组织结构调整,它是扁平化的公司组织结构,但不是一般的矩阵型组织结构。3M 在美国的做法是:组织新事业开拓组或项目工作组,人员来自各个专业且全是自愿。"谁有新主

意,他可以在公司任何一个分部求助资金,新产品搞出来了,不仅是薪金,还包括晋升等。"3M 的人力资源配置和薪酬设计体系都与鼓励员工创新相关联,并根据员工的创新发明情况随时调整。一般来说:一个员工开始创新时是一位基础工程师,当他创造的产品进入市场,他就变成了一位产品工程师,当产品销售额达到 100 万美元,他的职称、薪金都变了,当销售额达到 2 000 万美元时,他已成了"产品系列工程经理"。在达到 5 000 万美元时,就会成立一个独立产品部门,他也成了部门的开发经理了。

有人将固定稳定的收入作为规避风险的一种手段和偏好,但是这些人同样喜欢意外的惊喜。从 3M 鼓励员工干私活来看,就是在充分调动所有人的积极性。为自己干活的时候人们才最能发挥潜力,并可给自己带来实在的好处。所以,弹性的薪酬和自由的工作安排会带来意外的惊喜。当然,制度的配合很重要。

春色满园关不住,一枝红杏出墙来

创造力是人类的财富,永远不可能被遏制,无论在多么机械无聊的岗位,既如此,不妨适当放开,鼓励那朵充满创造力的红杏出墙。

1.6 打造人才组织:士为知己者死,女为悦己者容

【他山之石】

2009 年,《哈佛商业评论》中文版登载了"海底捞的管理智慧",成为进入中国八年来影响最大的案例。海底捞以其"出人意表"的优质服务迅速在消费者中广泛传扬,并从一家小火锅店发展成了销售额过亿的连锁企业。导致猎头公司到海底捞来挖角,但均遭到严词拒绝。是什么让海底捞的员工在人才流失率居高不下的餐饮服务行业死心塌地的留下?

【引经据典】

老子曰:"小国寡民。使有什佰人之器而不用。使民重死而不远徙。虽有舟车,无所乘之;虽有甲兵,无所陈之。使民复结绳而用之。甘其食,美其服,安其居,乐其俗。邻国相望,鸡犬之声相闻,民至老死不相往来。"(第八十章)

【注】《桃花源记》:阡陌交通,鸡犬相闻。描述的是一派和谐怡然

之像。而在本章中，却有老死不相往来，这是为何？这是在强调一种忠诚。小国，民众也不多，怎么让民众不愿去邻国呢？四点很重要，吃甘美的食物，穿华美的服饰，安稳地居住，娱悦着风俗。马斯洛提出过著名的需要层次理论，分别是：生理需求，安全需求，社交需求，尊重需求和自我实现。食与服为生理需求，安其居是安全需求，乐其俗则是社交需求。在这三者的满足之后，人们才去寻求尊重与自我实现。而从"使有什佰人"到"结绳而用之"，这是在描述一个构想中的淳朴的家园。

顺藤摸瓜：留住人才比招聘人才更实惠

不妨将小国对应于小企业，而假设邻国是大型企业，如何才能让人才不流失呢？事实上，中小企业的人才流失是困扰许多企业主的一个难题。辛苦培养的得力干将，却加盟了行业对手或是行业领头羊。在商场中，自然有忠诚的说法，但是单纯基于情感的忠诚不是牢靠的关系，毕竟人往高处走，良禽择木而栖，那么需要多种手段来维系员工的忠诚。

而为什么要去努力留住人才而不是再招聘人才呢？

据人力资源经理们估计，在考虑所有因素以后——不仅包括付给猎头公司的费用，还包括因为雇员离开公司而失去的关系，新雇员在学习阶段的低效率，以及同事指导他们所花费的时间——替换雇员的成本可以高达辞职者工资的150%。因此，在你挖空心思招聘人才的时候，首先要想的是留住人才。

要留住人才必须先了解他的需求，而不是盲目的臆测，每个人都有其特殊性，切不可一概而论。不妨依据马斯洛需求理论来分析。

1. 生理需求：有良好的具有竞争力的薪酬福利待遇。

这是最基本的，人，不是机器，总是有生活的，追求更好的生活质量是合情合理的。这也是大企业或竞争对手"挖角"可以提供的诱惑性条件。

2. 安全需求：企业能稳定健康发展。

小企业在竞争中由于缺乏资金，缺乏资源，经营状况恶化甚至倒闭的风险较大。在一家随时有风险的公司里，即便待遇再好，恐怕一般人也坐不住吧。稳定恰恰又是大企业的优势所在。

3. 社交需求：良好融洽的企业氛围。

在现代化商业中，任何一个项目都不会是单兵作战，小至团队内的合作，大至部门之间的整体协调，需要融洽的企业文化来支持。说不得道不得，这是要不得的；什么意见也不提，虚假的和睦，也是不行的。在小企业中,由于人少,大家共处机会更多,相对大企业的等级而言,可以成为一种优势。

4. 尊重需求:大企业拥有企业光环,其员工在社会上容易被普遍尊重,而小企业相较要逊色。那么小企业要反击,必然要在人才的贡献的认可上做文章。及时合适规范的奖励,相应的职位提升机会都是对员工个人价值的尊重。倘若小企业中,也出现功臣无奖,什么都没做,却可以升迁的状况,那就很难留人了。

5. 自我实现:许多人才在小企业中是为了实现自己的创业梦想,在与公司的共同成长中,自我实现。这在大企业中相对较难。所以,企业的价值观及发展方向是否始终和个人发展合拍将成为抵御挖角的重要因素。要知道,企业损失的不过是金钱,而员工则可能损失其一生。

畅销书《奖励员工的一千零一种方法》的作者鲍勃·纳尔逊说:"在恰当的时间从恰当的人口中道出一声真诚的谢意,对员工而言比加薪、正式奖励或众多的资格证书及勋章更有意义。这样的奖赏之所以有力,部分是因为经理人在第一时间注意到相关员工取得了成就,并及时地亲自表示嘉奖。"

学习海底捞好榜样:员工是家人

等候时提供免费的棋牌室,为顾客提供免费美甲、美鞋、免费豆浆和水果;上菜前服务员赠送给戴眼镜的顾客眼镜布以防被火锅的热气弄花眼镜——海底捞以其贴心的服务而闻名。有一条广泛传播的微博:"在海底捞吵架,一旁的服务员突然给我们递来了花束和贺卡。打开一看! 就在刚才纯手写啊! 那么长! 我超感动啊! 海底捞老板太欣慰了吧,哪找来这么多好员工! 佩服啊! 生意能不好么!?"内容是"帅哥/美女,侬好,刚刚给你们服务的过程中,感觉你们好像不是很开心,不知是不是我服务不周的原因,但是作为我本人,我是希望你们开开心心的,开心是一天,烦恼也是一天,人生看似漫长,其实也很短暂,所以何不开心度过每一天呢? 真心地希望你们可以永远幸福开心,快乐永久——海底捞。"诚如那对吵架的情侣所说,有这样的员工,夫复何求?

只有真正把海底捞当作家,才会有这样的服务态度,那么究竟是怎么让员工把海底捞当成家呢?

答案很简单:把员工当成家里人。

海底捞的员工住的都是正规住宅，有空调、暖气，可以免费上网，步行20分钟到工作地点。不仅如此，海底捞还雇人给员工宿舍打扫卫生、换洗被单。海底捞在四川简阳建了海底捞寄宿学校，为员工解决子女的教育问题。海底捞还想到了员工的父母，优秀员工的一部分奖金，每月由公司直接寄给在家乡的父母。

这正如老子所说：甘其食，美其服，安其居。

那么乐其俗呢？

由于业务繁忙，员工甚至经理都很少有机会和外界接触。于是，海底捞开始用制度强迫干部们走出去同外界接触，比如，店经理以上的干部，必须要到外面吃饭；每周要同客人吃一次饭，同客人交朋友、同客人一起玩；小区经理都要去读MBA，大区经理都要去读EMBA，费用全部由公司提供。

这是乐其俗，其目的在于进一步提升员工的融合感和心理归属感，是在员工的尊重需求上下功夫。

2010年6月，海底捞正式创办了自己的培训学校，海底捞把它称为海底捞大学。海底捞的员工更直接，干脆把这所学校称为"海大"。

除此之外，海底捞还充分放权，200万元以下的财务权交给了各级经理，海底捞的服务员都有免单权。不论什么原因，只要员工认为有必要，都可以给客人免费送一些菜，甚至免掉一餐的费用。这才是真正聪明的用人之道，当员工不仅仅是机械地执行上级的命令，他就是一个管理者了。

这是在让员工自我实现的需求满足上找到方向。

海底捞不仅让这些处在社会底层的员工得到了尊严，还给了他们希望。海底捞的几乎所有高管都是服务员出身，这些大孩子般的年轻人，独立管理着几百名员工，每年创造几千万营业额。没有管理才能的员工，通过任劳任怨的苦干也可以得到认可，普通员工如果做到功勋员工，工资收入只比店长差一点。

这才是真正以人为本，打造人才组织。

有如此的企业，员工又怎会不死心塌地呢？

士为知己者死，女为悦己者容

虽说重金之下必有勇夫，但情感牌依然能留住人才，然而若是一味地画大饼，变着花样地画大饼，人迟早还是要出走的。

1.7 不和谐的征兆：孤舟蓑笠翁，独钓寒江雪

【他山之石】

2008年，北京德云社爆出了徐德亮、王文林两位退出的消息，尽管内幕大家并不清楚，但是至少与待遇是有关系的。而2010年郭德纲因言辞过激一度被疑似封杀，并有德云社创始人李菁和郭德纲的大弟子何云伟的退出。郭德纲身边的人一个一个离去，越来越像孤独的班主。而于此相反，我们看到赵家班越来越红火，两相比较，这背后是其组织模式的不同。

【引经据典】

老子曰："大道废，有仁义；智慧出，有大伪；六亲不和，有孝慈；国家昏乱，有忠臣。"（第十八章）

【注】 这是极具争议的一章，争议在于根据考古出土的一些版本，"大道废，案有仁义"，翻译过来是，大道不存在了，哪里还有仁义？这与按通行本直译：大道不存在了，仁义出现了。看起来是截然相反的意思。一个是说道与仁义是唇亡齿寒的关系，一个则是"老死不相往来"。面对争议，因为本书不是研究文字学，也不是去"考古"，因此"搁置争议"。

换个角度来理解，仁义出现的时候，说明大道已经荡然无存了。要靠仁义来打天下，这个组织内一定是出现了矛盾。简单说，是用后者去推断前者，后者是一个评断的标准。顺着这样的思路，当国家里出现忠臣的时候，那么一定也就是出现了奸臣，忠奸是相对的标准，无奸臣没有忠臣可言。而在和平的国家里，只存在能臣和庸臣。同样的道理，说到谁家有孝慈的时候，多数是对比不孝的孩子。

顺藤摸瓜： 不和谐不是一蹴而就

德云社在郭德纲大红大紫之后，实行类似于古时候"戏班子"的管理模式，现代叫做家庭式管理。大家长带着一班徒弟献艺，赚多赚少是家长拿大头，然后分配，更多时候徒弟们是拿工资。这在徒弟辈中或许短期没问题，但在同期创业的人而言，难保没有意见。至若出现了小团体的现象，那就是分裂的征兆了。所以，封建王朝的皇帝们别的不说，最讨厌的

就是党争，一句某人有党，基本就可以被隔离了。

这种家庭式管理，常见于一些民间演艺团体，但是同样在一些家族企业中可以发现，凭借亲戚关系，师徒关系，作为一种纽带，在一些环境下，确实很有效，但是从长远角度而言，这是不可靠的。创业容易守业难，打天下容易坐天下难，这是不变的道理。有难同当的时候可以不计较得失，可以仁义礼智信，但是有福同享的时候，久而久之，会对利益分配产生意见，当然，圣人除外。

值得注意的是，当你发现有人喜欢打小报告的时候，故意跟你走的很近的时候，出现了小团体的时候，出现了只识将军不识皇帝的时候，那么可以明确的说，组织里不和谐了。

警惕"德云社式"矛盾，学习赵家班式管理

从郭德纲占用公共绿地到纵徒打人到"把自己骂下舞台"到音像作品全面下线，被"疑似封杀"，一个靠三寸不烂之舌，越横越来劲的郭德纲不能不暂时蔫儿了。这反倒让我想起曾扮演过"老蔫"的本山大叔。不必去比较两人的艺术成就与社会地位，单看赵家班与德云社，三十多岁的郭德纲在本山大叔面前，只能是个雏儿。

赵家班也好，德云社也罢，从称谓上而言，是继承了中国传统曲艺艺术的模式，即大家长式的管理，而在实际执行中，两者不同的商道带来不同的现状。

先看德云社，2008年王文林和徐德亮退出，当时是以纠缠不清，外人也搞不明白的利益纠葛为掩饰，说到底也许只是为了钱，王老也好，徐亮也罢，走的时候郭班主或许有所心酸，但绝不会心痛。因为他知道自己有大把的云字辈，鹤字辈徒弟，这些个从小跟他学本事，吃他的，穿他的，绝不会反目，至少他们成才了，自己可以衣食无忧。我在2010年初曾到德云社看过两场，其中一场还是青年相声专场，大多是鹤字辈的徒弟，以传统段子为主，不时夹杂几句"中国人民很行"这样的笑话。能开专场，足见郭德纲用心良苦，当然也可以理解为分身乏术，又不放过赚钱的机会。但随后何云伟和李菁，一个是他打小看大的小伟，一个是初创时期的同伴，这俩人的退出绝对是一把利刃，深深刺在郭德纲心窝。没错，长大了，翅膀是硬了，食量也大了。从前一场三五百，现在还是三五百，那可满足不了胃口。现代社会，不是不可以讲情谊，从任何角度来说，讲情谊而不是金钱都是鼓励的，但是现实终究是现实，终究要婚娶，要衣食住行，要生老病死。

反观赵家班,有着洋气的名字:本山传媒。

本山大叔更在 2009 年到香港深造,55 万元就读长江商学院 CEO 班,据说还当了班长。

赵本山要学什么?有人认为是一种作秀,炒作,在笔者看来,以本山大叔的名气,不需要去作秀,而是他实在需要学习现代管理:一是本山传媒的经营战略,二是旗下艺人的管理工作。为和德云社做比,本文主要谈谈后者。

2008 年,赵本山即举办了隆重的收徒仪式,35 位弟子跪拜敬茶,登堂入室,也由此出现了"赵本山徒弟"这一品牌。2009 年春晚,赵本山索性当起了绿叶来力捧徒弟,结果小沈阳一夜爆红。当年,小沈阳即举行全国巡演,保守估计演出收入过亿,而其中的大部分归于本山传媒,从商业角度而言,本山传媒获得了巨大收益,这也是其演艺经纪业务的增长点。除了徒弟们外,本山传媒的演艺经纪还包括辽宁省民间艺术团的签约艺人和本山艺术学院的学生。刘老根,马大帅,乡村爱情等剧的热播更是让其中不少人成了名角,在演出、音像制品出版上也为本山传媒带来了收入。

由此我们可以发现本山传媒的造星产业链:

本山艺术学院 →(批量培养演员)→ 影视平台 →(不断制造明星)→ 演艺经纪部门

在演艺经纪部门的运作下,使得明星品牌价值和资产进一步提升。但要完善这一产业链,本山传媒需要引入现代的演艺经纪制度。其中的关键在于重建分配与激励机制,实现利益再平衡。

由于本山传媒旗下的艺人多数依靠赵本山的提携和本山影视包括刘老根大舞台这个平台获得演出的机会,所以本山传媒对艺人具有定价权,即发放固定工资,但是艺人也知足,因为这比他们在其他剧场演出收入更高,另一方面,更多演出机会也意味着向成名铺路。

另一方面,师徒的名分又使得这种管理带有家长式特色,据报道,在解决演员的利益问题时,赵本山往往靠"训完再哄"的打感情牌方式。针对暴红的小沈阳,他也明确表示"不老实了我就得收拾他";而关于薪酬,"徒弟心里会产生变化,我会去调整他们"。

但是随着小沈阳等人身价迅速蹿升,这种平衡在逐渐被打破。事实上,对于成名后的团员,继续参照原有收入标准显然不再合适,如果待遇长期不能与市场接轨,就可能导致人才流失。而目前之所以没有出现明显的问题,一来靠着本山大叔的绝对权威,二来凭借本山大叔和媒体的绝对关系,要上戏,还得靠本山引荐。而赵本山也乐于推自己的徒弟。《三枪》被导成了二人转,本山功不可没。但是从长期来看,只靠赵本山看得见的手进行利益调控的家长式处理存在隐患。

随着本山传媒的产业蛋糕越做越大,有必要将传统的师徒关系递进为利益明晰的现代经纪关系,建立合理的收入分配与人才激励机制,使公司与旗下艺人之间、艺人之间的利益实现再平衡。

尽管同属大家长式的管理,郭德纲差就差在,一来自己和媒体没有绝对的关系,导致这次被蜂拥围剿,有见风使舵者必然墙头先撤;二来德云社虽然也是个公司,却是家族式管理,老婆管钱,朋友当经理,缺乏整体的战略规划。这小打小闹显然不能与经常和企业家谈笑风生的本山大叔比;三来郭德纲在扩充自己的产品线,走多元化经营,在剧场相声上推出面向高端的三里屯店,拍起了电影,出版音像制品(下线了),还搞起了自己的服装店。这当然可以,但可以借用前段时间吴宗宪离开主持十数载的《我猜》时,台湾综艺教父王伟忠说的一句话:当他把主持当作副业,观众也就把他当作了副业。所以郭德纲某一天可能会被遗忘,但是不会像某某所说,因为所谓"三俗"被遗忘。

顺便提一下上海的周立波,是另一种精明,带着明显海派的风格,自己是排头兵,身后是强大的团队。这好处就在于省却了许多管理上的麻烦,大不了台前念念稿就行。

孤舟蓑笠翁,独钓寒江雪

某一天发现成为孤家寡人的时候,这就真的是不和谐了,但寒江雪非一日而成,山鸟渐飞,人踪渐少的时候,就该提醒自己了。

1.8 高管薪酬:和谐组织的压轴:岂曰无衣?与子同袍

【他山之石】

平安保险董事长马明哲以其2007年六千万的年薪在金融危机最严重的2008年引发了人们的大讨论,同年,深发展董事长纽曼年薪达两千万,一时间,对于高管薪酬如何制定成为人们普遍关注的话题。

【引经据典】

老子曰："天之道，其犹张弓欤？高者抑之，下者举之；有余者损之，不足者补之。天之道，损有余而补不足。人之道则不然，损不足以奉有余。孰能有余而有以取奉于天下？唯有道者。是以圣人为而不恃，功成而不居，其不欲现贤也。"（第七十七章）

【注】 天道如张弓瞄准，位置高了就低一点，低了就抬高一些，这是去掉多余，补充不足。天道也就是将有余的补接到不足之处。不妨理解为取长补短。而人的管理却不常是这样，往往征取缺乏资源的人的资源给予原本就充裕的人。这导致多者恒多，少者恒少。只有有道之人才能把自己多出的部分分给众人。

顺藤摸瓜：高管薪酬怎么定

在企业组织中，薪酬的制定通常呈现金字塔形，由基层员工到企业高管薪酬递增，这是最常见也是广泛接受的薪酬模式，当然对于突出贡献的员工，应当予以相应的奖励。除却基本薪酬之外，高管收入中还有很大的比例来自于绩效与股权激励。为保证企业高管对工作保持创造力与激情，基薪与绩效通常在4：6的比例，而股权对于上市公司高层领导者来说，是一笔丰厚可观，但需要努力才能拿到的收入。股权激励也是杰克韦尔奇先生非常喜欢的一种激励方式。这种方式也通常与普通员工绝缘。

2008年，中国平安老总马明哲愈六千万的年薪引发争议，"打工皇帝"唐骏十亿人民币加盟新华都更使得大众对于高管天价薪酬产生质疑。究竟值不值？

其实，越往上走，越缺乏标准。但是也要有可衡量的规矩，不可漫天开价。

首先，衡量高层企业贡献的价值。

其次，符合国情，符合行业产业基本特征。

再次，在公司财务支撑下，不能产生负担。

最后，进行行业对标。

合理的薪酬的组成应包括：基本薪酬，浮动薪酬，中期与长期激励，从而使得企业高管在长期战略思维下，获取相应的短期利益最大化。既为公司创造利润又不违背企业愿景。

但是另一个问题则是，高管与员工的差距天壤之别是否合理？普遍认可只能说明具有可行性,但是未必合理。其实也有许多高管会将自己的股权激励包括个人收入拿出部分分散给员工,从而进行人心投资。财散人聚的理论具有现实可操作性。

学习三一重工好榜样:1元年薪不是作秀

在金融危机背景下,三一集团总经理向文波 2009 年 1 月 16 日宣布,集团董事长梁稳根今年只领 1 元年薪,全体董事降薪 90%,集团高管降薪 50%,而对于普通员工,集团承诺"不裁员、不减薪、不接受员工降薪申请",并出台"千亿特别奖励"政策激励员工。公司同时谢绝了 8 000 名普通员工自愿提出的降薪申请。

三一重工此次管理层集体大幅减薪,而保证不裁员,普通员工不降薪,目的是为了增强信心。

而之所以没有接受普通员工的降薪申请,原因在于薪酬收入是员工最主要的经济来源,公司希望保证普通员工正常的生活需求。

为激励员工与公司共同走过这段困难时期,三一集团还宣布,员工可以选择适当放弃年终奖,但在以后会以 10 倍金额返还。这些减少的年终奖将当作员工借给公司的发展资金,到公司实现 1 000 亿元销售收入时,三一集团将设立"千亿特别奖",给员工 10 倍的奖励。

岂曰无衣?与子同袍

将帅与士兵同袍,无疑会极大鼓舞出战斗力和凝聚力,即便是一场作秀,也要做足。

1.9 和谐组织的公式:桃花潭水深千尺,不及汪伦送我情

【他山之石】

"新东方"堪称中国民营教育中的头号金字招牌,其创始人俞敏洪有着憨厚朴实而又亲和的名号:老俞。新东方教育集团在美国上市后,老俞成了中国最富有的教师。聚光灯一下子打在这位颇有传奇色彩的企业家身上时,人们发现,他的成功离不开团队的打造。而即便是这样光辉的团队背后,也并未少了纷争。多年过去,新东方的人才队伍由于各种原因,有一些人离开了,最终留下来的,恰恰是在当年那场改制风波中意见

最不统一,争执最为激烈的诸如王强、徐小平等人。

【引经据典】
老子曰:"道生之,德畜之,物形之,势成之。是以万物莫不尊道而贵德。道之尊,德之贵,夫莫之爵而常自然。故道生之畜之,长之育之,亭之毒之,养之覆之。生而不有,为而不恃,长而不宰,是谓玄德。"(第五十一章)

【注】 布莱德利将军在评价朝鲜战争时说,"在错误的时间、错误的地点、与错误的敌人打了一场错误的战争。"而英国前首相梅杰说,"一个人的幸运在于恰当时间处于恰当的位置"。用古话说,就是天时,地利,人和,天、地、人三才具备则事成,缺一则有险。但人和不仅仅是宏观层面的人心向背,不仅仅是得道多助失道寡助,而在具体的微观操作又当如何?老子给出的答案是,道,德,物,势,四者将力促人和事成。

顺藤摸瓜: 体制规则+人情+利益+人际=和谐

我们将"道"理解为"体制规则","德"理解为"人情","物"理解为"利益","势"理解为"人际氛围"。

那么可以得到这样一个公式:体制规则+人情+利益+人际=和谐。

公式起于规则,有公开透明并且合理规范的规则,成事的先决条件就具备了。不然,即便突破困难,获取成功,也会有先天不足。短期或许不会呈现,但长期必然会自缚手脚。许多民营企业的原罪问题也就起于"规则"的漏洞。

接着,人情积蓄能量。人活着,是要有点精神的,一个具有良好素质的人,也一定会投桃报李。无论是马云的"十八罗汉",还是史玉柱的"四个火枪手",抑或跟着牛根生创业的原伊利精英,他们或是受于愿景的"鼓吹",或是受于精神的感染,或是受于领导者的散财恩惠,他们的忠诚来自于人的影响,这是人情的价值。

有了规则和人情,没有利益,尤其是物质利益也是不行的。一个人可以短期不追求,中期不计较,但你不能让他永远不去在意物质利益。人活着,要吃饭,要追求更好的生活质量。利益分配是企业的关键问题之一,也是许多创始人翻脸或是员工流失的主因。利益拉近组织员工的关系,并形成足够的忠诚。

最后,良好的人际氛围也是必要的。舒适,放松,有共同语言及价值追求,是让人在组织中舒心、放心、欢心工作的重要因素。

围绕这个公式来打造,组织将会变得和谐。

学习新东方好榜样:体制规则＋人情＋利益＋人际＝和谐

新东方老俞的成功离不开团队的打造,而老俞对团队的把握离不开我们所给出的公式:体制规则＋人情＋利益＋人际＝和谐。

但是老俞的组织建设并不是一帆风顺的,在2000年曾经遭遇了一场危机:

是年,新东方学校注册成立了新公司,俞敏洪身兼董事长和总裁。这带来了新的问题:利益分配问题。当时外界纷纷传闻,另两位创始人王强和徐小平很不满,甚至传言他们相继离开了新东方。

俞敏洪曾在接受采访时说,"企业要干好,少不了三大块儿,一是利益,二是权力,三是人情。"但是为何还会遭遇危机呢?

我们对2000年前后俞敏洪对权利、人情和利益的理解以及排序做了一个梳理,如下:

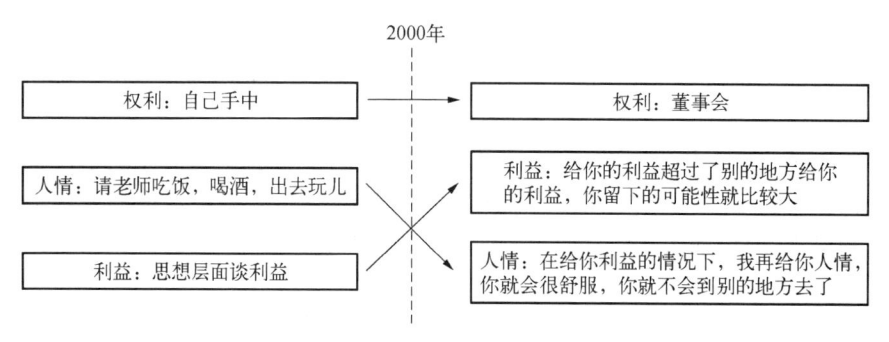

```
                          2000年
┌──────────────────┐      │       ┌──────────────────┐
│ 权利:自己手中    │──────┼──────▶│ 权利:董事会      │
└──────────────────┘      │       └──────────────────┘
                          │       ┌──────────────────────────────┐
┌──────────────────────┐  │  ╱───▶│ 利益:给你的利益超过了别的地方给你│
│ 人情:请老师吃饭,喝酒,│──┼─╳    │ 的利益,你留下的可能性就比较大    │
│ 出去玩儿             │  │ ╱ ╲   └──────────────────────────────┘
└──────────────────────┘  │╱   ╲  ┌──────────────────────────────┐
┌──────────────────────┐  │     ╲▶│ 人情:在给你利益的情况下,我再给你人情,│
│ 利益:思想层面谈利益  │──┼──────▶│ 你就会很舒服,你就不会到别的地方去了  │
└──────────────────────┘  │       └──────────────────────────────┘
```

在2000年之前,俞敏洪认为:"当时我是个体户,我只要抓住两点,利益和人情,权力不用说,就在我手中,用好了就伟大,用不好就拉倒。""当时,我的'人情'比较低级,就是请老师吃饭,喝酒,出去玩儿。我们是哥们儿,我们是兄弟。我当时就是在这种浅层次上,用利益和人情调整关系的,还没有走到调整王强、徐小平这类人物关系深层次的路子上去。"

俞敏洪当时认为,大家都是志同道合的人,可以在思想的层面谈利益,但是他遇到的是境界之外最犀利的利益之争。

很明显,当时的俞敏洪对于人情、利益、权力的理解还停留在不够深刻的境界。

当然，那一段在利益与友情之间的较量，最终是俞敏洪胜出，新东方的发展也以这个时刻为新起点，走上了现代企业的历程。

在新东方，对既有的英语学习堪称一种颠覆的效果。这种颠覆被用一节课笑声达到多少次完成量化，量化的同时也成为了一种噱头。这种噱头和实效通过学员的口口相传将新东方的品牌推向了顶峰。这种量化的考核正是我们所说规则的建立。

我们再来看此事，俞敏洪对于权利，利益和人情的理解：

对于权利，由董事会决定，这是建立了体制，能有效规避一言堂造成的风险。

对于利益和人情，俞敏洪加入"利益"的分量开始大于"人情"。老俞在接受采访时说：

"我做新东方，老是在利益和人情之间找平衡点，到今天为止，我还在找这个平衡点。当然，现在找这个平衡点，是在现代化的体制下找了。我发现，利益放在第一位，假如我给你的利益超过了别的地方给你的利益，那么，你留下来干的可能性就比较大。因为，我当时意识到，只要我手下有老师就什么都行。在给你利益的情况下，我再给你人情，你就会很舒服，你就不会到别的地方去了。"

桃花潭水深千尺，不及汪伦送我情

送行是规矩，是人情，可以带有利益，更重要的是汪伦踏歌而来，不是悲伤而来，这就切中了李白豪爽的个性，这才超越深千尺。

第二节 如鱼得水

2.1 淡泊名利：非淡泊无以明志，非宁静无以致远

【他山之石】
居里夫人的一个朋友来到她家作客，忽然看见她的小女儿正在玩英国皇家学会刚刚奖给她妈妈的一枚金质奖章，大吃一惊，忙问："居里夫人，现在能够得到一枚英国皇家学会的奖章，这是极高的荣誉，你怎么能给孩子玩呢？"居里夫人笑了笑说："我是想让孩子从小就知道，荣誉就像玩具，只能玩玩而已，绝不能永远守着它，否则就将一事无成。"

【引经据典】
老子曰："重为轻根，静为躁君。是以君子终日行，不离辎重。虽有荣观，燕处超然。奈何万乘之主而以身轻天下？轻则失臣，躁则失君。"（第二十六章）

【注】 诸葛亮名言传世，"非淡泊无以明志，非宁静无以致远。"淡泊名利，宁静平和，才能使人在事业上再攀高峰。老子说，重是轻的根本，静可以控制躁。他打了个比方，君子外出，不会离开辎重，意思是君子不会轻飘飘而不知其所止。即使有荣誉，也超然处之，不会终日挂在嘴边，唯恐天下不知。而对于君王，不能脱离天下的根本，脱离了就会失去臣众，沉不住气了就会失去地位。

顺藤摸瓜：淡泊，带来更多
韩非在阐释这一章时用主父的故事做注脚，"主父，万乘之主，而以身轻于天下。无势之谓轻，离位之谓躁，是以生幽而死。故曰：'轻则失臣，

躁则失君。'主父之谓也。"主父：即赵武灵王,战国时期赵国的君主,公元前299年,他把王位传给小儿子何（赵惠文王）,自号"主父"。前295年,李兑帮助赵惠文王与赵武灵王长子章争夺君权,与公子成合谋,把赵武灵王围困在沙丘宫达三个月,赵武灵王因此被饿死。

韩非认为作为君主不能离开位置,离开就脱离了根本,这个根本就是所谓的位置,或者说位置代表的"权力"。

在"官本位"的思想体系下,权力的争夺是自始至终的,这也影响到一些企业家不肯放权,不肯对年轻人交接,因为担心后来者会推翻自己。企业中不可避免地存在着非正式组织,而各个组织之间也存在着明争暗斗,这是一种企业内耗,也是企业内部权力争夺、权衡协商妥协的过程。是一种痼疾而难以去除。企业内部管理除却可视的可控与变动成本外,人与人之间的管理更显艰难,若从企业文化的角度来处理,又显得有一些"虚"。

但是,倘若将官本位与民本位化用到企业与消费者,那么结论显而易见：强调以用户需求为出发点,才是立足点,在产品结构上,主打产品又是重中之重,唯有主打产品立足稳固之后,才可以开发并推动衍生品。不然,就是失位,是浮躁。企业容易冲动是因为被荣观冲昏了头脑,利令智昏。所以,淡泊明志,宁静致远,可以是一种企业的气质而这种气质又是员工凝结而成。

学习居里夫人好榜样：淡泊宁静,名利自来

居里夫人是镭的发现者,镭的制备方法曾高达75万金法郎。而居里夫妇却放弃了这个的权利,毫无保留地公布了镭的提纯方法。居里夫人的解释异常平淡："没有人应该因镭致富,它属于全人类。"

18年后,美国记者麦隆内夫人几经周折找到了居里夫人,困惑不解地问："难道这个世界上就没有你最想要的东西吗？"

"有,一克镭,以便我的研究。可18年后的今天我买不起,它的价格太贵了。"

这出乎意料的回答,使麦隆内夫人既感惊讶又非常不平静。镭的提纯技术已使世界各地的商人腰缠万贯,而镭的发现者却困顿至此！她立即飞回美国,打听出一克镭在美国当时的市价是10万美元,便先找了10个女百万富翁,以为同是女人又有钱,她们肯定会解囊相助,万万没想到却碰了壁。这使麦隆内夫人意识到,这不仅仅是一次金钱的需求,更是一

场呼唤公众理解科学、弘扬科学家品格的社会教育。于是,她在全美妇女中奔走宣传,最终获得成功。1921年5月20日,美国总统将公众捐献的一克镭赠予居里夫人。

非淡泊无以明志,非宁静无以致远

经典之所以成为经典,就在于那种内生的沉淀的精华。无论历经多少时代这都是不变的真理。对于个人而言,能够把阅历和思想内敛,才能更好地外放。

2.2 学会宽容:海纳百川,有容乃大

【他山之石】

柳传志在2009年人大代表开会接受采访时说道,"山寨机和品牌机各有优势。电脑发烧友,买个山寨版电脑,坏了可以自己修理;但对于普通使用者,如果没有了服务支持,使用就不够便利"。言下之意,对于山寨版还是带有包容,这种宽容是柳传志个性中非常明显的印记。

【引经据典】

老子曰:"善为士者不武,善战者不怒,善胜敌者不与,善用人者为下。是谓不争之德,是谓用人之力。是谓配天,古之极。"(第六十八章)

【注】 俗话说,大人不计小人过。通常我们在劝慰别人或自己的时候使用。行家通常不会和门外汉一般见识,就像善于做勇士的人不夸耀自己的武力,善于带兵打仗的人不轻易被激怒,善于战胜敌人的人不和敌人硬拼,善于用人的人能谦卑地聆听属下的心声一样。不争,是配合大自然,是古来最高的原则。同样是一种宽容。

马克吐温说,"紫罗兰把香气留在踩它的人的脚上。"这就是宽容。

顺藤摸瓜:宽容,可以避免过失

我们知道,在足球场上,有些很诡谲的球员会故意诱骗那些性情冲动的对手犯规,从而为球队获得利益。经典的如1998年世界杯上老到的西蒙尼诱使年轻的贝克汉姆犯规被红牌罚下,2006年世界杯马特拉济居然让沉稳的齐达内一头撞向自己,被红牌逐出。

现在社会中,一场场各个坛子的骂战都成为了一种炒作的手段,尤其娱乐圈和文化圈。娱乐圈的眼球经济也就算了,但是文坛的争执多得实在让人很奇怪。太浮躁么？或许有时候是个别人故意为之,不明就里的人上当而已。

在商业竞争中,我们也不能否认的确存在一些竞争者,会采取中伤等手段,恶意攻击对手,会为了出名而去傍上一两个名牌。此处的"傍"可不是冯仑说的学先进,傍大款,走正道的"傍",而是去中伤去攻击。借此为自己成名。

在不熟悉这些炒作手法的时候,不少大企业也会上当,自己充当了一回宣传品。

宽容是一门学问,很深的学问,许多人一辈子都学不会。海纳百川,有容乃大。能够容得下是第一步,能用得好才是最终目的。容得下,却在一边委屈,那不算本事,只能说是一个很好的人,却不善用人。

企业的管理中,同样应当渗透宽容。

著名经济与管理学家阿里·德赫斯根据自己在皇家荷兰壳牌集团公司38年的工作体验及对世界上能幸运并寿命很长的公司进行的研究,得出了这样的结论：能长期生存的公司都是宽容型公司。阿里·德赫斯先生在对这些公司分析后,发现他们具有的共同特征：公司领导允许脱离常规的"边缘事件"发生；允许核心事业之外的活动发生；公司职员有一种宽容的环境,使公司在重要转折关头,那些有创意的人,甚至采取"疯狂之举"时,不仅不会有压力,而往往会受到决策层、管理层的重视与鼓励,从而使公司或度过危机,或抓住机遇,生存发展和壮大。

学习柳传志好榜样：用宽容消除潜在的竞争

孙宏斌是联想当年得力干将,因为挪用公款,意欲抢班夺权,被柳传志亲手送进监狱,这是因为涉及了公司根本。孙宏斌出狱后向柳传志道歉时,柳传志告诉他：我从来不跟别人说谁是我的朋友,但是你可以告诉别人你是我的朋友。

1994年,孙宏斌创建顺驰急需用钱,柳传志出手借给了他50万元。1995年初,在柳传志和中科集团董事长周小宁的支持下,顺驰和联想集团、中科集团成立天津中科联想房地产开发有限公司。1998年,联想和中科集团将全部股份转让给顺驰,公司更名为天津顺驰投资有限公司。

当然后来顺驰魂断现金流。

同样，前伊利董事长郑俊怀逼走了牛根生，但是在郑俊怀入狱后，牛根生也没有落井下石。这种宽容可以赢得尊敬。

很多时候，宽容是在减少自己的竞争对手。多个朋友，少个对手，不是很好么?!

海纳百川，有容乃大

因其气度，所以海量。包容是美德，同样是高度的自信和能力的展现，不然，喧宾夺主、鱼目混珠层出不穷。

2.3 化整为零：剪不断，理还乱，别有一般滋味在心头

【他山之石】

2010年，由于"踏板门"事件，丰田在全球市场共召回了850万辆汽车，这一数据超过其2009年销售数量。由于过度的市场扩张，产能的提升，导致在细节上出现纰漏，从而对丰田自身品牌形象造成损害，更是对消费者生命安全的忽视。对质量的严格控制曾是丰田汽车的看家法宝，丰田"精益模式"更是一度成为制造业的标尺。如今，我们却不禁要问：丰田怎么了？

【引经据典】

老子曰："为无为，事无事，味无味。大小多少，报怨以德。图难于其易，为大于其细。天下之难事，必作于易；天下之大事，必作于细。是以圣人终不为大，故能成其大。夫轻诺必寡信，多易必多难。是以圣人犹难之，故终于无难矣。"（第六十三章）

【注】
蔺相如廉颇演绎的将相和故事是历来所传诵的报怨以德的经典，其启示在于以无为为为，以无事为事，将政治人际的"妥协"发挥到极致，这种妥协的背后是高度的政治智慧，在宏观上是站在国家利益的立场，而在微观操作上，是蔺相如切中了廉颇的心态。

在处理困难的时候，宏观上需要化整为零，化繁为简，像庖丁解牛般将大问题分解为一个个小问题，随后在微观层面上集中优势各个击破。所以说，天下大事，必然由细小琐碎的事物组成，圣人不是一上来就在大

层面解决大问题,而是化整为零,小处入手。因此,不能放过任何细节,细节决定成败。

顺藤摸瓜:化整为零,细节决定成败

俞敏洪在谈及新东方的管理经验时曾说,"任何一个伟大的东西,你分到日常的每一天去做,都是很小的事情,甚至是很无聊的事情,对吧?但是你得认识到,日复一日地,你跟政府领导吃饭;日复一日地,你背着书包去上课;日复一日地,你处理新东方内部员工琐碎的事情,是需要有强大的现实主义精神才能做成的。"

通常,在面对庞然大物时,人会不可避免地手忙脚乱,或不知从何下手。缺乏一个入手点,就好比西方人首次看到馒头,无从下口一般,把馒头切片后,他们便会从容地享用。面对陌生事物时,将其转化为我们所解决过的熟悉的老问题,这是分解。在军事上,集中优势兵力各个击破,便是应用这种战术思想。合理有效的分解是关键,无效分解只会添乱。

分解到细节后,我们说,细节决定成败,接下来的事情就是如何执行好每一个分解动作。

警惕"丰田式"召回:控制成本,不能一刀切

丰田的精益模式备受推崇,丰田的技术专家一直想弄明白为何深海的鱼群密如牛毛却不会彼此相撞,从而让汽车也具备该项技能,但是他们却忽视了一支未经充分质量认证的油门踏板同样可能危及生命,以致摧毁丰田。

时任丰田汽车社长的张富士夫在1999年提出的一项成本改善计划,目标是连续3年将成本削减的幅度控制在平均30%的水平。这一计划震惊了世界汽车业。在外界看来,成本水准已接近极限的丰田再次大幅度降低成本几乎是不可能完成的任务。为了支撑在2010年达到15%市场份额的扩张计划,加大产能,削减成本,成为支撑扩张的支点,丰田在海外的生产工厂几乎翻了一倍——速度为首,销量为首,不断缩短产品开发时间,同时引入颇具争议的整车生产与零部件供应商一体化,即在不同级别的车型上采用相同的零部件供应商。这样一来,丰田能够在保证最大利润时降低成本。由此,丰田从其质量控制为中心的生产模式转变成了以成本控制为中心。正是由于这种细节的忽略,使得丰田苦心打造多年的"安全、可靠"形象,几乎一夜崩塌。

剪不断,理还乱,别有一般滋味在心头
没有了然于胸的把握,匆匆下手只会越剪越乱,难的不是加,而是减。

2.4 享受挫折:千磨万击还坚劲,任尔东西南北风

【他山之石】
俞敏洪曾讲过很好玩的事儿:大学期间,他和室友们相互讽刺、打击、侮辱,长期被"打击"后,自己通常不把自己当人看,没有什么可打倒自己,心胸也开阔了。走向社会之后发现,在社会上受到的打击远不如在学校的时候。"我们寝室除了一个没受过侮辱的干部子弟外,所有人都成功了"。他直言现在的大学生就是太把自己当人看,所以受不了打击。

【引经据典】
老子曰:"人之生也柔弱,其死也坚强。草木之生也柔脆,其死也枯槁。故坚强者死之徒,柔弱者生之徒。是以兵强则不胜,木强则折。故强大处下,柔弱处上。"(第七十六章)

【注】 大丈夫要能屈能伸,能顶天立地,也能卧薪尝胆。老子以人与草木生长之时,身体机能柔软,逝去之时僵硬枯槁为触点,引发出坚挺强硬是衰亡的标志,柔软弱小是生存的屏障,只是此处的柔弱,更多的是以柔克刚的柔,是示弱的弱。自然界告诉了我们这样的道理,坚硬的树枝很容易折断,而嫩绿的小草,即便马蹄践踏,也依然笑迎春风。

顺藤摸瓜:挫折是一种财富
近几年来,社会上挫折教育渐起,甚至有各种各样的挫折教育训练营,许多家长竞相把孩子送到"吃苦"的夏令营。这固然不错,但挫折教育的价值不在于吃到什么苦,更不是有目的地去"吃苦",不是像体验生活郊游那样;而是去打压孩子身上的傲气或说骄娇二气,并能够给孩子的心理承受力加上一层防护层。有些走出校园,步入职场的年轻人,会因为环境的变化,或者一些不顺心,一些"排挤冷藏",一些"怀才不遇",变得焦虑低沉,那是因为缺乏足够的承受力。就如同开篇俞敏洪所讲的那样。

无论自己的角色是什么,定位在哪里,都不可能不遇到打击,这正是考验韧性的时刻。勾践可以卧薪尝胆,韩信可以忍胯下之辱,欲成大事,

就要能忍耐。忍字,是心头上的刀刃,在你忍的时候,就像一把锋利的匕首在割你的心一样痛苦难受。忍过去,便是凤凰涅槃,豁然开朗。

柳传志在处理公司矛盾时曾说,有矛盾时首要的是先'妥协',搞清楚什么是更重要的事情,双方再慢慢腾出时间解决矛盾。妥协是一种柔韧,不要强硬顶撞,强硬指派。

还有句古话叫,忍无可忍,无需再忍。一是说忍耐的限度,二是说值不值得忍。不是说每一种忍耐都有价值。

学习韩信好榜样:退一步,海阔天空

《史记·淮阴侯列传》:"淮阴屠中有侮信者,曰:'若虽长大,好带刀剑,中情怯耳。'众辱之曰:'信能死,刺我,不能死,出我胯下。'于是信孰视之,俛出胯下,蒲伏。一市人皆笑信,以为怯。"

这是耳熟能详的韩信忍受胯下之辱的故事。事后来看,韩信这一忍很值,成了小不忍则乱大谋的典范。但是回到当初,韩信为什么会甘愿忍受呢?

绝非意气用事,而是深思熟虑后的方案选择。当时这种情况无非以下可能:

1. 三十六计,走为上计。但众混混围辱韩信,一市人围看笑话,想金蝉脱壳全身而退是不现实的。

2. 拔剑刺死混混,赚得英气豪放的名声,或许还有为民除害的民间褒扬,但是代价是杀人偿命。用自己的命和一个混混的命相抵,太不值得,虽然说人生而平等,但是自爱也很重要。

3. 拔剑刺了混混,没刺死,恐怕要被一直赖上了,甚至还可能被打成重伤,送到官府。

4. 忍胯下之辱,代价是为人所耻笑,但留得青山在,不怕没柴烧。

韩信面临的选择是一时之快还是细水长流,是只能顶天立地,还是委曲求全。韩信是聪明人,索性他遇到的也是价值有明显偏离的抉择,只需要克服自己的心理,像老子而言,坚强者死之徒,柔弱者生之徒。

但是换一种假设的情境,如果除掉那混混能够得到政府嘉奖或者至少免于抵命,韩信恐怕就要费一番周折了。还得去做双方实力对比分析。所以,任何一种选择都对自身和外界做过价值分析之后的结果,不是凭借一时直觉做判断。但是作出判断之后,还要顽强地执行,这就是考验心态的时候了。

千磨万击还坚韧,任尔东南西北风

玉不琢,不成器,个人的修养必然要在各种磨练中提升。

2.5 能忍辱负重:自古逢秋悲寂寥,我言秋日胜春朝

【他山之石】

《三国志·吴书·陆逊传》:"国家所以屈诸君使相承望者,以仆有尺寸可称,能忍辱负重故也。"

东汉末年,孙权夺取荆州杀害了关羽,刘备十分气愤,调集大批人马亲自东征东吴,连拔东吴数城。孙权只好启用陆逊为大都督全力抵抗,由于陆逊资历不深,很多将领不服他统率,陆逊说君主看中他能忍辱负重担此大任,你们得听从指挥。忍辱负重正是语出于此。

【引经据典】

老子曰:"天下莫柔弱于水,而攻坚强者莫之能胜,以其无以易之。故柔胜刚,弱胜强,天下莫不知,而莫能行。是以圣人云:受国之诟,是为社稷主;受国之不祥,是为天下王。正言若反。"(第七十八章)

【注】 水是天底下最柔弱的物质,但是却能够穿透石头这般坚硬的物质,这是为什么?是因为持之不懈,这也是滴水穿石给我们的启示。而洪水可以冲破大坝,可以摧毁房屋,攻坚强者莫之能胜,这是积聚的能量。没有东西可以替换水。所以柔能克刚,弱能胜强。

君主要能够接受举国的批评,能够担当举国的不祥,这才是王者之道。

顺藤摸瓜:横有多久,竖有多长

《庄子》中有一段颇有意思的寓言:"夔怜蚿,蚿怜蛇,蛇怜风,风怜目,目怜心。"蛇谓风曰:"予动吾脊胁而行,则有似也。今子蓬蓬然起于北海,蓬蓬然入于南海,而似无有,何也?"风曰:"然,予蓬蓬然起于北海而入于南海也,然而指我则胜我,我亦胜我。虽然,夫折大木,蜚大屋者,唯我能也。故以众小不胜为大胜也。为大胜者,唯圣人能之。"

风,与水类似,也是天底下柔弱的物质,可以被人指,被人踩,但是同

样可以折断树木,可以摧毁房屋,庄子认为这是不做小赢家而成为大赢家。我们看到过许多老骥伏枥的故事,也有卧薪尝胆的故事,甚至忍辱负重等等,这些能忍受孤独、屈辱与折磨的人,都是真正能成大事的人,因为他们心中饱含着对理想的执着,以及必胜的信念。唯有信念可以使人克服眼前的一切,也正因此,他们对未来可以说有着完整的规划,即便不是胸有成竹,也已经有了隆中对,这些人绝不会蛮打蛮干,因为一时冲动是不能持续地消化不良因素的。

学习勾践好榜样:卧薪尝胆,三千越甲终吞吴

公元前 496 年,吴王阖闾派兵攻打越国,但被越国击败,阖闾伤重身亡,夫差继承为王。此后,勾践闻吴国要建一水军,不顾范蠡等人的反对,出兵要灭此水军,结果被夫差奇兵包围,大败,大将军也战死沙场,夫差要捉拿勾践,范蠡出策,假装投降——留得青山在,不愁没柴烧。夫差也不听老臣伍子胥的劝告,留下了勾践等人。三年,勾践饱受屈辱,终被放回越国,遂暗中训练精兵,每日晚上睡觉不用褥,只铺些柴草,又在屋里挂了一只苦胆,不时尝尝苦胆的味道,为的就是不忘过去的耻辱。勾践为鼓励民众,就和王后与人民一起参与劳动,在越人同心协力之下逐步强大。一次,夫差带领全国大部分兵力,去赴会,要求勾践也带兵助威,勾践见时机已到,假装赴会,领 3 000 精兵,拿下吴国主城,杀了吴国太子,擒了夫差。

自古逢秋悲寂寥,我言秋日胜春朝

伤春悲秋的老一套,却能焕发新的活力,完全看你怎么理解。批评往往是更强大的动力。

2.6 勇破常规:世人笑我太疯癫,我笑世人看不穿

【他山之石】

2010 年 8 月 2 日,吉利收购沃尔沃的最终交割仪式在伦敦举行,吉利完成了对福特汽车公司旗下沃尔沃轿车公司的全部股权收购。作为民营企业的吉利收购了全球豪华车品牌沃尔沃,就像来自农村的穷小子娶了世界级的明星,吉利掌门人李书福的勇气让世人佩服。而更为经典的,是在吉利进军汽车行业时,李总的那句:四个轮子,一个车身,发动机,加沙发就构成了一辆汽车。

【引经据典】

老子曰：宠辱若惊，贵大患若身。何谓宠辱若惊？宠为上，辱为下，得之若惊，失之若惊，是谓宠辱若惊。何谓贵大患若身？吾所以有大患者，为吾有身；及吾无身，吾有何患？故贵以身为天下，若可托天下；爱以身为天下，若可寄天下。（第十三章）

【注】 佛经讲要破外执，不要执著在"我"上。老子说，有大患者，为吾有身。请注意这并不是要你去做一个身体上的解脱，而是心理上的解脱。也并非是看破红尘的万事皆空，那太难，缺乏操作性。合理的解释是有一颗平常心，保持一颗平常心。

顺藤摸瓜：勇破常规，才能达到成功彼岸

在一个组织里，只要不是老大，就必然要经受从上面派下来的种种压力，你会不由自主地跟随上面的喜怒哀乐而变化情绪。即便你是老大，也要承受来自下属的种种，还要承受来自外界的多重压力。如果不能做到宠辱不惊，不能做到心如止水，那么你的心脏会对你发脾气。所指的心如止水，不代表没有人情味的冷漠，那会致使你离群而没有朋友，只是说，让心律保持稳定平衡，不要大起大落如潮张潮汐。

这个道理大家都懂，但修养太难，修身养性非一朝养成。而实在说，我们也看到很多个性或者血性男儿的成功。

从另一个角度来试着解读这段文字，那就是要勇于打破常规。打破常规，需要勇气，勇气来自于忘我，首先要学会忘记，忘记周围的条条框框。

很多人说，世上最难的是忘记。或者说，当你记得去忘记的时候，其实你忘记了忘记。有点拗口，有点感性。不去探讨情感方面的忘记与放下。记得在初中的时候，物理老师曾经说过，当你合上这本书，如果大脑里一片空白，那么剩下来的就是你真正学到的东西。不过，这个揣测是针对好学习的学生说的。意思是指，你可以忘记公式，忘记细枝末节，但是一种方法于无形中有形地印在你的行为轨迹中，这是跟随一生的。公式不过工具而已，忘记了可以查。

我们会看到不少人在死记硬背，于学生生涯就开始了记诵算法，说实话，除非从事相关行业外，单纯的技巧而非思维是没有太大的用场的。更何况，被英特尔的摩尔定律搞得现在即便是行业内，技巧都在日新月异，

跟是跟不上的。思维方法是永恒的。古人云,授之以鱼不如授之以渔。也别去指责那个想要点石成金的金手指的人贪婪。他是看到了本质的重要性。一切都会成为过去,成为消失,只有方法可以永远伴随。

许多刚毕业的学生会装着满脑袋的知识来到用人单位,时不时地会以知识工作者而自居,更有甚者会去指责一些现有的流程或技术,但他们不知道这很惹人厌。因为知识是会折旧的,是会被抛弃的,是未必在实践中正确的。而基于知识做事,可能会阻碍你的创新思维,这就是一个"执",就是你的"身"。要无身,要破外执。

马云经常以其不按常理出牌而震动商界。他曾说:"我为什么能活下来?第一是由于我没有钱,第二是我对 Internet 一点不懂,第三是我想得像傻瓜一样。三年以前我送一个同事去读 MBA,我跟他说,如果毕业以后你忘了所学的东西,那你已经毕业了。如果你天天还想着所学的东西,那你就还没有毕业。学习 MBA 的知识,但要跳出 MBA 的局限。"

摆脱固有知识的重压,注意对思维的锻炼,方法的总结,跳出既有的框架去思考去实践,才会有不同的精彩。

学习李书福好榜样:汽车疯子上演蛇吞象

2009 年,李书福当选央视中国经济年度人物。这位有着"汽车疯子"称号的吉利掌门人在 2009 年领着吉利收购了号称"全球第二大的汽车变速箱厂"的 DSI,在 2010 年成功收购了全球豪华车品牌沃尔沃。这样的举动在世人看来无异于疯狂,当然对李书福的勇气依然致以敬佩,对其成效却鲜有苟同,然而在李书福心中却另有一副打算。

李书福要把吉利走向世界,面临两大问题:缺少核心技术、缺少全球品牌。这是李书福看到的问题,是要寻求突破的点,最快的方式在他看来是收购。这只是盲目的热情吗?不。而是精打细算后的结果,要知道,李书福是一个非常节俭甚至"抠门"的人。

我们先来看收购 DSI,吉利自主研发的自动变速器仅限于匹配 1.8 升以下的发动机,如果要匹配 2.0 以上的发动机,建一所研发中心至少需要 2 亿元人民币,而建一个工厂的费用至少需要 5 亿元。而 DSI 正好能弥补这一空白。在考察了 DSI 的研发中心和机器设备后,他说:"太划算了,不用讨论合同的细节了。赶快去签合同,小事情就不计较了。"同时还表示维持 DSI 团队原有的薪酬待遇甚至高额奖金。为什么呢?因为吉利只用了约 3 亿港元就拥有了 DSI。

那么再来看吉利收购沃尔沃,吉利获得的将是沃尔沃的九个系列产品,三个最新平台,拥有 2 000 余个网点的全球销售渠道,以及品牌、技术、人才等全套体系。这其中对于吉利全球战略而言,最有吸引力的无疑是沃尔沃的品牌,这样的收购打算其实类似于联想收购 IBM 个人电脑。其次是技术和人才,再次是销售渠道。对于收购后的整合以及未来的效果,当然还要进一步观察,不过,这种勇于打破常规,敢于作出农村穷小子赢取世界明星的精神令人称道。

这并不是最疯狂的,如果追溯到吉利进军汽车业时,李书福那句造车就是四个轮子,一个车身,发动机加沙发,那才是真正的疯狂,不过也正是这种异于常理的思维模式,使得吉利迅速崛起,成为民营汽车业的一股强劲力量。

世人笑我太疯癫,我笑他人看不穿

要打破常规,就要能够看清楚事物的本质和发展的方向,有勇有谋地放下既有思维,跳出条条框框,如是才能成功,不然就真的要被世人笑疯癫了。

2.7 管理信用:近水楼台先得月,向阳花木早为春

【他山之石】

冯仑在他的《野蛮生长》中写道:人(扩大说也可以指一个公司)一生会有三个钱包,他可以使用三种钱。一个是现金或资产,第二个钱包是信用,第三个是心理的钱包。

【引经据典】

老子曰:"古之善为道者,微妙玄通,深不可识。夫唯不可识,故强为之容:豫兮,若冬涉川;犹兮,若畏四邻;俨兮,其若客;涣兮,其若凌释;敦兮,其若朴;旷兮,其若谷;浑兮,其若浊。孰能浊以久?静之徐清;孰能安以久?动之徐生。保此道者不欲盈;夫唯不盈,故能蔽不新成。"(第十五章)

【注】 所谓道,一通而百通,在各个领域可以应用的规律。在本章中,探讨一下关于资金的应用与信用。

顺藤摸瓜：谨慎管理信用

资金可谓是企业的命脉，资金链的断裂，可以让一家百年老店瞬间坍塌，现金流的枯竭，可以让英雄汉无力回天。资金，可谓是企业的奇经八脉，一旦出问题，那整个运转就不正常了。巨人的失败就在这，所以史玉柱比谁都明白现金的重要性，后来他转而投资银行股也是为自己储备好容易变现的资本，当然，在贷款上，也可以获得更多的便利。

在这其中，有例外，就是可口可乐总裁曾经说过的一段话："假如可口可乐的工厂一把大火烧掉，全世界第二天各大媒体的头版头条一定是银行争相给可口可乐贷款。"资金，厂房，都没了，还能东山再起，靠的是什么？是可口可乐的无敌品牌！

可惜，大多数企业都没有这种品牌。那么在处理资金的时候怎么办？要规避风险。此处的规避风险因行业而异。做投资的常见风险规避法就是不要把鸡蛋放在一个篮子里。由此可以引发多元化还是专一化的问题，很复杂，各有各的道理。王石万科是笃定专一化发展，而通用电气则是依靠多元化战略达到今天的地位。不过，那都是很有钱的人家才有的烦恼，才会考虑多还是专。当你仅有一笔钱的时候，不用考虑这种烦恼，你的烦恼只有，亏还是赢？基本上，维持账面的不动就是亏，毕竟资金有自己的时间价值存在。在这种压力下，怎么处理呢？

老子说了，"豫兮，若冬涉川；犹兮，若畏四邻；俨兮，其若客；涣兮，其若凌释；敦兮，其若朴；旷兮，其若谷；浑兮，其若浊"。

豫是预备，准备，防备的意思。《礼记·中庸》："凡事豫则立，不豫则废"。"豫兮，若冬涉川"就是说，要像冬天过河那样，有所准备，要如履薄冰、战战兢兢。这是张瑞敏常喜欢说的一句话。你要有所规划，怎么用，用在哪，计划赚多少，赚到这么多以后怎么办，没赚到怎么办，亏了怎么办，亏多少该怎么办。都要有一套套的应对方案。人家说不喜欢打无准备之仗，因为这不是游戏，游戏输了可以再来，在商场上如果因为随性而为，或者到哪算哪是很可能导致失败，并且是彻头彻尾的元气大伤的。所以，怎么应对，要有准备。就好比炒股给自己设立一个止损线，到线无论如何就抛了，也别幻想着能再涨。很多人输就输在心里的一股反弹的欲望，有奋斗的欲望是好事，但是被欲望压制了理智，就未必好了。

犹和豫，都是野兽的一种，性格警觉，"犹兮，若畏四邻"，就是说要小心谨慎，动用一笔款项，想想这周围的环境，比如投入在市场上，那生产上的费用是不是会紧张，物流上，管理费用上是不是会紧张，要想明白了，不能只考虑在要出钱的这一处而忽略其他用钱的地方。

"俨兮,其若客",是说要像客人那样稳重,端庄,恭敬。不可抱有游戏嬉戏的态度。

涣兮,其若凌释:是说行动洒脱,好像冰块缓缓消融;意思是不要一次性全砸上去,没有后路,这样就无法进可攻,退可守。虽然古有项羽破釜沉舟,但是千古也没几个楚霸王,没谁乐意总是面对破釜沉舟的场景,最好的管理就是没有管理,有无为而治的意思。其实高明的管理者管理的组织里一切风调雨顺,不会有大动静,也不常会曝光。常看到的媒体赞扬的危机解决专家,其实已经退而求其次了。良医要防患于未然。

敦兮,其若朴:意思是纯朴厚道,好像没有经过加工的原料。也就是天然,发自于原始。如果你把组织企业当作一个生命体来看,是他本能的需要补充能量,来自生理的需求,需要资金的投入,而不是为了某些目的强加进来。

旷兮,其若谷:旷远豁达,好像深幽的山谷。山谷给人的感觉是幽静,但是又深不可测。资金的投入需要给使用的人以信心。用人不疑,疑人不用,在这可以得到体现。既然已经决定要投入,就要痛痛快快地投入,把信心加持进去。不要一边舍得钱,一边又对下属不放心。

浑兮,其若浊:他浑厚宽容,好像不清的浊水。为什么是浊水?或许有人不能理解,亲兄弟,明算账,这帐目可是要精打细算的。没错,但是也有一句话说,水至清则无鱼。不过,有个前提,是可以理解的前提,毕竟有些人情往来是必须的。做到心中有数即可,大不了下次不用。

最后,老子说了一句关键:夫唯不盈,故能蔽不新成。不可用满,要留有余地。就像炒股票,满仓是最被动的,因为丧失了机动性和灵活性。而有余力补仓才是可取的办法。除非你认准了。不妨使用三分法:三分之一的第一次投入,三分之一的后续补充,三分之一的备用,做紧急用途。

学习冯仑好榜样:人生的三个钱包

冯仑讲,人(扩大说也可以指一个公司)一生会有三个钱包,他可以使用三种钱。

一个是现金或资产,这些东西是物化的,可以看到。比如在银行存了100万,还有100万房产、100万股票,这是一个钱包,是可以计算的钱包。多数人每天在算的就是这个钱包。

第二个钱包是信用,别人口袋里的钱你能支配多少。比如我给某某打电话借 100 万,结果下午钱就到账了。虽然这个钱在法律上是不属于我的,但是我能支配,这种钱比较难度量,它是抽象的、虚位的。在你急难的时候,你可能借到这笔钱,这是信用的钱包。

第三个是心理的钱包,有人花 100 万,觉得挺少的,因为他有一个亿;有人只有 10 000 块,花了 9 999 块,心想完蛋了,要破产了。同样一种花钱方式在不同情境、不同心态下,你感觉钱的多少是不一样的。比如,在困难的时候,一块钱对你而言可能顶 100 万;当你有一个亿的时候,就觉得 100 万也似乎不是钱,尤其是在和平环境、生活无忧的时候。所以,人一生就在不断翻动着这三个钱包里的钱。

在这三个钱包中,第一个自然是根本,第二个则需要大力发展,因为这是你在困境中走下去的关键。换个角度来说,这就是在尽可能的规避风险。

近水楼台先得月,向阳花木早逢春

资金是企业的命脉,资金断了,就好比自废武功的武林高手,纵然曾经多么辉煌,此刻却连一个普通人也不如。但是如果你有信用,有朋友,你可以在那里得到安慰。如果你无法保证,那么请注意每一笔资金的使用,做好足够的风险管理。

2.8 专心:千淘万漉虽辛苦,吹尽狂沙始到金

【他山之石】

在互联网业界,大家最警惕的一个对手就是到处插手的腾讯,据说甚至有人用"专心做好一件事"来提醒腾讯。然而这并没有阻挡腾讯从即时通讯软件起家,进军休闲游戏、门户网站、浏览器、社交网站、电子商务、微博等等,几乎每个有潜力的领域略一抬头都能看到腾讯的影子。然而低调的马化腾却一直在专心做着一件事情。

【引经据典】

老子曰:"其安易持,其未兆易谋,其脆易泮,其微易散。为之于未有,治之于未乱。合抱之木,生于毫末;九成之台,作于累土;百仞之高,始于足下。为者败之,执者失之。是以圣人无为故无败,无执故无失。民之从事,常于几成而败之。慎终如始,则无败事矣。是以圣人欲不欲,不贵难

得之货;学不学,复众人之所过。故能辅万物之自然而不敢为也。"(第六十四章)

【注】 "不积跬步,无以至千里;不积小流,无以成江海"。但仅执着于一步步,执着于一滴滴,而没有宏观上对千里之外的憧憬,没有对江海的设想,也将失之,败之。在愿景的鼓励下,专心做好一件大事,细心耐心恒心地做好每一件小事,才有可能成功。大事就是坚持向目标进军,小事就是处理途中的一切障碍。但是人们往往在接近成功的时候失败。马云说,今天很残酷,明天更残酷,后天很美好,但绝大部分人死在明天晚上。

顺藤摸瓜:专心做好一件事

2003年,阿里巴巴的股东软银集团孙正义召集了所有他投资的公司的经营者们开会,每个人有5分钟时间陈述自己公司的现状,马云是最后一个陈述者。他陈述结束后,孙正义做出了这样评价:"马云,你是唯一一个3年前对我说什么,现在还是对我说什么的人。"孙正义所指的,也就是马云1999年构思阿里巴巴的时候所确立的目标。

要成功,首先要有目标,有了目标,然后要行动,在逐渐趋近目标的过程中将会遭遇各式各样的想得到也许想不到的困难,支撑人一直前进的是信念,是毅力,支撑人很好的前行的是细心,是耐心。

但是首先你要有目标,不能执着于细节,而是站在愿景上着力细节。

有这么一个故事:一位记者到建筑工地采访,分别问了三个建筑工人一个相同的问题。他问第一个建筑工人正在干什么活,那个建筑工人头也不抬地回答:"我正在砌一堵墙。"他问第二个建筑工人同样的问题,第二个建筑工人回答:"我正在盖房子。"记者又问第三个工人,这次他得到的回答是:"我在为人们建造漂亮的家园。"

若干年后,第一个建筑工人还是一个建筑工人,在砌着他的墙;而在施工现场拿着图纸的设计师竟然是当年的第二个工人;至于第三个工人,他现在成了一家房地产公司的老板,前两个人正在为他工作。

这个故事告诉人们你所取得的成就在于你的视野和事业心,或者用流行的词汇叫做"企图心"。但是单有这些,是远远不够的,你必须能够很好地去砌墙,没有一砖砖的堆砌,第三位工人也绝不会成为老板。而只知道砌砖的人,则永远摆脱不了这个工种,因为他没有大局观,看不到自己的未来。

学习马化腾好榜样：专心做好一件事

马化腾的企鹅帝国无疑是中国互联网行业里的霸主，但是同时也是引来争议最多的企业，尽管马化腾曾经表示他并没有给自己预设对手，然而由于腾讯几乎涉足互联网的方方面面的行动，已经接近于全民公敌。

如此的多领域出击，为何还要称其为专心做好一件事呢？

我们来看他最常做的是哪件事：

"输入邮箱密码出错，输入框内的内容选择上如何显示？"

你能想象这是腾讯 CEO 每天花费精力最多的问题吗？

马化腾在接受采访时说，自己还是最喜欢做工程师。对于产品技术细节的热衷使得他成为腾讯每一款产品的超级测试员。做好每一个细节，是他在专心做好的事。

坊间曾流传出一份据说是马化腾亲自做的产品设计讲座：

产品经理要把自己当一个挑剔的用户。我们做产品的精力是有限的，交互内容很多，所以要抓最常见的一块。流量、用量最大的地方都要考虑。规范到要让用户使用得舒服。要在感觉、触觉上都有琢磨，有困惑要想到去改善。如鼠标少移动、可快速点到，等等。

像邮箱的"返回"按钮放在哪儿，放右边还是左边，大家要多琢磨，怎么放更好，想好了再上线测试。对同一个用户发信，在此用户有多个邮箱的情况下如何默认选最近用的一个账号。这些需求都小，但你真正做出来了，用户就会说好，虽然他未必能说出好在哪里。

产品的使用要符合用户的习惯，如写邮件的时候拷贝东西，更多人习惯用键盘来操作。虽然有些技术难度，但也可以解决，交互，对鼠标反馈的灵敏性，便捷性。

在设计上我们应该坚持几点：

不强迫用户。如点亮图标，如 QQmail，不为 1% 的需求骚扰 99% 的用户。

操作便利。如 QQ 音乐，新旧列表，两者都要兼顾到，如 QQ 影音的快捷播放，从圆形到方形，最后因为影响性能而放弃。

淡淡的美术，点到即止。如 QQmail，QQmail 在 UI 界面上的启发，不用太重也能做得很好。图案和简洁并不是一对矛盾体。

重点要突出，不能刻意地迎合低龄化。

在这背后，其实是对消费者诉求的研究和满足，这才是企鹅帝国庞大的原因，包括腾讯涉足互联网业务的各个架构，也是出于对市场的把握，腾讯被称为业内最不善于创新的企业，又是最善于模仿的企业，其实模仿可以青出于蓝而胜于蓝正是一种创新,模仿创新。

千淘万漉虽辛苦,吹尽狂沙始到金

专注与坚持是成功的必备条件,若等不到吹尽狂沙的那一刻,之前的所有忙碌都会付诸东流。

2.9 做善于被发现的人才:洛阳亲友如相问,一片冰心在玉壶

【他山之石】

柳传志在为联想集团定接班人的时候曾经遇到难题,选杨元庆还是郭为。他有一次用孔雀和老虎来比喻企业的领袖人物:孔雀善于展示自己的美貌,以此影响别人心甘情愿地跟着它走;老虎依靠自己内在的力量,威风凛凛震慑四方。他认为郭为是"孔雀型",杨元庆是典型的"老虎型"。

【引经据典】

老子曰:"吾言甚易知,甚易行;天下莫能知,莫能行。言有宗,事有君;夫唯无知,是以不我知也。知我者希矣,则我者贵矣。是以圣人被褐怀玉。"(第七十章)

【注】 王昌龄诗云:一片冰心在玉壶。圣人正是如此,心中怀揣宝玉一般,品格高尚,而穿着或许只是粗布粗衫。老子说的话很容易明白,也很容易实行,但是天底下没人懂,也没人实行,这一定会让他觉得很失望。说话要有宗旨,做事要有主见,只有那些无知的人,才不明白老子。所以明白他的人很少,能够效法他的人值得尊敬。那么效法什么呢?就是穿着不出众,而一片冰心在玉壶。我们说,腹有诗书气自华。

但是我们不妨想一想,为什么明白他的人少呢?是因为以貌取人么?

顺藤摸瓜:伯乐与千里马新解

韩愈借《马说》,"千里马常有而伯乐不常有"以抒发自己怀才不遇的心情。后来也被许多怀才不遇的人借以自比,聊以自慰。

诚然如此,我们也必须思考,为什么千里马没有被伯乐发现呢?真是因为多和少的关系么?恐怕不尽然。凡事皆有两面,绝不会是一方的关

系。我们先来看看伯乐的问题,真是伯乐少?还是伯乐不愿意见千里马?

原因一:伯乐各有所好。

评判千里马的标准应是客观的,那就是在相同条件下看哪匹马跑得更快、更远。但是不意味着伯乐们的偏好是一致的,是不带有感情色彩和个人倾向的。简单说,有人喜欢温顺的马,有人喜欢有棱角的马,在这样的状况下,纵然两匹马跑得一样快,也会因不对胃口而被淘汰。

比如面对唐僧师徒,会选择谁做创业伙伴的问题时,俞敏洪选沙僧和孙悟空,马云选择了沙僧和猪八戒。两人都选择了耿直忠厚的沙僧,但是关于另一个人选,却各不相同。如果是孙悟空去了阿里巴巴面试,会被淘汰,猪八戒去了新东方,也不见得有好果子吃。除非你是沙僧,到哪都有饭吃。所以伯乐的偏好会使千里马怀才不遇。

原因二:伯乐自己被设置了条条框框。我们先不去说人才到了公司之后会不会受于限制而无处发挥,单单从选择人才的伯乐的角度说,也极有可能被设置了框架而使得自己没有办法挑选到最合适的人才。不然,不会出现破格录取这样的词汇时吸引社会的眼球了。

原因三:伯乐缺乏挑选千里马的积极性。即使伯乐能一眼识别千里马,但如果从奔腾的万马中挑选出了千里马,伯乐却不能享受相应的益处;如果把一匹慢腾腾的驽马当成了千里马,伯乐也不会受到什么惩罚,那么伯乐就可能闭着眼睛随意选马。

这是在有伯乐的情况下,千里马依然不能如愿以偿。那么没有伯乐的时候呢?一声叹息么?

必须从自身角度去考虑。为什么自己不能被发掘?

我们不得不提到包装的问题,这不等同于炒作或是夸大其辞,而是一种对自我的整合营销,无论在求职还是在职场还是在社交场合,恰当的自我营销是必要而且关键的。

圣人可以被褐怀玉,这固然很好,圣人也可以饭疏食饮水、曲肱而枕之,乐亦在其中矣。你要自问自己可以做到么?如果做不到,那么请将玉展示出来,展示给大家看。积极主动的,抛砖引玉都比怀揣着更能给人留下印象。当然,前提是你真的金玉其内而不是败絮其中,不然还是多一事不如少一事的好。

学习卞和好榜样:献宝,让和氏璧终见天日

春秋时期,楚国有一个叫卞和的琢玉能手,在荆山里得到一块璞玉。

卞和捧着璞玉去见周厉王,厉王命玉工查看,玉工说这只不过是一块石头。厉王大怒,以欺君之罪砍下卞和的左脚。厉王死,武王即位,卞和再次捧着璞玉去见武王,武王又命玉工查看,玉工仍然说只是一块石头,卞和因此又失去了右脚。武王死,文王即位,卞和抱着璞玉在楚山下痛哭了三天三夜,哭干了眼泪后又继续哭血。文王得知后派人询问为何,卞和说:我并不是哭我被砍去了双脚,而是哭宝玉被当成了石头,忠贞之人被当成了欺君之徒,无罪而受刑辱。于是,文王命人剖开这块璞玉,见真是稀世之玉,命名为和氏璧。

洛阳亲友如相问,一片冰心在玉壶

过去信奉酒香不怕巷子深,在如今这么一个快节奏的社会,很少有人再有耐心去发现那片冰心,不妨主动秀出玉壶。

第三节 君临天下

3.1 知人善任:我劝天公重抖擞,不拘一格降人才

【他山之石】

严介和的太平洋建设集团收购"纵横"后,曾表示,要在5个月内更换3名总经理,业内哗然,赋予其"狂人"称号,而事后他确实用三任性格和行事风格迥异的总经理盘活了纵横这盘棋。

【引经据典】

老子曰:"知人者智,自知者明。胜人者有力,自胜者强。知足者富,强行者有志。不失其所者久,死而不忘者寿。"(第三十三章)

【注】 孙子兵法说,知己知彼,方能百战不殆。这是对双方实力的衡量评估。内举不避亲,外举不避嫌,是祁黄羊知人善任。了解别人是一种智慧,而认知自己是一种高明。所以古希腊神庙柱子上刻着一行千年来为人传诵的句子:认识你自己。

能够战胜别人靠的是力量,战胜自己才是强者,心魔是最难克服的困难。知足的人会富有,自强不息的人有志向,有志者事竟成。

顺藤摸瓜: 知人善任,让满盘皆活

汉高祖刘邦在评论自己取天下之道时曾说,"夫运筹帷幄之中,决胜千里之外,吾不如子房;安国家,抚百姓,给饷银,不绝粮道,吾不如萧何;统百万之军,战必胜,攻必取,吾不如韩信。此三者,皆人杰也。吾能用之,所以取天下也"

这正是用人之道。不仅仅是知人善任,更重要的是了解自己,刘邦清

晰地了解属下的长处,但更清晰地知道自己的缺点。并且,不去涉足自己不擅长的领域,这尤为关键。对于一个领袖,能够克服自己内心深处对权力的欲望、对指挥战役获取胜利的心态,并不是那么容易,所以会出现一些令人惋惜的昏招。比如刘备为报关羽之仇发兵东吴被陆逊所败。

所以,对于一个 CEO 来说,能够知人善任,是必须的素养,而对于一个优秀的 CEO 而言,还必须认清自己并给自己列下禁规:某些领域是自己不能涉足的。知人善任,可以为公司创造最大价值,而规避自己进入不熟悉的领域,可以避免为公司带来损失。所以在某种程度上,对于一位领导者来说,知足是一种品德,这并不是妥协,而是避免损失,以分工决定效率使组织高效有力。但是要有足够的执行力,倘若刘邦只认识到三杰的能耐,却不能充分地放权,效果也必然大打折扣,甚至未必战得胜刚愎自用的楚霸王。

千里马常有,而伯乐不常有。但是千里马也有它的"缺陷":需要饱餐,需要睡眠,没有力气甚至跑不过普通的良驹。凡事都有利有弊,西方说,上帝在为你开了一扇门的时候,也关上了一扇窗。

每一种产品都不可能十全十美,必然有强处,也有弱势。对于用人,此理亦然。全才的确存在,却极其稀有,也未必能被发现。但是有一技之长,在某个领域极有造诣的人才却不少,且易发觉。一般,这些人在合适的位置便可以如鱼得水,让公司如虎添翼。倘若在不适合的岗位,很可能花落人亡两不知。空叹一声,英雄无用武之地,损失的不仅是个人,对于企业来说,同样是一笔失败的人才投资。

各有所需,各有所强,现代管理学中,分工决定效率的定律在发挥作用。小到企业内部的分工,大到国家之间的贸易,都是如此。

而对于引进人才来说,首先要明确的,就是,我请来的不是万能的救世主,而是他拥有使我们获得发展的本领。

接着,要清晰地了解,人才的特长究竟是什么,我们遇到的问题是什么?

第三步,进行能力匹配。对岗位需求和人才能力属性进行匹配,符合则上马。

学习严介和好榜样:三把火盘活一盘棋

在太平洋建设入主"纵横"的第一天,严介和就明确提出 5 个月要换三任总经理。乍听起来很玄,然而一切都按着严的既定设想全部实施到位。

第一把火：猛火

第一任总经理蔡渊是个改革派，烧的是"猛火"。面对老牌国企，面对安逸了多年的习惯性陈旧观念，蔡上任立即实施四大"瘦身"计划：

——冗员瘦身。4 000多人大企业，一线人中，产业人员只有800人，3.5个干部管一个工人。二线比一线工资高；三线四线比一线二线日子好，内耗、不出力、混日子，甚至一天3小时在班上，5小时在班外，养着一批人没事做，而一线的许多事没人做。当然，悲情瘦身，有情操作。社会化安置也好，置换身份也罢，费用一般比政府规定高出50%。

——资产瘦身。"纵横"所谓的多元化越走越远，22家子公司无一例外地亏损，有的已严重地资不抵债。留下了能盈利或经过努力可能盈利的4家，"多余的赘肉"全部砍掉。

——机构瘦身。企业办了很多事业单位，党、政、工、青、妇，部门一大摞，庞大臃肿，多头管理，互相倾轧。机构撤并，减少60%，而且一般的机关部门只设正职，不设副职，全面倾斜一线。

——债务瘦身。按原标准，纵横国际逾期贷款银行基准利率须上浮20%。太平洋建设义不容辞承载风险为"纵横"存贷担保，银行利率不仅不上浮，反而还比基准利率下降了10个百分点，一次性为"纵横"削抵三分之一债务。

瘦身让整个"纵横"上下滚沸。观念碰撞，利益碰撞，让许多"纵横"人如坐针毡，寝食不安，员工情绪上下波动，诸多矛盾随时都可能激化。

第二把火：温火

第二任总经理于两个月之后把准火候如期走到了前台。

孙建国原为纵横国际董事，对"纵横"做过重要贡献，与"纵横"人相处融洽。他烧的是"温火"，是稳定派。作为总经理，孙建国身先士卒，最早一个到班上，最晚一个踏着工人的脚印回家。温、良、恭、谦、让，政策引导，开渠放水，与员工对话交流，用真情感化高、中、低各层，以插入式、注入式、搅拌式多种形式将太平洋建设企业文化渗透到"纵横"人心中。在平稳中实现了"软着陆"，最终完成了四大瘦身计划。生产、经销和资金回笼也都创下了"纵横"历史之最。

第三把火：恒火

2004年4月11日，第三任总经理凌卫国走马上任。严介和说：他要烧"恒火"，是一个发展派。凌任职后，按照全新思路，实施一系列重大举措：盯住重点客户，拓展细分市场；突出新品开发，主攻产品质量；优化生产组织,提高劳动效率;嫁接"太平洋"文化,全面深化了企业内部管理。企业职工的精神面貌焕然一新,生产、销售、开发各项经济指标均创历史最好水平,公司生产经营也上了一个新的发展平台,呈现出良好的发展态势。

严介和总结自己:做了这么多年企业,只管人不管事,只做人不做事。"纵横"这盘棋,人给他用神了,整个棋局满盘皆活。

我劝天公重抖擞,不拘一格降人才

对于人才的选拔,一方面在公平公正的道路上探索,一方面在开拓创新的路上前进,现实更多的却是两者不可得兼。不拘一格,需要的是企业家的魄力。

3.2　笼络人心:海阔凭鱼跃,天高任鸟飞

【他山之石】

春秋五霸之一的楚庄王曾设宴招待百官,由其爱妃许姬亲自斟酒,酒过三巡,忽然风把蜡烛吹灭,黑暗中有人拉了许姬的手,许姬将其帽子上的缨带摘去,并禀告楚庄王,要求点上蜡烛,查看谁少了缨带,以做惩戒。楚庄王却认为酒后失态,乃人之常情,若因此而查处,不仅败了宴会的兴致,而且会伤害国士之心。于是命众官均摘去自己的缨带,此为灭烛绝缨。

【引经据典】

老子曰:"道冲而用之,或不盈。渊兮,似万物之宗。挫其锐,解其纷,和其光,同其尘。湛兮,似或存。吾不知其谁之子,象天下之先。"(第四章)

【注】　周易中说,形而上学谓之道,形而下学谓之器。那么上下之前必然存在一个跳板,这个跳板其实就是实际生活。提炼而升之成道。不得不承认,不少人即便通读道德经之后,还是对看不见摸不着的道没有概念。那么,不妨把它具化在实际中,来摸一摸道的底细。在本章中,老子继续阐述他对于和谐组织的观点,并给出了十二字方针。

顺藤摸瓜:笼络,看人心向背

"挫其锐,解其纷,和其光,同其尘"

这一十二个字实在是对组织人员协调的至高准则。我们一一来看。

挫其锐：在如今的社会，有时候盛气凌人被认为是自信雄心的表现，但是必须发现盛气之下，难免会出昏招。咄咄逼人的背后其实在暗地里会结下不少梁子。整天老子天下第一的作风，就算你凭借一时之能罩住周围的人，但早晚会被自己所误。而且，目无尊长，又怎么能很好地执行任务呢？失去上面的信任，失去同事的支持，锐的结局就是孤立。不是锐利么？你就在那最锋利之处，孤芳自赏吧。但是，对于一个组织的领导者而言，任其如此发展，并不是一种负责任的表现，毕竟，恃才者才会傲物，从惜才的角度出发，应当去指点挽救，为我所用。

办法就是挫其锐。而不是避其锋芒的避其锐。就好比古代的威风棒一上来就先挫一挫傲气。而如果能顺利完成，更好，证明你低估了，任务再上一个等级。但是要掌握好度，不能一棍子打趴下，再也起不来。

解其纷：有人就有江湖，有江湖就有纷争。任何人的相处之间，难免会有摩擦，本来可大可小，及时化解，也就一切重归于好，若越滚越大，则会拖累组织的效率，瓦解凝聚力。那么怎么解纷争，原则就如前所说，要树立一个公平公正的标准。

和其光：有人取柔和，调和解。这样的解释在应用中也就是让他光芒别显得那么露，稍微压制压制，不过这与挫其锐有相似之处。所以除此之外，倘若将和以附和解，那么便是说要能够及时跟上组织成员的出色发挥？什么跟上？表扬，奖励，精神，物质。

同其尘：意思是说要包容同事身上的缺陷，可能是能力上，可能是性格上。水至清则无鱼，人至察则无徒，就是这个道理。

"道冲而用之，或不盈。渊兮，似万物之宗"，用人之道在于永远让他看到自己还有上升的空间，是为不盈，要是都看得到天花板了，自然也迸发不出更多的激情来投入工作。

学习楚庄王好榜样：灭烛绝缨，笼络人心

开篇故事之后 7 年，楚庄王伐郑，在一次战役中，身处险境。正当危急之时，有一位军官表现得十分神勇，舍命救出楚庄王。楚庄王要重赏他，并问他何以如此神勇。这位军官回答道："陛下，我就是当年绝缨会上那个失去冠缨的人啊。"

楚庄王以帝王之心，对自己的属下一时失态给予了包容，正是同其尘的做法，回报则是得到一位舍身拼命的骁勇大将。

海阔凭鱼跃,天高任鸟飞

鱼跃也好,飞鸟也罢,海水天空都是有形有边际的,无边际的却是人类的内心。

3.3 不居功:不以物喜,不以己悲

【他山之石】

蒙牛董事长牛根生有非常著名的一句话,叫做"财聚人散,财散人聚。"牛根生还在伊利的时候,伊利80%以上的营业额来自老牛主管的各个事业部。因为业绩突出而奖了一笔钱可以买好车,牛根生折合成4辆面包车,分给自己的直接部下;100多万的年薪,牛根生基本上都分给了自己的员工。而这批员工也是后来追随牛根生创建蒙牛打天下的骨干。

【引经据典】

老子曰:"大道泛兮,其可左右。万物恃之以生,作而不辞,功成而不居。衣被万物而不为主,常无欲也,可名于小;万物归焉而不知主,可名于大。圣人能成其大也,以其不自大,故能成其大。"(第三十四章)

【注】 大道广泛流行,无所不在。万物依赖它生长,功成却不占有名誉。养育万物而不以为主,是"小";万物归附而不以为主宰,是"大"。正因为不自以为伟大,所以才能成就伟大。

顺藤摸瓜:骄傲将军做不得,"野心"将军也做不得

在任何一个企业,任何一个组织,任何一个部门里,都有事务,有事务就会有功劳,有功劳就会有功臣。功高震主这四个字始终应该牢记,不可掉以轻心。

居功自傲,是常见的一类人。总是沉迷于自己的功劳,动不动就摆出老资格,翻开功劳簿,高歌一曲,当年如何如何?殊不知,这是很讨人厌的。念旧情尚好,遇到不念旧情的主,找个机会可能就处理了。老把功劳放嘴边,是什么意思?是邀功?还是要挟?还是想靠这个混一辈子饭吃?韩信只能无奈地说一声,走狗烹,良弓藏。

还有一类,时刻战战兢兢,如履薄冰,绝口不提自己的功劳,眼睛永远朝前看。自以为这样能自保,实际呢?这个威胁更加严重。前者不过是在

夸耀自己,而后者如此的不在乎,不是有更大的野心,是什么？这叫不合常理。曾听过,国内非常著名的一家传媒公司的掌门人说,我不会把员工放到所有的部门去轮换,而只会固定在一个部门,如果他把所有的运作都了解了,那不是自己培养了一个威胁么？单从一种心态来说,这是防人之心不可无。

那么,你可能会问,这也不行,那也不行,怎么办？

别急,中华民族是充满智慧的民族,而最大的智慧,莫过于在"这"、"那"之间,发现了"中"。

有一个小故事：有三位士兵在行军,分别是日本人、美国人和中国人。快到悬崖边,下面是万丈深渊。前进是死,后退是违抗命令也是死。怎么办？日本人坚守没有命令就一直前进,最后掉了下去。美国人绝对不会这么傻,但是违抗命令后,也军法处置。换作中国人,在悬崖边上的时候,原地踏步！既保住了自己的性命,又没有违抗命令。这实在是一种处世的智慧。

我们来看老子怎么说,"万物作而不辞,为而不恃,功成而不居。夫唯不居,是以不去"功是你成的,你就不要否认,但是不可恃功傲物,不能居功。不能居功的意思可不是像过眼云烟一样地忘了它,而是把功劳别都揽在自己身上,好像天底下就自己能成就一样。在所有颁奖典礼上,我们都听得到,感谢这位,感谢那位。很多人说是场面话,没错,但是场面话不是可说可不说,场面话更不是没有道理、没有逻辑、没有内涵的胡说。该说的就得说。

你有这个机会成就功劳,没有领导的功劳么？不是人家慧眼识金,能有你这个机会？所以领导得占大头。而你把功劳捧给领导,自己就像是顺便沾了光一样的分到了一个功劳簿上的名字。这样,领导高兴,必然有奖励,也不会忘记这功劳有你的一份,其实每个领导的心理都像明镜一样,知道谁谁各占几分重。

再者,就现在的竞争环境,你一个人单打独斗试试,能成功么？所以同事,属下也得占一部分。把功劳分给大家,还有利于团结,使得今后上战场能为你拼命。

如此的名利双收,岂不更好。

"夫唯不居,是以不去"。只有不居功,不独自占有这个功劳,你才可以保住自己,才会有升迁的机会。

学习牛根生好榜样：财散人聚与财聚人散

牛根生不单单是口头上的不居功,也不是简单的小恩小惠,而是真正的"散财"。这样的效果就是当牛根生离开伊利之时,整个团队都跟随他一同去创办蒙牛。散去了失去还可以再来的财富,却聚拢了最重要的而且失去很难再来的人心,这其中绝对不是等号,而是一个大大的小于号。2004年,牛根生的裸捐行为更是惊世骇俗,虽有人说是作秀,那你秀一个看看?牛根生说,"夫妻俩商量觉得不能留给子女太多财富,那会坏了他们","我活着的时候他们的生活不会有太大的问题,我离开了人世,他生活有问题了,是他自己的事情",最终家人都同意放弃股份的继承,一家人分别在法律文书上签了字,同意捐献出牛根生持有的全部蒙牛股份。这与诸葛孔明的家训有异曲同工之妙。所以,不要执著某些眼前的利益,要放长远来看。

不以物喜,不以己悲

物是散尽还复来的,在往复循环中才会产生价值,而自己则更可以主观地去寻求改变。

3.4 不要蠢猪式的仁义:竹外桃花三两枝,春江水暖鸭先知

【他山之石】

春秋时期的宋襄公以仁义闻名,宋楚泓水之战,宋军已占有利之地,在泓水北岸列阵待敌。当楚军开始渡河时,右司马公孙固向宋襄公建议:"彼众我寡,可半渡而击",宋襄公拒不同意,说仁义之师"不推人于险,不迫人于阨"。楚军渡河后开始列阵时,公孙固又请宋襄公乘楚军列阵混乱、立足未稳之际发起进攻,宋襄公又不允许,说:"不鼓不成列"。直待楚军列阵完毕后方下令进攻。由于楚军实力强大,经激战后,宋军大败。毛泽东称之为:蠢猪式的仁义。

【引经据典】

老子曰:太上,下知有之;其次,亲而誉之;其次,畏之;其次,侮之——信不足焉,有不信焉!犹兮,其贵言。功成事遂,百姓皆谓:我自然。(第十七章)

【注】 本章老子在谈论国家治理中领袖的层次。最好的治理,是让

人知道有统治者存在,而并不感受到。其次,是亲近赞誉统治者,其次,是敬畏害怕,其次,是轻蔑他。这是一个很分明的等级排列。

顺藤摸瓜:如何做一名好领导?道,仁,礼,暴,四大手段任你选

有一种补充是:太上以道,其次以仁,其次以礼,其次以暴。

以道,就是根据规律,树立标准,并贯彻实施,这在之前讨论过多次。其后果便是群众自己也清楚企业的运行状况,自己出几分力能得几分赏。避免一些乌烟瘴气的行为拖住组织的效率。

以仁,就是用仁义来笼络人心。这是一种竖立领导者亲民形象,散发恩惠以聚拢人心的手段。但是不得不承认的是,江湖味略浓。以仁义为行事准则的代价,必然是不公正的出现,因为对A的仁义很可能就是对B的不仁义,取舍之前,领导者的偏好态度显露无遗,而这种透露出的偏好将使得不利于的一方产生逆反,使得旁观者产生不自觉的抵触。而即便对于受惠者,下次得不到照顾的时候,未必就还记得上次的好了。

以礼,也就是用礼数对待下属。常见的一种树立自己威信的手段。此处的礼数更多的意味着一种等级森严的态度和刻意保持的距离感。以平日里的"冷漠"换来关键时刻拍板的无异议。其代价在于下属很难说出真正的想法。虽然在任何情况下,都很少有下属会如实表达自己的观点,但是此时更少。敬而远之,毕恭毕敬,表面未必代表内心的服气。

最后就是"暴",动辄吹胡子瞪眼睛,拍桌子扣奖金的领导也是存在的,而且也能坐得颇为安稳,倘若他一视同仁的话,而不是故意找某人的茬,这就是另一种公平了。不过,兵法云,上兵伐谋,攻心为上,任何暴力的手段都只是迫不得已的选择,因为与此同时,失去的是人心。

以上是四种不同的领导风格,可供诸位选择。是不是所谓太上以道就是最好的呢?这倒未必。一来要具体事情具体分析,二来,单一的手段不能称之为手段,更像是一种模仿。在竞争多变的商场中,存活者必然是最有综合能力,适应能力,应变能力的人。所以,不妨以道树立公正的氛围,以仁笼络人心,在不违反道德原则下,比如可以增加一些福利,可以很快地解决员工的一些困难和问题,以礼数用在重要场合,严肃场合,而以暴处理那些对组织有负面影响的员工。该出手时就出手,不可手软。

警惕宋襄公坏榜样：愚蠢的仁义

泓水之战大败而归后，宋国的老百姓不答应了，纷纷前来责怪襄公，可是宋襄公却还执迷不悟，振振有辞地又说出了一套经典名言："君子不重伤（不再伤害受伤的敌人），不擒二毛（不捕捉头发花白的敌军老兵），不以阻隘（不阻敌人于险隘取胜），不鼓不成列（不主动攻击尚未列好阵势的敌人）。"右司马说："您不爱护我国的人民，让国家受到损害，难道这就讲道德了吗？"

仁义道德是要分场合的，更何况是迂腐的理解。所谓大胜靠德，小胜靠智。战略的成功势必依靠道、仁，而战术的成功却离不开"暴"。综合的手段才是关键。可惜，现在宋襄公的故事居然进入了笑话大全。也是个笑话吧。

竹外桃花三两枝，春江水暖鸭先知

政策的实行，要如同春江水一般，能够传递暖意，而不是寒意。

3.5　稳健：试玉要烧三日满，辨材须待七年期

【他山之石】

2010年万科实现销售面积897.7万平方米，销售金额1 081.6亿元，同比分别增长35.3%和70.5%，成为国内首个突破千亿的房地产企业，提前4年完成了这一业绩目标。面对这一佳绩，王石却突然刹车，下了死命令，称2011年绝对不能超过1 400亿。2011年春节前夕，王石赴美游学，计划三年。

【引经据典】

老子曰：企者不立，跨者不行。自见者不明，自是者不彰，自伐者无功，自矜者不长。其于道也，曰余食赘行，物或恶之。故有道者不处。（第二十四章）

【注】　踮起脚来容易站不稳，大步流星容易走不远。自以为有见地的是没看清楚事理，自以为是的不能昭彰，自我夸耀的不能成功，自我骄傲的难以长久。这些都是让人厌恶的情形，非但厌恶，也确实不利于成功。

顺藤摸瓜：思想要解放，步子要谨慎

要成为一个优秀的领导者，其思想不可抱守陈规，要敢于突破，也必须要善于突破。思想解放有很多种，本章将探讨决策时的注意事项，即：不可自逞己见，不可自以为是，不可自我夸耀，不可自我骄傲。自己的意见从一开始就抛出，并且坚持的话，势必会引导属下顺着该思路运转，倘若陷入当局者迷的境况，那么该决策将更可能趋向于失败。所以，即便自己认准了方向，也要最后再抛出观点，先听听大家怎么说。领导者，尤其是有过很大功绩的领导者，不可避免地容易沉浸过去的辉煌，也时不时会以自己的资历来压下属。唐朝魏征说的好，兼听则明。这可以视为思想解放的一个标准。

步子要谨慎是为何呢？

一篇名为《邪派高手史玉柱》的文章中这样写道："巨人二号女强人刘伟在接受媒体采访时笑称：'要把史玉柱的冒进往回拉。'其实，这句话的潜台词是：此人本性难改，生命不息，冒险不止。事实也是如此，史玉柱一直在某种冒险的赌注中演绎着自己的商海生涯。如果没有刘伟等一帮旧将帮忙踩着刹车，说不定这位脑海里充满许多奇怪念头的冒险家早已将巨人网络折腾得面目全非了。"

学习王石好榜样：稳健，让万科一直前行

曾听过王石的一次讲座，他在谈到稳定发展和坚持的时候，举了万科的一个例子，以每年30%的复合增长，10年后规模达到1 000亿，计算的当年万科只有71亿。王石说他自己被吓了一跳。这是持续增长的威力。一年，两年的突飞猛进很可能只是昙花一现，而保持稳定增长，才是根本。因为会在悄无声息地壮大中，突然让世人为之一震。原本的小苗苗变成了再也不能忽略的大树，实力的对比也就不可同日而语。

老话说，一口吃不成胖子。得慢慢来，着急的结果很可能是在膨胀中烟消云散，噎着了，消化不良事小，喘不过来就毁于一旦了。

在那次讲座中，王石先生在谈到万科的稳定发展时，还是忍不住提到了顺驰。

2003年12月8日，顺驰进军北京，以9.05亿元拿下大兴区黄村卫星城北区一号地。从2003年9月到2004年8月间，顺驰旋风般地跑马全国，共购进10多块土地，建筑面积将近1 000万平方米，得到天价制造者的雅号。

2003年,顺驰实现销售额45亿元。

从2004年3月到5月之间,国家推出了一系列严厉的调控措施,房地产业的冬天突然降临。5月3日,顺驰召开领导团队会议,紧急下令停止拿地。2004年8月7日,海南博鳌举办全国房地产论坛,王石点名评论顺驰:"这种黑马其实是一种破坏行业竞争规则的害群之马。"2004年11月,顺驰的香港上市计划搁浅。

2005年10月,顺驰与美国投资银行摩根的私募谈判流产。顺驰进行大规模的人员调整,裁员20%。

2006年初,媒体曝光,顺驰拖欠的土地费用加上银行贷款余额,总数估计高达46亿元。2006年9月5日,顺驰与香港路劲基建公司签署了股权转让协议。孙宏斌以12.8亿元的代价,出让了55%的股权,并基本失去了对顺驰的控制权。

后来有人评论,孙宏斌这个视现金流为第一要素的企业家还是输在了现金流中。极限的运转,无限的欲望使得这个刚性而天才的企业者膨胀而走向了落败。

玩过三国志游戏的人都知道,过度的扩张,攻城掠地而经营跟不上,会导致纷乱,不是盗贼横行就是水灾旱灾。

试玉要烧三日满,辨材须待七年期

沉稳,沉稳,再沉稳,是新企业必须牢记的箴言,大多数新兴企业的溃败都来自于过度的发展。

3.6 知止不殆:留得青山在,不怕没柴烧

【他山之石】

2004年,温家宝总理在向意大利总理贝卢斯科尼和企业家们介绍中国经济发展情况时,形象地把中国经济发展比作一辆正在高速行驶的菲亚特汽车,"不能采取急刹车的办法,而必须采取点刹车的措施,坚决有力又适时适度,区别对待。"

【引经据典】

老子曰:"名与身孰亲?身与货孰多?得与亡孰病?甚爱必大费,多藏必厚亡。故知足不辱,知止不殆,可以长久。"(第四十四章)

【注】 如同经济发展并非越快越好,而是需要调控,需要防止经济过热,对于高速增长的经济,要能够止,止住才能积蓄力量,以期更持久的繁荣。不然很可能会导致泡沫高涨然后破灭,使得经济衰退。

顺藤摸瓜:停下,是为了更好的前进

企业高速发展通常是企业家们的追求,他可以带来"盛名",可以带来"身价",可以带来"资本",可以带来"利得",但是一味追求高速扩张,却是一件危险的事情,有导致大废、厚亡的风险。适时而止,停一停,看一看,稍作休整,根据环境调整后再出发,会得到更持久稳定的业务增长。

大到顺驰地产,小到遍及街边巷角的"土掉渣"烧饼,再如河南亚细亚商贸集团,曾是中国最大的民营建材、百货零售连锁企业的家世界都成了众多连锁扩张失败的案例。他们多数是由于扩张速度过快,导致资金断链、管理跟不上而造成。

疯狂扩张是一种气势,是镁光灯前舞台上的鲜花和掌声,但是这更多是一种虚无,说的好听点是一种只能锦上添花的无形资产,在遭遇危机时,绝不能雪中送炭。恰恰是这种虚无可以满足一些企业经营者的虚荣心理,可以满足其对未来商业帝国的幻想。

真正的扩张是需要运筹帷幄,需要精打细算,是一整套系统的匹配,是人力物力财力的跟进,不是拍脑袋上项目。

许多时候,企业主不是自己不能控制,而是被"舆论"冲昏自己的头脑,在铺天盖地的蛊惑下迷失自我,不知道自己的分量,宛如当年巨人大厦高度一加再加,最终崩盘。

所以,执掌企业,不在于能使其有多高的增长,而在于能否持续,保持稳定增长。耗尽所有能量搏一时风光的短视行为,不是一名企业家应有的素质。

长期以来一直存在着一个企业经营的悖论,认为企业的成功就是要以最快速度把规模做大。由此很多经营者们陷入一种观念误区:企业如果不能一直向前进,就不能算成功。

但是,企业不断扩张、扩大规模就是企业获得常青基业的正确途径吗?

如果能够保持客观的态度回顾企业发展史,我们会惊讶地发现,那些早期一心只想着如何在短期内就做到行业第一而贸然扩张的企业,规模会在某一个时期骤然扩大,很快会因某一个导火线事件而轰然倒下。爱

多 VCD 与巨人集团的倒闭就是其中比较典型的例子。也许胡志标和史玉柱对其经营的失败会有许多具体的反省,但是,企业扩张过快,超过了系统自身的承受能力,却是一个不争的事实。

学习俞敏洪好榜样:滑雪悟道

俞敏洪最初学滑雪体会到的最大的一个乐趣,就是怎么停下来。做企业,要追求速度的时候,你必须尽可能地向前发展,但是要停下来时,你必须能停下来。其实这跟做人也是差不多的,如果你一开始就知道在名利面前你刹不住车的话,那最好事事谨慎,处处小心,因为你一旦陷进去就出不来,企业也是这样的。

俞敏洪有一个关于"速度与发展"的观点,那就是:只有知道如何停止的人,才知道如何加快速度。

汽车的质量越高,开得就越快。比如,像奔驰和宝马这一类车,它们的高质量不仅体现在发动机系统上,还体现在刹车系统上。你开这些车的时候,就敢于高速行驶,因为你知道,只要你一踩刹车,车就能稳稳地停下来,不至于翻车或跑到马路外面去。开夏利车的时候,我们一定不会开得和奔驰车一样快,因为我们知道如果让它跑得太快了,就很难刹住车了,说不定会撞栏杆或者翻了。所以说,没有把握停下来的人是跑不快的人。

留得青山在,不怕没柴烧

倘若靠山吃山不养山,很快就会山穷水尽,企业也一样,一味地求快发展,会耗尽企业资源,适当地停下来,靠山养山,才会山清水秀。

3.7 大智若愚:杨花榆荚无才思,惟解漫天作雪飞

【他山之石】

马云说过,他不懂技术,但是正因为此,他成为了合格的产品质量测试员,因为他说的话代表世界上 80% 不懂技术的人。由此也大大简化了阿里巴巴各种功能的使用方法。

【引经据典】

老子曰:"古之善为道者,非以明民,将以愚之。民之难治,以其智多。

故以智治国,国之贼;不以智治国,国之福。知此两者亦楷式。常知楷式,是谓玄德。玄德深矣、远矣,与物反矣,然后乃至大顺。"(第六十五章)

【注】 老子说过,大智若愚,那是正反相合的道理。此处治国之智与愚,不妨理解为,不凭借个人智慧领导组织,避免个人英雄主义,最佳的状态是自己"愚昧"而充分发挥大家的智慧,不妨故意难得糊涂。

顺藤摸瓜:

通常在提及企业领袖,尤其是高科技企业掌门人的时候,人们潜意识里会认为他一定是该行业领域的专家,内行才能更好领导内行,这在Google、百度、腾讯能得到体现,甚至王选院士、王志东等人身上都是。但是在联想,柳传志与倪光南院士之间引发的争执,后来被称为资本管理与技术之间的争执,最终是管理战胜了技术。行业技术专家可以领导高科技企业,因为他们的技术领先,领导技术创新与进步,这是高科技企业的核心竞争力之一,他们的领导多是以智服人,以技术眼光的前瞻性与技术能力的实战性获得员工的信任与追随。但是所带来的问题在于,在专业技术上,本是百花齐放,一定的发散性才能带来有益的创新价值。当领导具备技术强势时,将很大程度上遏制员工的技术发挥,使其成为一个个螺丝钉,前赴后继到公司适合的岗位,而不能发挥自主性。

再有,技术人才通常会有一个难以避免的性格特点,就是"恃才"或高傲。领导不够亲和或是员工口服心不服,都会使组织的凝聚力下降。

那么,非技术专家可以领导高科技企业么?回答自然是肯定的。郭士纳作为美国运通公司的掌门人,空降 IBM,这家世界顶级科技公司的董事长,并成功使得 IBM 扭亏为盈,连续十数年高速增长,使得大象也能跳舞。他依靠的是战略眼光、商业嗅觉与运营经验。成功地使 IBM 转型为服务商。

因为领导者不懂技术,可以让技术人才肆意发挥自己的创意;因为领导者不懂技术,那必然懂商道,从而使技术人才的开发符合市场规律,从而获得成功。倘若既不懂技术,又不懂商道,那只有忠心耿耿的诸葛亮才能保住一时。

学习马云好榜样:只会发电子邮件

马云说:计算机我到现在为止只会做两件事,收发电子邮件还有浏览,其他我没有了。我真不懂,我连在网上看 VCD 也不会,电脑打开我就特别烦,拷贝也不会弄的。我就告诉我们的工程师,你们是为我服务的,技术是为人服务的,人不能为技术服务。再好的技术如果不管用,瞎掰,扔了。所以我们的网站为什么那么受欢迎?那么受普通企业家的欢迎?原因是,我大概做了一年左右的质量管理员,就是他们写的任何程序我要试试看,如果我发现不会用,赶紧扔了,我说 80% 的人跟我一样蠢,不会用的。

正是由于马云自己不懂网络技术,因此,每次做出来的程序,都经过"马云测试",大大简化了阿里巴巴网站中各种功能的使用方法。

马云还讲:我不想看说明书,也不希望你告诉我该怎么用。我只要点击,打开浏览器,看到需要的东西,我就点。如果做不到这一点,那你就有麻烦了。即使在后来,使用淘宝和支付宝这些网站时,我也是个测试者。我和淘宝的总经理打赌,随便在路上找 10 个人做测试,如果有任何顾客说,他对使用网站有问题,那么你就会被惩罚,如果大家都能使用,完全没有问题,那么你就有奖励。所以这个测试是确保每一个普通人都能使用网站,不会有任何问题,只要进入,然后点击就行了。

因为我说的话代表世界上 80% 不懂技术的人。他们做完测试,我就进去用,我不想看说明书,如果我不会用就扔掉。

杨花榆荚无才思,惟解漫天作雪飞

没有才思的杨花榆荚,尚能如漫天飞雪,为晚春平添无限靓丽,更何况坐拥精兵强将呢?让他们充分发挥自己的聪明才智,而不是领导一言堂,才能使得企业发展更绚丽。

3.8 产品型 CEO:纸上得来终觉浅,绝知此事要躬行

【他山之石】

2010 年苹果 Iphone4 手机一登场便以席卷之势锁定市场最受追捧者地位,其 Ipad 也占据平板电脑市场的老大,成功源于细节,而乔布斯亲力亲为,投入到每一款产品的设计和开发环节。就连产品包装上用什么字体、电脑按键该如何布局,都要自己来决定。而乔布斯说他从不做市场调研,不招聘市场顾问。因为他认同美国汽车业鼻祖亨利·福特的名言,"如果我当年去问顾客他们想要什么,他们肯定会告诉我,'一匹更快

的马'。"

【引经据典】

老子曰："上德不德,是以有德;下德不失德,是以无德。上德无为而无以为;上仁为之而无以为;上义为之而有以为;上礼为之而莫之应,则攘臂而扔之。故失道而后德,失德而后仁,失仁而后义,失义而后礼。夫礼者,忠信之薄而乱之始也;前识者,道之华而愚之首也。是以大丈夫处其厚不处其薄,居其实不居其华。故去彼取此。"(第三十八章)

【注】 上德不以自己道德高尚,实际上是有德。下德自以为有德,实际上是没有德的。上德无为而随顺自然,并不是为了实现什么。下德即使无为,却把无为当作某种目的的手段。具有大仁爱的人,爱人而不抱任何目的;而具有大正义的人,行义是为了实现某种目的。具有大礼法的人,是在追求礼法,如果没有人回应就抡起胳膊去强迫人了。所以,丧失了大道,这才强调道德;丧失了道德,这才强调仁爱;丧失了仁爱,这才强调正义;丧失了正义,这才强调礼法。所谓礼法,不过表明了忠信的浅薄不足,其实是祸乱的开始。所谓人的先见预谋,不过华而不实,去道甚远,正是愚昧的开始。因此,大丈夫立身淳厚而不居于贫薄,存心朴实,而不在于虚华。所以要舍弃后者采取前者。

顺藤摸瓜：亲力亲为,不放卫星

德、仁、义、礼,这是我们探讨过的概念。失于德求之于礼,以此类推。不过,本章中,老子提出一个重要的观点,那些能够先知预测的,不过是华而不实,是愚昧的开始,大丈夫存心朴实,而不在于虚华。

我们说,没有人能够预知未来,但是总有人可以清晰地去把握住未来的方向,摩根大通首席经济学家龚方雄和他的团队在2009年再度被《机构投资者》杂志评为中国最优秀的研究团队。这是龚方雄连续四年获此殊荣。该杂志的年度金融机构研究团队排行榜,被市场普遍视为金融业的"奥斯卡"奖项。该团队在2008年下半年,对政府推出财政刺激政策做出了准确判断。这是获奖的重要理由。由于过于准确,也有人在疑问是否凭借"内幕消息"打天下？对此,龚方雄表示：预测都是建立在数据分析和严密的逻辑基础之上的。"首先,是基于对中国经济的理解。2008年6月,政府已经将经济调控的基调从"双防",调整为"一保一控"。我们当时判断,中央调控基调会进一步调整为唯一的"保增长"。第二,进入 7 月份后,全球金融危机进一步恶化,我们判断此次危机很可能会超过亚洲金融危机的猛烈程度。这必然会进一步加剧我国经济增长的下滑。结合 1998 年亚洲金融危机时,中国政府所采取的调控措施,我们相信在此轮经济下滑中,高层一定会再次推出大规模的财政刺激方案。亚洲金融危机时中国的财政赤字提高到 GDP 总量的 1.5% 左右。我们判断,此次的调控力度不会低于当时的力度。因此预测政府即将在数月内推出 2 000 亿—4 000 亿的财政刺激量。"

从龚方雄的话中,我们可以看到,他在强调预测的根据与逻辑。这是朴实,是厚,当然最后表现出来的是给出的预测结果,让人们以为很神奇,甚至觉得不可思议。这是由于没有看到其背后的推演,倘若"迷信"所谓的预测,那么就是华而不实地走向了愚蠢的开端。

同样,我们看到一些产品的变革引领了潮流或者说"时机恰到好处",这都不是撞大运撞出来的,当然也不排除偶然。大多是经过严密论证和实验测试。只有对消费者行为进行把握,才能踏准市场的节拍。把握能力高低将决定产品受欢迎程度的高低。

企业领导者,有许多是长期在第一线勤奋工作过的。他们能第一时间了解消费者需求,他们做出的决策当然每每获得成功,以致让人奉若"神明"。记住,不要忽略他们背后做的工作。宗庆后 20 年来没离开过一线,一年曾经 200 多天都在各地跑,有的时候甚至一个月就要跑上 10 多个地方。2002 年 8 月,为新建分厂考察选址,宗庆后创下了 12 天跑遍大半个中国的纪录,甚至不放过对一个小店货架的考察。私募教父赵丹阳在投资同仁堂股票之前,不仅考察过同仁堂公司 10 多次,还对其供货商和经销商都进行了专门探访,甚至还向同仁堂的竞争者——广州药业了解市场实情。另外,自己到药店看同仁堂六味地黄丸瓶底的生产日期,侧面了解其库存情况,并到各大中医院去了解医生对同仁堂药品的评价。

只有对一线保有最清晰的了解,对细节高度重视,才可能获得好的回报。企业领导者,或许没有太多的精力放在一线,那么在研发产品,做出决策前,一定要委任对市场有切身体会和发言权的人去负责汇报,一定要看到最实际的内容,而不是凭空想象或是"放卫星"。

学习好榜样:那些亲历亲为的 CEO

"超级产品体验员",目前已经成为不少 CEO 的新名字。他们把自己还原成为一个最朴实的消费者,换位去了解自己的产品,不断提出自己的使用和修改意见。

巨人网络 CEO 史玉柱，不到下午 5 点，员工基本上是见不到他在公司现身。你能想象这是因为史玉柱基本上要每天打游戏 10 个小时以上吗？一旦有新游戏开始测试，史玉柱更是常常彻夜不眠。

史玉柱本人会以玩家身份亲自体验巨人旗下网络游戏的每个环节，一旦发现需要改进的某个细节，他就会立刻打电话给策划团队要求马上修改。

一到公司，史玉柱要先招集游戏的开发人员开会讨论，交流一天打游戏下来的收获，他需要团队马上解决他在游戏过程中遇到的问题和好的创意。

如果一款游戏在内测阶段，史玉柱发现功能玩家并不喜欢，他会坚决要求对相应的部分彻底返工。史玉柱以"骨灰级玩家"和成功游戏策划者自居。他说，"我现在连研发也可以不管了，因为有研发部长，我可做的事情已经越来越少，只需要关注产品和玩家的感受了。"

乔布斯对每次新产品开发，都记录下自己使用这些新技术的感受，将之反馈给工程师。如果一个东西太难使用，乔布斯就会指出哪些地方必须简化。任何不必要的或者令人费解的地方，都会被要求去掉。

通常，产品开发的大多数流程第一步是进行客户需求调查，但是乔布斯认为自己可以代替客户进行判断，并且用产品创造他们的需求。

乔布斯认为，苹果的生死存亡掌握在消费者的手中，自己的体验就是消费者的体验，而只有公司的产品能够通过他这一关，才能成功。他相信，制造好产品不能靠民主，得靠有能力的暴君。

纸上得来终觉浅，绝知此事要躬行

纸上成功的只有赵括。没有亲身的体验，不可能凭空捏造出缺陷。

3.9 企业家的慈善：赠人玫瑰，手有余香

【他山之石】

企业家在创富之后如何回馈社会？2009 年，福耀玻璃的掌门人曹德旺公开自己的捐股计划：捐出所持福耀玻璃 70% 的股份，约 7 亿股，设立以父亲名字命名的"河仁慈善基金会"。而向慈善事业捐款捐物累计突破 11 亿的有着中国首善之称的陈光标也在 2010 年宣布自己死后将捐出全

部财产。但是 2011 年,陈光标高调入台行善也好,赴灾区行善也好,却引发了一场"暴力行善"的争议讨论。

【引经据典】
老子曰:"信言不美,美言不信。善者不辩,辩者不善。知者不博,博者不知。圣人不积,既以为人己愈有,既以予人己愈多。天之道,利而不害;圣人之道,为而不争。"(第八十一章)

【注】 王国维先生在研究哲学时曾说过,可爱者不可信,可信者不可爱。

这世上没有绝对的公平,也不存在绝对的完美。在具有某种优势的时候,极有可能也存在着弊端。

与人玫瑰,手有余香。圣人不积存,而是分与众人,给予别人越多,自己也就获得越多。财散人聚,疏财仗义,不仅仅是因为一份感念,更在于人心。

得人心者,得天下。

顺藤摸瓜:让行善成为一种双赢

企业家大多从商人开始,其本质还是商人,但是商人和企业家就像量变到质变的飞跃,其区别在于是否关注社会,是否胸怀广阔,是否承担起社会责任。

企业公民、企业社会责任是近年来时兴的词汇。不少企业都会发布年度企业责任报告,以表示自己在这一年度中做了哪些回馈社会的事情。每逢公益项目的开展,也总有企业冠名赞助,尽管可以理解为一种品牌宣传,一种商业行为,但这亦是为社会做出贡献,企业离不开商业环境,所做的回馈也必然很难离开商业行径。

这是良性的运转模式。

企业承担社会责任还体现在面对灾难时的救援和捐款。此时,榜单的出现会使得社会民众聚焦在数额和排行上。百姓捐助,可以心意为重,企业捐助,绝不能止于聊表心意。"绵薄之力"在此时的效用会受到大众的抵制,口水也能覆舟。万科在汶川地震中的表现使得王石成为众矢之的。而加多宝集团的慷慨,加上网络推手的营销,"买光王老吉"的口号着实令其风行了一把。

企业可以承担社会责任,可以做慈善,使用的是企业的资金。企业家做慈善,使用的是个人财产。

比尔·盖茨成立了基金会,承诺五十年内用完基金会的钱,将其投入到慈善事业。巴菲特积极响应。

在国内却很少看到有企业家用个人财富成立基金会。

企业家为什么要做慈善?留给自己,留给后代不可取么?

老子说,圣人不积。

老话说,富不过三代。

财富的积存对于后代来说,未必是一件好事,骄奢淫逸常被冠在某些"富二代"的身上。这种环境下成长起来的人,更可能败家,到头来竹篮打水,万事成空,基业不存。再者,取之于民,用之于民。滴水之恩,涌泉相报。社会是承托企业发展的摇篮,对社会进行回报是知恩、感恩、报恩,是成熟者的所为。况且,慈善的称号的确在一定程度上为自己的企业带来正面的品牌效应和宣传效果。

争议榜样陈光标:原本可以做得更好

2008年,陈光标光荣当选全国抗震救灾模范,温家宝总理称赞他是"有良知、有灵魂、有道德、有感情、心系灾区的企业家",并向他致敬。陈十年来向慈善事业捐款捐物累计突破8.1亿,被媒体称为"中国首善"。2010年9月,他宣布死后捐出全部财产(50余亿人民币)。2011年1月,陈光标高调赴台行善,同年3月,日本发生9级大地震,陈光标组织12人慈善团队赴日救灾……

陈光标以个人资产实实在在地救助了需要帮助的人。

然而坊间对陈光标式慈善的评论却走出了一条下滑的曲线,由2008年抗震救灾一片叫好,到2011年被疑作秀,再到云南发现金,受捐者"被要求"手持钞票合影。被网友送上"暴力行善"的称号。

但是即便作秀,也是用的真金白银。这种被称为"暴力式慈善"的行为,恰恰能够带动更多的人一起做慈善。当前中国慈善事业处在一个初级阶段,需要一个榜样和"火车头"。如果大家都默默无闻地做慈善,中国的慈善事业发展还要慢几十年。

乍听之下,颇有道理。

然而慈善的另一面:必须要考虑到接受方的尊严。中华民族是重尊严的民族,古来有不吃嗟来之食的典故,而暴力行善却在向"嗟,来食"

靠拢。

当然,陈光标的慈善之心需要被肯定,毕竟能够帮到人的作秀也是一场好秀,比所谓诈捐要高尚得多。

赠人玫瑰,手有余香

玫瑰赠人,香气永存。

第三部分　战略篇

战略是企业竞争的最高手段。高手过招,棋子未行,胜负已分,是布局决定了战局。企业竞争的核心是要追求利润最大化,因此在第一节重点介绍盈利模式及如何发现利润区,发现利润并设计了盈利模式后,接下来是公司层面的竞争。第二节将具体介绍在实际运营竞争中的手段。企业的高速发展固然可喜,然而高速发展也蕴藏了风险,尤其金融危机的出现,使得业界都在反思如何对风险进行控制,在最后一节将介绍如何管理风险。

第一节 盈利模式

1.1 构建产品金字塔：但使龙城飞将在，不教胡马度阴山

【他山之石】

曾经，三大巨头通用、福特与克莱斯勒牢牢占据美国市场，但自上世纪 60 年代起，日本汽车商以低价位但仍然有利可图的轿车异军突起，攻占了汽车产品金字塔的底层。随后开始向金字塔上端扩张，如丰田的"雷克萨斯 Lexus"、日产的"英菲尼迪 Infiniti"，向利润丰厚的高档市场逼近。让美国汽车商谈日色变。

【引经据典】

老子曰："知其雄，守其雌，为天下溪。为天下溪，常德不离，复归于婴儿。知其白，守其黑，为天下式。为天下式，常德不忒，复归于无极。知其荣，守其辱，为天下谷，为天下谷，常德乃足，复归于朴。朴散则为器，圣人用之，则为官长，故大制不割。"（第二十八章）

【注】 要知道刚强，也要守住柔弱；要知道白，也能守住黑；要知道荣耀，也得守住辱没。这是为什么呢？为什么不去夺强而是守弱？因为要善为其下？要虚怀若谷？我们注意最后一句，大制不割。不是割裂的，而是连续的。什么意思呢？就是雄也好，雌也好，白也好，黑也罢，荣与辱之间是联系的而不是割裂的。是成对出现而不是孤立存在。这其中有老子朴素的唯物主义思想在内，但是将其转化到商业中，却豁然开朗，这正描述了一种盈利模式：构建产品金字塔。

顺藤摸瓜：盈利模式探讨之构建产品金字塔

首先我们引入产品金字塔的概念。产品金字塔是指公司根据消费者的收入和偏好设置系列的产品结构，金字塔的顶端是利润丰厚但小批量甚至个性化的产品，在低端则是大批量、大众、薄利的产品。产品金字塔的核心在于设立产品防火墙，就是指占据金字塔低端，以抵御竞争者向上攻占的产品。这就是知雄守雌。知道利润高的区域在哪，但是必须守住低端薄利的产品。

我们从美国汽车的例子开始看起。问题出于他们只顾得产品金字塔中利润丰厚的高端产品，而忽视了底层产品的作用，没有恰当地设置产品防火墙，以抵御竞争对手。倘若60年代低价位的雪佛兰就面世，何至于此。

而成功者如美泰玩具公司为旗下享誉盛名的芭比娃娃就设计了低价格产品，以此来维护其价格在200美元以上的高端产品。

反过来说，要抢占高端丰厚利润区，其实是可以从产品金字塔的底层开始的。

老子告诉我们，知道雄、白、荣（这就是利润丰厚的金字塔顶端），但是要守住雌、黑、辱（这就是金字塔的低端，也是容易被高端者忽视或者不屑的产品架构，是容易入手的地方）。但是不能以低端抢占为终极目的，那样就不是知雄。因为这是一个系列的设计，是"大制不割"。

产品防火墙的意义是什么？

其一，防御。通过对低档次产品领域的占领，以阻止竞争对手抢占高档次产品市场。

其二，构建品牌忠诚度。低档次产品的消费者未必永远不具备高额消费的能力，随着年龄和支付能力的增长，他们会使用同一品牌的延伸品，即高档次产品。

其三，大众宣传。低档次产品并非仅仅为了防守，同样需要盈利，单品微利的状况下，需要大规模铺量以获取大量利润，所谓的薄利多销。那么大众消费品只有在大众都使用的时候才有广泛影响力，而此时，每个人都在为你的品牌做宣传。

案例直击：SWATCH的品牌构建

SWATCH旗下有众多腕表品牌，而其品牌恰巧构成了金字塔架构，如下图所示：

20世纪70年代末，由于来自日本企业西铁城、精工、卡西欧更便宜但是同样准时的数字表的威胁，瑞士制表业陷入空前危机，钟表产量在全

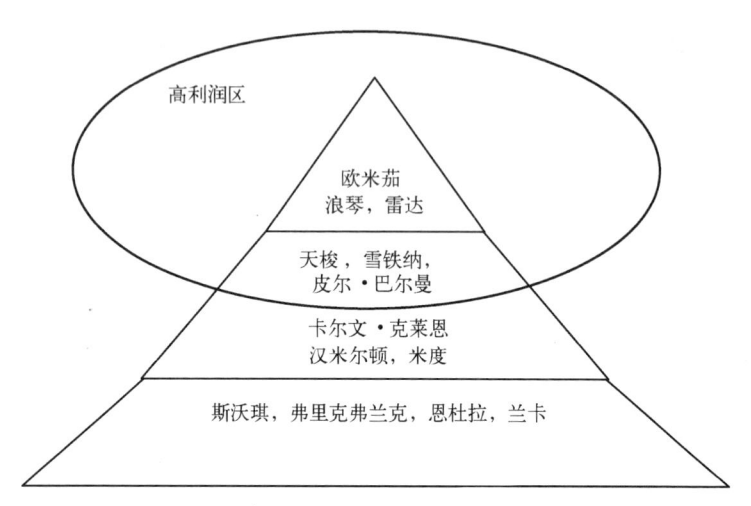

```
        高利润区
              欧米茄
              浪琴，雷达
            天梭，雪铁纳，
            皮尔·巴尔曼
          卡尔文·克莱恩
          汉米尔顿，米度
        斯沃琪，弗里克弗兰克，恩杜拉，兰卡
```

球市场中的比例已从43%急剧下降到15%。当时，瑞士制表业占90%市场份额的高档手表市场在急剧萎缩，而在急速增长的中档市场只有3%的份额。在低档市场，100瑞士法郎以下的瑞士手表根本买不到。由此可见：在产品架构设计上，存在着缺陷。

针对这一缺陷，海耶克出手整合瑞士制表业，果断进入中低档市场。在成本上，用塑料表，将手表零件从155个减少到51个，减少转动部分，也减少了损坏几率，简化工作流程，从而也节约了人力成本。仅仅低成本并不够，低成本路线的盈利必须要靠数量或者低成本溢价。于是海耶克为SWATCH腕表注入了年轻，时尚的元素，定位在18—30岁的年轻人，每年推出多款试销产品，鼓吹不同场合佩戴不同风格的手表以替代一表定终身的消费模式，以此铺量获利，并赢得溢价。而佩戴斯沃琪的年轻人在成长后则会转向中档的天梭，随后购买浪琴等，这是海耶克所希望看到的。覆盖各个价格领域的产品，任何一个空档都可能是失去高价值高利润的阿喀琉斯的后脚跟。斯沃琪的成功，也为SWATH打造了坚强的防火墙，随后海耶克使得浪琴等高档表重回奢华领域，因为人们的思路是，SWATH能将30美元生产出很不错的表，那么它会把3 000美元的表制作成什么样啊！海耶克将其产品架构分为低档手表100瑞士法郎以下，中档表1 000瑞士法郎，豪华表可以到10万甚至更高，"可以像天空一样高"。

但使龙城飞将在，不教胡马度阴山

在产品金字塔的架构设计中，防火墙产品，就如同龙城飞将一般，可以有效阻挡来自其他低端品牌的竞争，牢牢地将最广阔的市场守护住。

而飞将军的人马和拥戴者,将会始终铭记在心——顾客忠诚度作用除了重复购买和义务宣传外,就是在未来购买升级产品。

1.2 利润乘数:年年岁岁花相似,岁岁年年人不同

【他山之石】

我国动漫事业的发展比国外要慢,但是近年来《喜羊羊与灰太郎》却成为了另类。这部自 2005 年播放以来达 500 集的动画片收视率最高时达到17%,超过了同期的境外动画片,目前在玩偶、图书、游戏等产品中都大有斩获。最成功的当属 2009 年推出的《喜羊羊与灰太郎之牛气冲天》的剧场版电影。首周票房突破三千万,堪称最牛的国产动画片。除了媒体的轰炸宣传之外,《喜羊羊与灰太郎》长达 4 年所形成的根深蒂固在小朋友心中的形象,是其成功的关键。由核心而引发出利润乘数的效应,就是水到渠成的了。

【引经据典】

老子曰:"天下之至柔,驰骋天下之至坚。无有入于无间,吾是以知无为之有益。不言之教,无为之益,天下希及之。"(第四十三章)

【注】 有这么一则寓言故事:一位老师取了一个玻璃杯,一些小石子,一杯水和一捧沙到教室,先将小石子一块块放进杯子里,放满了,然后问学生:这个杯子是满的吗?学生异口同声地说:是,满了!老师不慌不忙地将沙子一点点地倒了进去,一捧沙子全装进去了。老师再问:现在这个杯子是满的吗?这回学生不敢贸然回答,观察许久之后,有学生小声说:是满的了。老师又拿起水杯,缓缓地往里面注水,缓缓地,杯子又满了。

如果石头是坚,那么无形的品牌便是一种柔弱,可以嫁接注入到有形产品的方方面面,如果产品是钢筋水泥,那么品牌就是粘合剂,将其铸造为一幢大厦。所以本章我们来探讨关于品牌的盈利模式。

顺藤摸瓜:盈利模式探讨之利润乘数模式

利润乘数模式是指从某一产品、产品形象、商标或服务,重复收获利润的模式。即从一种核心产品中派生出其他业务并获取回报。对于拥有强势消费娱乐品牌的公司来说,利润乘数模型是一个强有力的赢利机器。一旦投入巨资建立了一个品牌,消费者就会在一系列产品上认同这一品牌。

这种品牌的价值无疑是一种无形,是至柔而无有,却可以渗透到有形产品的方方面面,这是无有入于无间。著名的迪斯尼公司便是这一模式的缔造者和忠实实践者。它将同一形象以不同方式包装起来,米老鼠、美妮、小美人鱼等卡通形象出现在电影电视、书刊、服装、背包、手表、午餐盒、主题公园、专卖店上,每一种形式都为迪斯尼带来了丰厚的利润。而成本却很低,因为不断的重复叙述和使用,对于开发者而言类似于一种无为,无为之益,天下希及之。

当然世界上最昂贵的一只猫——Hello Kitty、世界上最著名的一只狗——SNOOPY、世界上最受欢迎的一只熊——Winnie Pooh等卡通形象,都是利润乘数模式最经典的案例。

但是这种模式却存在风险,其一是核心产品形象是否足够强大以至于可以支撑不断的重复开发利用,许多影视剧续集不过三也是因为概念发掘已尽。其二是形象不可随意授权使用,一旦进入品牌泛滥的地步,也会导致整体的消费溢价度大幅下降。像早年进入中国市场的华伦天奴,因为涉足过多的领域,生生把自己的品牌做到没有更多价值。

案例直击:MARVEL公司的超级英雄战略

MARVEL是美国的著名漫画公司,如果您对MARVEL不熟悉,那么说出他旗下的作品时,您一定会耳熟能详:蜘蛛侠。

Marvel始建于1939年,旗下有5 000多名漫画英雄,最著名的超级英雄是蜘蛛侠。但是由于仍然经营不善,导致20世纪90年代末提出破产申请。1998年10月1日,Toy Biz上市玩具公司收购了破产的Marvel,公司进行了较大人员变动,实行新战略,从漫画出版、玩具、专利授权中获益。自此,公司出现收益,步上正轨。而这种战略正是一种利润乘数模式战略。

	漫画出版	专 利 授 权	玩 具
产品	绝大多数围绕经典的Marvel超级英雄人物展开的,只有少部分漫画创造一些新人物	将Marvel人物形象的专利使用权授予各种各样媒体,包括故事影片、电视栏目、电子游戏、动画片及目的地型娱乐机构(如主题公园)。Marvel还在很多消费品领域通过专利使用授权获得收入。	Marvel玩具业务部面向全世界的玩具市场设计、开发、营销和分销有系列的玩具
收入	稳定业务	稳步上升(成本接近于0,收入丰厚)	连年上涨,尤其随着电影作品的大卖

很明显，漫画出版业务是利用漫画经典人物进行重复开发。依据漫画人物形象进行授权衍生到玩具发行，是典型的利润乘数模式，与迪斯尼公司相同。

在企业整体业务上，Marvel 公司采取利润乘数模式，在具体产品的应用上同样如此，其最著名的形象蜘蛛侠就是这个核心产品，成为利润翻滚的基础。

"没有任何一个人物可以和蜘蛛侠相比，他是我们的第一号人物，为最广泛的人群所喜爱，是其他虚幻人物所不能匹敌的，他的吸引力无处不在。从两岁大的穿着蜘蛛侠睡衣裤的孩子开始，到他们长大成人，进入老年，所有消费者都喜欢蜘蛛侠。"

蜘蛛侠的影响力毋庸多言，但是究竟对 Marvel 公司的成功影响有多大呢？

我们不妨从公司的三项主营业务漫画出版、玩具和专利特许出发，来考量这一问题。

	漫画出版	专利授权	玩具
收入贡献	平均毛利贡献率达到 63.65%	毛利贡献率达 42.98%	连年上涨，还有绿巨人玩偶做伴
市场表现	两部蜘蛛侠（蜘蛛侠和终极蜘蛛侠）合力贡献 64% 的收入。	第一部分：电影授权 蜘蛛侠从全球获得了超过 8.2 亿美元的影院票房毛收入，从索尼影视公司得到了约 2 500 万美元。 蜘蛛侠是票房最成功的，2002 年毛收入最高的影片，美国历史第六，全球第十。 第二部分：其他媒体： 2003 年，MTV 出现了索尼制作的蜘蛛侠为主角的动画短片。 2004 年，狮门娱乐制作了动画 DVD 2002 年，美国动视开发了《蜘蛛侠》游戏，年首发以来卖出 600 万份，成为有史以来最成功的游戏。 第三部分：授权主题公园 弗洛里达州奥兰多环球影视的冒险岛主题公园，好莱坞环球影视城，日本大阪坏球影视主题公园。	2001 年，第一部蜘蛛侠电影基础上开发的系列玩具贡献了超过 10% 的净收入 2003 年，在没有一个主要电影支撑的情况下，卖出了超过 150 万个蜘蛛人双重行动网络爆破手，单价 15 美元一只。 2003 年，绿巨人电动手则以 18 美元的零售价卖出 400 万个，成为最成功的玩具 2004 年，随着续集发行，预期蜘蛛侠玩具销售过 1.65 亿。

年年岁岁花相似，岁岁年年人不同

采用利润乘数战略的企业所推出的产品，年年岁岁看去都似曾相识，都是一个大家庭里的那些耳熟能详，最受欢迎的"人物"，但每一年都在发生新鲜的故事，有了新奇的历险经历，或者不时有了新成员的加盟。因为相识，除却了推广成本，因为不同，对顾客有了新的吸引力。

1.3 平台模式：栽得梧桐引凤凰

【他山之石】

1999年在西子湖畔，马云描述了一个阿里巴巴的童话故事，数年之后，依此开发成为全球最知名的B2B网站。如今这个概念被广泛运用于互联网的各个角落。

【引经据典】

老子曰：道常无名，曰朴。虽小，天下莫敢臣。侯王若能守之，万物将自宾。天地相合，以降甘露，人莫之令而自均。始制有名，名亦既有，夫亦将知止。知止所以不殆。譬若道之在天下，犹川谷之归于江海。（第三十二章）

【注】"百川东到海，何时复西归"，这是我们从小背诵的诗句，也是一种自然现象。道与天下万物的关系就是江海与川谷的关系，包含容纳。但，百川能不能复回？在自然界或许不能，但是倘若我们将水流比作利润呢？以天为一方，地为一方，天地相合，以降甘露，甘露就是我们享受的利润，天地就是两个客户端，气流在天地之间相合的过程正是利润双向来回产生的基础，这就是百川到海还西归，是我们本章要介绍的盈利模式：栽得梧桐引凤凰。

我们听过很多"文化搭台，经济唱戏"的新闻，为某地建设带来颇为丰厚的回报，但其本质是家有梧桐，凤凰自来。这种模式首要就是搭建一个平台，也就是栽好梧桐树，这个平台初始可以小，可以朴实，但发展起来，那么万物会自己归附，积累的越来越多，将会有名，名声渐起，也要知止，知止可以永续存在。

顺藤摸瓜：盈利模式探讨之构建平台

简而言之，就是搭建一个平台，这个平台作为买方与供方之间的一个沟通和交易的桥梁，可以降低交易成本。

但是梧桐树是有条件的，首先是梧桐树的优良种子，长成了歪脖子树，那会大打折扣。事实上，跟风而起，甚至东施效颦的情况并不少见。

然后要能吸引得到凤凰。家有梧桐树，不愁凤凰来。这是一种说法，但不是可靠的做法。你可以相信，但不能迷信。酒香尚怕巷子深，必须主动出击去吸引凤凰。

那么怎么做呢？要先吸引凰，由凰吸引凤。所谓凤求凰。打个比方，举办舞会，总是先免费邀请女孩，随后就会有大批的男孩子要求参加，他们是愿意付出溢价的。舞会就是一个平台，人气越旺，对于主办方来说获取价值的空间越大，而参与的人的素质越高，其品牌连带价值效应越高，这就揭出了模式的关键：

其一，平台规模越大，利润越大。参与交易的供应商和客户越多，这个平台就越有价值。随着交易量的增加，通信成本和交易成本将持续降低，即使对每一笔交易少量收费，也很是有利可图。

其二，平台价值越高，利润越大。尽可能争取更多名牌厂商参与，有助于整个平台声誉的提升。

其三，诚信建设。该领域最忌诚信缺失，一旦发生失信事件，应想方设法挽回，否则将会尝到"多米诺骨牌"式的恶果。

该模式在百货业如苏宁、电子商务如阿里巴巴等行业企业有广泛的应用。

案例直击：世纪佳缘，打造平台为增值

市场的后来者，想要依靠模仿搭建平台，并依靠佣金和会员费过活，会越来越困难，单一的收入来源也极具风险。我们可以从另一个依靠平台创收的企业来寻求一些思路：世纪佳缘。

网上婚介已从一种时尚逐渐变成人们普遍接受的一种方式。以世纪佳缘为例，其所模仿的国外成熟网站如 Match 是依靠会员费。但是这在中国则水土不服，一是中国网民习惯了免费方式，付费意愿低下，二是各网上婚介为了更多地获取会员，以免费注册为招揽。基于这种情况，世纪佳缘以免费婚恋交友平台为基础，推出一系列提高婚恋交友成功率的增值服务。

随着注册会员总量的增加，单一会员要在海量人群中脱颖而出变得越发困难，如果能让自己的资料被更多的会员关注，或能够查阅谁浏览过自己的资料,无疑会增加成功的概率。

发现了这一消费者诉求后,世纪佳缘针对性地推出诸如:玫瑰情书、首页光明榜、搜索排名提前、VIP服务、"约会1+1"等类型的增值服务。

服务	功能
玫瑰情书	置顶于对方的收信箱列表,还会在对方信箱最上方默认展开,使对方100%阅读该信件
首页光明榜	将会员信息分布在网站的首页,以提高展示的效果,搜索排名提前则类似百度的竞价排名
VIP服务	赋予该会员拥有邮件置顶、搜索在线会员、跟踪阅览记录等权限
"约会1+1"服务	会员在线发布一对一的约会邀请

但是,这些收入来自于平台的价值,因此平台的影响力将决定这些增值服务的收入贡献。反过来,增值服务的效果又将增强平台的价值。

在打造平台影响力上,世纪佳缘在传统媒体及新媒体上双管齐下:

传统媒体上,世纪佳缘具有创始人龚海燕自身的传奇经历(从打工妹到入读北大、保送复旦再到独立创业)及媒体资源优势(龚毕业于复旦新闻学院,坦承得到了新闻界校友的许多帮助)。世纪佳缘成立不久,龚海燕便被媒体树立为励志与坚韧的标本,其创业经历及网站得到了广泛报道。自创业以来,龚海燕及世纪佳缘先后被200多家媒体报道,其中不乏中央电视台、人民日报、新华社等主流媒体,这应当是很多创业者不曾享受过的厚爱。媒体的报道,提高了世纪佳缘的知名度,对其品牌的塑造也极为有利。

由于适婚人群(25—35岁)基本都是网民,世纪佳缘还通过与互联网新媒体进行渠道合作,从源头上拦截用户,实现渠道上的垄断。主要体现在门户网站上建设交友频道:2006年6月,世纪佳缘以一年400万元的成本,接管了MSN的交友频道;8月,以一年140万元的成本,接管TOM和互联星空的交友频道;9月,成为上海浦东发展银行交友频道的合作伙伴;2007年5月,与新浪交友频道战略合作,以接近1 000万元的代价取得了新浪交友频道的经营权;11月,与新浪播客开始打造全国第一视频征婚平台。这一系列的合作,为世纪佳缘带来巨大的点击量及注册会员。据报道,与MSN合作之前,世纪佳缘的注册会员约200万,一年以后,即2007年5月,到526万,当年MSN贡献的流量接近其整体流量的50%。与此同时,世纪佳缘连续成为网络广告投放的大主顾。世纪佳缘还积极组织线下互动活动,增强会员黏性。为了给会员提供更多样的交友渠道,世纪佳缘常规性地组织同城会员进行线下互动活动,为会员提供面对面了解的机会,提高婚恋成功率。这一切都是为了平台的价值,而平台的价值是获取利润的基础。

栽得梧桐引凤凰

如果说,种下梧桐树,不愁凤凰来,是停留在1.0的概念上的话,引凤凰就是2.0的版本。除了自身打造优质高价值平台外,还必须去主动推广,吸引用户。如果将凤凰分为两个群体,一是用户,二是利润增长点,那么基于平台之上,不断摸索增值服务就是成功的关键。

1.4 价值链管理:天下熙熙,皆为利来

【他山之石】

在人养猪不稀奇,猪养人才稀奇的社会里,大学生卖肉不再是新闻,丁磊去养猪也不足以吸引人们的眼球,高盛斥资收购生猪养殖才是真正有触动力的消息。无论真假,在持股双汇,进一步进军产业链下游的高盛,无疑是在打造并整合产业链。目的即获取产业链的最高价值。

【引经据典】

老子曰:"江海之所以能为百谷王者,以其善下之,故能为百谷王。是以圣人欲上民,必以言下之;欲先民,必以身后之。是以圣人处上而民不重,处前而民不害,故天下乐推而不厌。非以其不争耶?故天下莫能与之争"(第六十六章)

【注】 人往高处走,水往低处流。江海因为处于更低的位置,百川汇之,所以成就了江海,这是由位置所决定。圣人想领导民众,就必然在言语上谦恭,或在行动上处于其后,因此圣人在高位,民众不感觉到压力,在前位,民众也没有危害,所以天下人乐于推举这样的人做领袖。是因为圣人不争么?所以天下没有能与他争的。

顺藤摸瓜:盈利模式探讨之价值链管理:

百川汇入江海的过程,很容易让我们形象地联想到资金的流动,资金

源源不断地流向哪呢？或者说利润在流向哪里？自然界告诉我们流向低位。但，凡牵涉到位置，都是相对的概念，而非绝对的坐标。既然是相对的位置，那么就不必一定认为是低处，可以是为吸引力最强的位置。是由弱吸引力处转向强引力处，这个最强的位置就应该是创造利润最大的位置。

我们引入产业链概念的话，利润最丰厚的部分一定在产业链的某一处，或是上游，或是下游，或是中段，如果要获取利润最大化，或者节省成本，势必通过前后向一体化的方法达到在资源上的相对垄断，从而获取定价权以谋得利益。江海之所以能为百谷王者，就是善于将自己定位在利润最丰厚的区域。

在服装、鞋子、电器等很多领域，中国制造赚取的只是一小部分，甚至不到十分之一，而国外厂商却赚取了绝大部分的份额。这是因为掌握了专利权，或掌握了品牌的溢价权。

从价值链的角度出发，例如在计算机行业，利润集中在微处理器与计算机软件领域；在化工行业，利润集中在生产，对于天然气产业，利润集中在开采和分销行业；对于汽车行业，则集中在金融服务等下游业务；而一般产品则集中在销售。所以，我们会发现有企业在不断地伸长其触角，试图进行纵向一体化整合。

2009年，商务部没有批准可口可乐收购汇源果汁。而据朱新礼所说，他希望使用可口可乐收购的价钱去经营上游的果园资源，从而达到对上游的控制。这是他发现对于汇源而言，价值更高的区域。

所谓天下攘攘皆为利往。

找到这个高利润区，会发现资本像百川般源源不断。

很多公司开始意识到在一个非常长而复杂的产业价值链上，他们可以在产业价值链的3至4个环节具有高度竞争力，但要想在所有环节上都具有竞争力是不太可能的，而一家公司一旦认识到整个产业价值链中战略控制点所在，就应该把公司定位在那个位置，将其他部分以签约方式外包给别的公司。

十几年来，耐克在美国运动鞋行业中一直处于领先地位。对于耐克而言，营销和新颖的设计是其专长，而对于制造，耐克则采取外包策略，耐克还外包部分财务运作。

劳斯莱斯将其主要精力集中于发动机的核心竞争力上，而对于车身等部分则完全外购，从而取得价值最大化。宝马（BMW）公司控制着与其核心竞争力密切相关的关键部件，如发动机、车辆平台的设计，其它非关键零部件则外包出去。

案例直击：可口可乐的价值链管理

在品牌一章中，我们介绍过，可口可乐是当今世界品牌价值最高的企业。通常意义上，人们将可口可乐的成功理解为一种文化植入或者价值观推销的成功。但是不能忽略的是20世纪80年代初可口可乐首席执行官郭思达对它的改变：对可口可乐的价值链重新设计。

饮料行业，价值链通常由浓缩液制造、装瓶、后勤、分销、市场营销、客户关系等环节组成。郭思达在接手可口可乐时，其价值仅有40亿，而在1996年已达1300亿美元，这近乎于神话的增长正是由于他将可口可乐的价值链重新设计管理。

郭思达首先思考客户购买软饮料的渠道：食品店、饭店、自动售货机。

地　　点	品　　牌	消费者选择度	利　润
超市、食品店	各种软饮料	高	低
酒店	酒店现有品牌饮料	中	高
自动售货机	单一品牌	低	中

很明显，酒店和自动售货机是可以增厚可口可乐利润来源的重点，因此需要做出重点投资。

第二个问题是：用什么来支撑决策的完成？

郭思达发现必须与装瓶商建立起战略合作伙伴的关系，装瓶商应当是可口可乐的主要客户。

郭思达认为，浓缩液成本在装瓶商的整个经营成本中占很大比重。他可以利用新产品节约的20％的成本作为一个筹码，与装瓶商讨价还价。如果装瓶商希望获得这种利益，他们就必须修改与可口可乐的合同。

大多数装瓶商都接受了这些条件。新的合同是一个巨大的改进。郭思达确信，收购装瓶商是建立一个集中统一的可口可乐系统的正确模式。

对于被收购的装瓶商来讲，这也是一种有利的结局。它们找到了一个实力雄厚的新朋友，可口可乐公司愿意帮助它们实现现代化管理和有效的市场营销。现在，不属于可口可乐旗下的装瓶商则处于不利的地位。没有可口可乐在资金和管理资源上的支持，它们在日益严峻的环境下越来越缺乏竞争力。

可口可乐的收购战略也存在一个重大缺点,即提高了公司的资产密集度。80年代中期,郭思达又找到了解决方案。他创立了可口可乐装瓶商控股公司,对可口可乐收购的大型装瓶商进行控股。装瓶商控股公司创立之后,可口可乐立即将其51%的股份公开上市。由于持有49%的股权,可口可乐对装瓶商控股公司仍拥有控股权,但在财务上不实行合并报表。这样,虽然可口可乐控制了装瓶商,但其资产负债表上并不包含装瓶商的资产,可口可乐的损益报告也不用反映装瓶商的不良业绩。

天下熙熙,皆为利来

人类逐利的本性,并不是不可取的。对于企业来说,追求利润是使命,而利润熙熙,一定集中在价值链的某个关键区域。去追逐价值链的高利润区,才可能在攘攘的人群中,不空手而归。

1.5 分拆企业模式:问渠哪得清如许,为有源头活水来

【他山之石】

2009年4月2日,搜狐旗下子公司畅游公司在美国纳斯达克全球精选市场正式挂牌交易,成为2009年第一家在纳斯达克进行IPO公开招股并发行美国存托凭证的中国公司。同时,也是中国互联网行业在2009年的第一个IPO。同年10月16日,易居中国旗下房地产咨询业务版块克而瑞与新浪旗下的房地产频道新浪乐居合并,组成的合资公司中国房产信息集团在纳斯达克成功上市CRIC。如果搜狐的分拆是基于张朝阳矩阵概念,而新浪的业务分拆则是另一层境界。

【引经据典】

老子曰:"若民常且不畏死,奈何以杀惧之?若使民常畏死,而为奇者,吾得执而杀之,孰敢?!若民常且必畏死,则常有司杀者。夫代司杀者杀,是谓代大匠斫。夫代大匠斫者,希有不伤其手矣。"(第七十四章)

【注】 尧帝曾想请隐士许由出山,并禅让与他,但许由说,"您治理天下,已经治理得很好了。我如果再来代替你,不是沽名钓誉吗?厨师就是

不做祭祀用的饭菜,管祭祀的人也不能越位来代替他下厨房做菜。"这就是越俎代庖的由来。

但是为何不要越俎代庖呢？是因为沽名钓誉么？恐怕不尽然。老子说,"夫代大匠斲者,希有不伤其手矣。"代替木匠去雕琢,很少有不伤及自己手的,为什么？因为术业有专攻,除却天赋之外,如同卖油老翁所言,唯手熟耳。你可以在某个领域为专家,但是涉及另一个领域,你不熟;你可以是本领域的理论高手,但是到了第一线,也未必吃得开。许由不出山是因为他洞悉了本质,并且尧帝乃明君,自己不必去冒一个"闹笑话"的风险。

顺藤摸瓜：盈利模式探讨之分拆式企业设计

李嘉图的比较优势理论,提供了经济贸易以及管理学的基本思想之一,分工决定效率。各得其所,各行所长。国际贸易中,一体化经济下,生产原材料的从事生产,负责物流的进行配送,专管加工的盯紧流水线,大家各司其职,忙得不亦乐乎。倘若一体化经营,恐怕谁都吃不消那么多的环节,要是自产自销,成本可能就足够吃掉大块的利润了。所以在比较之后,大家选择分工,这是优化选择。但是并不意味着优化选择就是最好的选择。不然不会不断地有产业链的下游想往上走,或者上游想延伸到下游,因为各个环节的利润率是完全不同的,甚至会有天壤之别。

追求利润最大化是经济体的自身要求,在前一章中我们也看到价值链的管理同样带来丰厚的回报,但盲目追求,则是走向衰败的起始。在没有能力一口吞下产业链核心的时候,老老实实做好自己的本分,也是一种选择,不然,希有不伤其手者。

这就是不在其位,不谋其政。不看着碗里,想着锅里。因为能力还达不到。

一些集团公司在兼并收购多元化业务后,将自己心腹安插到新部门,过不多久却遇到水土不服的状况,毕竟企业文化及风格在短期内并不是那么容易融合,若是一味强行实施,反而会适得其反。尤其在跨行业并购时,在收购的业务线上,原先的人马是业内专家,用外行领导内行不是不可以,也不是没有先例,像郭士纳之于 IBM,但那是战略层,在具体操作的一线层面上,外行有很大的概率会输给内行。

还有一些公司,随着企业规模的不断扩大,在形式上趋向于官僚化,离自己的客户更远,反映也变得迟钝,庞然大物挪动身躯总是会缓慢,因此在企业变革创新时也显得力不从心。于是我们发现一种企业设计模式,分拆模式,即通过不断分拆,将企业小型化,更贴近消费者,也更加灵活。更为重要的是,责任到人,不妨称之为企业中的包产到户。

在我国,联想集团 2000 年实行战略重组,并最终分拆出"联想集团"与"神州数码",一是为了达到更高效,二是为了安排杨元庆和郭为。

案例直击:搜狐畅游,新浪分拆

2009 年 4 月 2 日,搜狐旗下畅游在美国纳斯达克成功上市。上市首日,表现抢眼报收 20.02 美元,上涨 25.12%。按照收盘价计算,市值超过 10 亿美元。特别值得注意的是,畅游 CEO 获得了 15% 的股份,以作为其薪酬的一部分。不难想象,畅游的上市对公司吸引更多的管理和技术人才有很大的帮助。但对于搜狐网本身而言,或许原有的门户+网游的模式更容易受到华尔街的追捧。这在宣布畅游上市时,分析师纷纷下调搜狐的评级就可以看出。

分拆上市,其实是企业集团化规模发展的必然,也是打破传统事业部制或众多子公司间藩篱与内耗的高效市场化路径。分拆可以使得旗下单独的子公司有更好的发展空间;可以释放子公司更大的股东价值。对于搜狐而言,网游是防御性板块,经济不好时,其投资价值反而更能够得到彰显,这是分拆上市的好时机。

新浪与易居中国合资公司 CRIC 成功登陆纳斯达克,却提供另外一种分拆思路。搜狐的分拆是基于张朝阳矩阵模式,分拆了网游上市,但并不具备可复制性。新浪模式却不同。易居中国旗下的克而瑞在全国 22 个城市有分支机构,有 5 000 家开发商用户试用 CRIC 中国房地产决策咨询系统,而新浪房地产频道新浪乐居则蝉联互联网房地产广告的头名,并以其门户网站的巨大影响力对个人用户有着无比强大的覆盖,提供海量信息。因此两者的合作是强强联手。CRIC 的上市对新浪的启示在于,每做成熟一个频道,与该领域的市场领先者进行合作,优势互补,成立合资公司,寻求在资本市场上市。对于坐拥十数个影响力巨大频道的新浪来说,资源丰富。

问渠哪得清如许,唯有源头活水来

流水不腐,户枢不蠹。只有源头保持流动和活力,才能让活水清澈地源源不断地在沟渠中流淌。

分拆,是最直接的方法,可以将母公司出现的官僚作风,子公司之间的内耗,人才发展的瓶颈,这些像泥沙一般在堆积、在阻碍清清如许的因素,全部剔除,让活水永续。

1.6 相对市场份额:会当凌绝顶,一览众山小

【他山之石】

江南春带领分众传媒在 2005 年到 2007 年三年之间创造了由 6.6 亿美元到 60 亿美元,9 倍市值增长的故事。人们往往认为这是商业模式创新的结果,并赋予了诸如蓝海等一系列可以天花乱坠的概念。但是究其实质,我们却发现其核心简简单单:一次次复制"并购—垄断细分市场—掌握定价权"的整合手法,市场化操作取得细分市场垄断地位,并通过整合获得超额收益,也就是我们本章谈到的占领市场份额的方法。

【引经据典】

老子曰:"执大象,天下往。往而不害,安平泰。乐与饵,过客止。道之出口,淡乎其无味,视之不足见,听之不足闻,用之不可既。"(第三十五章)

【注】 真水无香。道,用言语来描述平淡无味,视觉上不炫丽,听觉上不震撼,但是用起来却有无穷无尽的力量。什么是道?执大象,天下往。把握住大方向,大规律,天下顺从,归附而没有害处,安定平和。由此才有音乐美食,让过客驻足。

顺藤摸瓜:盈利模式探讨之相对市场份额模式

涉及大与小,如同位置的高与低,都是相对的概念。"执大象,天下往。"我们不妨理解为,控制了相对的市场高份额,为企业带来更丰厚的利润,这也是所谓的赢者通吃。

通常,大型企业可以拥有规模效应,即边际成本规模递减,有效控制成本;而控制市场份额的企业又可以掌握销售渠道,可以掌握定价权,可以通过大规模销售来分摊营销费用。这是许多企业在努力争夺市场份额的根本原因。

当你成为市场老大的时候,从供应商到经销商到消费者都会纷纷而来,这就是"天下往"的境界。纷至沓来之时,也就是安平泰之日。当然,要持续维护自己的领先地位,并不断拉开与后来者之间的距离。相对值

越大,所拥有的能力越强,相对值越小,则很可能陷入一场龙争虎斗,杀敌一千,自损八百,无论在资本市场还是自己的盈利,都不是令人喜悦的现象。

如果,不能保持全部市场的领先,那么请选择集中力量,保持区域领先,首先成为地区型的领袖,再逐渐渗透。沃尔玛、星巴克等公司都是采取一个一个区域巩固自己的市场优势,然后逐步扩张。脑白金最初集中精力打下江阴,也是采取这样的战略思考。

其实,说起来是很简单的一件事,当你近乎垄断了原材料资源,渠道资源,消费者资源的时候,怎么可能不具备话语权呢?资本市场上没有永远的敌人与朋友,只有相对的联盟,为了获取利益最大化,必然采取合作,而被剥夺的部分收益,只能忍气吞声,不然,获得的更少。道理很简单,一点也不华丽,却很有效。

掌握关键资源,因为资源永远是稀缺的;获取相对市场高份额,以拿到定价权。

案例直击:分众的兼并收购之路

分众2005年7月抢先在纳斯达克上市,随后陆续以"现金+股票"的方式收购主要竞争对手框架传媒、聚众传媒、玺诚传媒,获得楼宇、电梯、卖场视频广告细分市场的垄断。而在医疗视频广告市场,分众则通过资产交换,促成这一市场的垄断,之后经过一系列的资产整合和价格调整,获取垄断利润,使得分众收入连续保持100%增长,盈利情况得到显著改善。

收购 →(现金+股票)→ 垄断 →(整合提价)→ 获取垄断收益

我们以电梯广告这一分众传媒起家的业务来看:
第一步 收购

分众传媒上市之后,首先于2005年10月以1.83亿美元(3 960万美元现金、1.43亿美元股票)的代价收购框架传媒,成为电梯广告的老大。

2006年1月,收购E-Times、Skyvantage广告公司,巩固在深圳、广州的电梯广告市场;

6月,收购Pinone广告公司,获得上海市场将近3 000个电梯广告位;打包收购南京、苏州、常州、武汉、大连、沈阳的相关公司,获得了2.2万个电梯广告位;相关数据显示分众旗下公寓电梯联播网可出售广告位从 2006 年第一季度的 7.4 万个增长至 2007 年第一季度的 12.4 万个,市场份额超过 90%。

分众对电梯广告市场的整合,特别是对框架传媒的收购,不仅获得了细分市场的垄断收益,也使得原先分众、聚众和框架传媒之间的微妙平衡被打破,间接促成分众与聚众成功合并,分众 4.02 亿美元(9 400 万美元现金、3.08 亿美元股票)收购聚众,合并完成之后分众视频广告覆盖中国近 75 个城市,3 万多栋楼宇,共计 6 万个显示屏,市场占有率高达 96.5%。

第二步　整合提价

在获取了垄断地位后,分众也获取了广告定价权,接下来开始了整合提价的过程,将电梯广告价格稳步提高,合并完成后数月,分众即宣布将从 2006 年 7 月 1 日提高楼宇广告价格,其中 A 套 30 秒时长刊例价调整为 21.8 万元/周,B 套 30 秒时长刊例价调整为 28.8 万元/周,平均上涨 10% 以上。

而由于恶性竞争的影响消除,楼宇租金保持稳定,挖角局面不仅停止,合并完成后还一次性裁员 15%。

同时,我们注意到分众和聚众的原有资产通过互补调整,获得了新的广告客户:

如合并前分众和聚众都在高尔夫球场开设视频广告,但由于均存在覆盖面割裂的情况,无法吸引到奥迪、宝马等大客户,而合并后分众在高尔夫球场的覆盖率超过 70%,马上获得奥迪 A8 的广告投放。

原有资产也得到整合,其中写字楼和公寓楼资产整合成商务白领联播网,宾馆、机场巴士、机场资产整合成为商旅联播网,KTV 酒吧、购物中心等资产整合为时尚联播网,不仅增加了覆盖面,而且市场细分利于针对性广告投放。

第三步　获取垄断收益

分众的楼宇广告重新进入快速增长期。2005 年第三季度收入为 1 730 万美元,到 2006 年第三季度增长到 3 850 万美元,同比增长超过 100%,而 2007 年第三季度达到 6 460 万美元,相对 2005 年第三季度增长接近 300%。而且,楼宇广告的毛利率也从 60% 回升至 65% 的水平,并一度高达 70%。

会当凌绝顶,一览众山小

何等的气势,何等的壮丽。当你站在高山之巅的时候,也就获取了你奋力攀登的回报。市场上,老大说了算,对上下游都有强大的议价能力,所做的仅仅是调整价格,就可以获取丰厚的利润。但是,永远不能忽略的是,一路的艰辛,无限风光在险峰。

1.7 认清行业本质:山重水复疑无路,柳暗花明又一村

【他山之石】

2008年的金融危机让众多的奢侈品品牌很受伤,为化解库存压力而进行的折扣销售不仅未能提高业绩,反而使得一众奢侈品公司的股价纷纷缩水,但爱玛仕的股价却从年初的80美元上涨到年末的102美元,全年股价上扬25%,不仅成为行业内的领跑者,也成功跑赢了标普500,并成为彭博欧洲时尚指数里唯一上涨的成分股。这是因为爱马仕谨遵了奢侈品行业的规矩"永远比买者少一件"。

【引经据典】

老子曰:"天下有始,以为天下母。既得其母,以知其子;既知其子,复守其母,没身不殆。塞其兑,闭其门,终身不勤;开其兑,济其事,终身不救。见小曰明,守柔曰强。用其光,复归其明,无遗身殃,是谓袭常。"(第五十二章)

【注】 民间传说,龙生九子不成龙,各有所好。如果将龙作为本体,那么无论从九子来推演至龙还是从龙推演至九子都多少有差别。但是万变不离其宗的是,脱于龙体,带有其本质特性。当然这是传说。其实由本体而推至衍生品也好,衍生品倒推也罢,一不小心,就很有几分类似于盲人摸象那般,自以为是,惹得路人笑。所以必须既知其母,又知其子,才不会衰败。怎么做呢?要能识见细微的地方,这叫清明,能够持守住柔弱谦虚不自大,这才是强大。使用它的光芒,又回归它的清明,不给自身造成灾祸,这叫做袭常。

堵塞外流的口子,关闭外溢的门,终身没有劳苦。打开外流的口子,成就身外的事业,终身不可救药,这不是闭关锁国的意思,而是说不要轻易地被外界所感染,丢失本身的特点。窗子开了,新鲜空气进来了,蚊子苍蝇也会进来。

顺藤摸瓜:盈利模式探讨之认清行业本质

每一个行业都有自身的特性与本质,一种行业运行的规则。虽然我

们会去欣赏一些敢于打破常规的企业家,我们也鼓励创新,但是并不意味着盲目地去不破不立。敢于打破常规的人,一定是对规则把握得非常纯熟,对本质认识得非常清晰。

规则的改变与创新一定是建立在无比了解的基础上,你很难想像不会写字的人去改革文字,而第一个发明文字的人则是充分把握了人们对于文字的需求。换言之,打破常规是由于之前的行业本质或许不是最完善的,所以存在空间,而改变又是可以行之有效,不会让人偏离太远的模式。对于稳守型的管理者,首要做到的应当是洞悉本质。

企业常在定价成本控制上你争我夺,但是却容易忽略细分市场容量与消费者偏好的研究。

郎咸平曾经在《本质》中试图去说明他所发现的行业本质,尽管遭受到一些抨击,认为是浮躁的研究或不具科学性完整性的发现。但我以为,其出发点相当正确,而能真正把握行业本质的人一定是在市场上浸泡多年的老玩家,我们称之为行家,而未必是专家,专家的建议我们需要接受,但是也需要辅助行家的见解。宗庆后常年一线的经验是娃哈哈必不可少的经营支撑,这是行家。

郎咸平教授提出:时尚服装行业的本质是缩短前导时间,如 ZARA;

奢侈品行业:使消费者享有荣耀尊贵的身份地位,满足消费者获得社会青睐的心理需求;

汽车行业:使消费者享有安全、舒适、自由的出行体验;

电影业:触动观众的"幻想"神经;

IT 行业:不能被隐藏;

家电行业:废品率大幅降低,美的的废品率是 LG 的 60 倍。

案例直击:奢侈品行业的祖训:永远比市场需求少一件

冯小刚曾在其《大腕》中揶揄:不买最好,只买最贵。而奢侈品就恰恰是这样一种商品。奢侈品行业的祖训是:产量永远比市场需求少一件,识货者自来。

由于奢侈品品牌多是百年老店,卖的已经不是产品,而是艺术、品味、品质,赋予品牌的内涵,甚至是购买者的身份和地位;因此,物以稀为贵才是奢侈品最具消费魅力的地方,当然其历史内涵和精益求精的"手工制造",也在衬托不菲的价格。不过,能成为极少数富裕阶层的专属品才是奢侈品的本质。但是也有创新的产品,如 Coach,以其"可负担的奢侈品"

定位曾受到资本市场追捧,高端形象,亲民价格是有利手段,在强大的促销手段下,将品牌形象渗透到尽量广泛的群体。但在金融危机肆虐的2008年,却是受影响最大的企业。因为消费主力军中产阶级的收入缩水使得他们首先想到的就是放弃购入250美元一只的Coach手袋、300美元一条的蒂芙尼银链或是50美元一瓶的Burberry香水。当年,位于奢侈品牌金字塔中高端的品牌销售增幅分别下滑6%和2%,而2008年位于最低端、高举"新奢侈主义"大旗的品牌销售增幅则从上一年的4%降至0%,是行业内受创最严重的群体。

所谓:危难中见真情。对于奢侈品而言,要么保持相对稀有,回归"少数人的专属品",要么变成一般性的高档消费品。没有中间路线可言。

不仅仅是Coach,在金融危机时,LVMH、历峰和PPR的表现也不如人意,截至2009年1月,股票价格大幅下挫,远超同期道琼斯和标准普尔500指数51%和38%的跌幅。

	降 幅
LVMH	55%
历峰	33%
PPR	95%
道琼斯	51%
标准普尔	38%

在这一表象之下,奢侈品行业正面临前所未有的危机。

存货上升压力下促使了折扣销售,而这对奢侈品牌带来难以估量的伤害。2008年9月初,YSL、Gucci等出现了5折以下的价格,而各品牌的季末大减价也比往年提早很多。2008年10月,香奈尔率先在美国市场降价7%—10%。范思哲以及Chloé也纷纷将各自产品在美国市场的售价调低了8%—10%。

折扣销售无疑意味着盈利的下降。但是大面积折扣销售必将使得奢侈品与一般消费品的差距大为缩小。

在奢侈品牛市时,其增长逻辑是:通过提价和扩大销售的双重方式,从而获取"内生和外生"增长的双重动力,而随着降价清理存货,则打破这一逻辑,造成了价格下降和销售减少的双重挤压,进而加剧利润的下降幅度,这一行业曾赖以生存的根基被动摇了,其"相对稀有—提价—获取高额利润率"的良性循环也正向"存货增加—降价—利润率下降"的恶性循环演变。

但是,同为奢侈品品牌的爱马仕秉承始终如一的"等待式"营销,锁定高端客户,也让爱马仕受金融海啸冲击较小,在一众奢侈品公司股价纷纷缩水的情况下,其股价在2008年里仍保持了25%的涨幅。在众多奢侈品牌不断出招应对日益突出的"高端形象与商业利润"矛盾之时,爱马仕这个为数不多的至今仍由家族控股的品牌,不以快速扩张求发展,而是潜心修炼内功。坚守文化底蕴及工艺品质的品牌DNA,再加上不断加强对供应链上各环节的控制力,使爱马仕不仅在消费者和业内确保了其"顶级奢侈品牌"的地位,内生性增长方式也让其受金融海啸的冲击较小。

山重水复疑无路,柳暗花明又一村

在经营遭遇困厄之时,尤其在战略摇摆不定,遭遇瓶颈甚至面临挫败的时候,请抛开现状的纷纷扰扰,认真思考一下这个行业的本质,这时候,你会发现眼前正柳暗花明。

1.8 建立行业标准:江山代有才人出,各领风骚数百年

【他山之石】

1975年,个人电脑产业尚未形成之时,比尔·盖茨以其先赢得客户,再提供技术的商业头脑,用最短的时间拿出了简单易用但不成熟的Basic语言,最终建立了BASIC语言的行业标准。而当个人电脑业的下一幕拉开时,微软开发了MS-DOS,并有意识地避免仅仅与惟一的设备制造商进行合作而使其成为了一个开放的系统。在整个80年代,MS-DOS成了一个巨大的赚钱机器,再到之后的Windows系统,在程序设计语言和个人电脑操作系统方面,微软建立了两大软件标准,并依此赚得盆满钵满。

【引经据典】

老子曰:"道常无为而无不为也。侯王若能守,万物将自化。化而欲作,吾将镇之以无名之朴。镇之以无名之朴,夫亦将不欲。不欲以静,天

下将自正。"(第三十七章)

【注】 我们常听到有所为而有所不为，这是一种态度的选择。那么，无所为而无所不为呢？当然我们也可以去理解为同类的选择，但是是否可以换个思路，给它加一个前提，"道为之"。那么逻辑线条就是这样了：道，为之，随后无为而治，尽管无为，却是达到无所不为的效果。有人说，这是在做梦吗？其实，这不正像是我们所希望看到的一劳永逸么？尤其在商业中，能够达到一劳永逸的模式是我们最喜欢的模式。

顺藤摸瓜：盈利模式探讨之建立行业标准模式

三流企业卖产品，二流企业卖服务，一流企业卖标准。

我们如雷贯耳，那么标准为什么重要呢？

跨国公司爱普生不遗余力推动制订我国打印机行业标准；"南极人"参与保暖内衣的行业标准制订，业界的创始者和领先者"俞兆林"日子越来越难过，直到破产；微软公司更是靠标准赚得满盆满钵。

但是为什么却很少见到有企业成功地设立了成功的行业标准呢？

用两个成功是因为有两层含义，第一能不能建立标准？第二是不是成功的标准？

首先来看标准是什么？

标准不仅仅是一种有形产品或者技术，并非等同于专利，专利带来的效益自然丰厚，但再丰厚也有期限，也有专利被破解、被模仿、被超越的时候，并非一种安全的标准。我们所谈及的标准是一种行业标准，是一个行业的基石，涉足整个行业产业链的所有产品都要在这一标准下进行设计操作运行，这才是标准，它可以安全地保护自己的企业。

那么能够建立标准，就要行业内得到认可。行业是竞争环境，不会轻易认可任何一个对手，只可能被逼无奈地认可，谁来逼？消费者，客户。所以，标准是顾客能够满意认可的标准，抓住终端，就有机会建立标准。

那么什么是成功的标准？一是如上文所说的行业标准，安全的标准，二是能赚钱的标准。不能带来盈利的行业标准，我们只能说是一种兴趣爱好，商业很现实，必须看盈利。

建立一个行业标准，这是"为"，随后呢，可以"无为而无不为"，只要将自己的标准通过许可授权等方式让行业内各个不同环节的生产商应用并收取费用,就足以坐享其成了,并且自己在销售时,产品开发的边际成本是极低的。若能守住,那么大家都会自觉的加入标准体系中来。这是一劳永逸。

但是"永"是相对的,不是永久的。即使目前企业已是行业标准制订者,也并不是说就高枕无忧,因为没有任何一个人愿意始终生活在别人的屋檐下,行业内必然会出现欲挑战标准,自建标准的人,那么这就是"化而欲作",此时要"镇之以无名之朴",简单说,就是再度建立标准,以抵御攻击。

行业标准的模式就是通过努力,建立标准,享受利润,再建立标准,再享受利润,是一个不断创新的过程,是不断"一劳永逸"的过程。当然,行业标准模型的重要特征是具有规模收益递增性。在规模收益递增的行业,大量的竞争者(从起点的设备制造商,至应用开发商,到用户)被吸入行业标准持有人的"引力场"。进入这个系统的人越多,这个系统的价值就越高,行业标准持有人可以获得更高的回报。

案例直击:只许成功,不许失败的 TD 标准

2009 年,我国三大运营商都开始了 3G 的商用,中国联通的 WCDMA 标准,中国电信的 CDMA 标准以及中国移动的 TD-SCDMA 标准。在 TD 标准的研发与商用中,上升到了国家战略的层面,中移动掌门人王建宙也誓词,只能成功,不能失败。如此大规模的投入是否值得呢?

答案只能是肯定的。中国在第一代(1G)和第二代(2G)都是采用国外的标准和技术,为此付出的专利费高达百亿美元。更为重要的是,在移动通讯领域,这一关乎民众日常生活和国家安全的领域,无法掌握核心技术,受制于人,是不可持续的。所以,大力发展 TD 标准一方面是为了行业标准所产生的利润,更重要的是做战略防御。

其实,欧洲和日本的许多公司大力发展 GSM 网络,正是因为受不了创建 CDMA 标准的美国高通公司对产业链独占的行为。

不过,通过研究高通公司对于标准的建立,我们发现不同于其他高科技公司,其实是走了一条"非技术路线"。

业界有句玩笑话,"高通的律师比工程师还要多",虽是玩笑话,但从一个侧面反映出被奉为专利保护最成功的国际标准持有者美国高通公司在保护专利、维护其国际标准地位的"特长"。

高通成立于 1985 年,最初只是一家小的技术性公司,虽然拥有 CDMA 技术,但仅有技术而已,没有成型产品,也不是唯一一家掌握 CDMA 技术的公司。随后的 5 年时间里,高通比其他的竞争对手更快而且成功地找到了自己的商业合作伙伴,劳拉太空公司以及旧金山太平洋电话公司。旧金山太平洋电话公司最终给予高通将 CDMA 技术商业化的机会。

通常来说最终成为标准的技术会是各方博弈、协商、妥协的结果,因此技术层面上讲,会是各家公司"技术的大杂烩",可能不是最好的技术,但在实力相当的情况下,会是大家都认可,对大多数公司都有利的技术。

谁的技术被保留得多,或向谁靠,所依存的则正是这种技术背后的商业同盟,因此合格的做标准的人,一定是要既懂技术,又要懂得商业政治,会使用各种技巧纵横捭阖。

据前高通中国高管透露,过去的 20 年里,通过在世界各地和其他厂商打官司,高通练就了炉火纯青的"官司"经验,其每季度用于各种官司的费用就达几百万美元。高通打官司的目的不一定都是为了单纯的经济目的,有些只是为了动摇对方军心,化解对方的商业同盟。

江山代有才人出,各领风骚数百年

江湖人必惟领袖马首是瞻,行业标准的建立者将获得独占优势,并占据产业链的重要位置,以获取利润,甚至可以"坐享其成"数年。但是技术在不断发展,更新换代的结果就是一朝天子一朝臣。所以,唯有不断地创新,不断创立行业标准。

1.9　跟随战略:借问酒家何处有,牧童遥指杏花村

【他山之石】

"Discovery 频道有一档动物节目,说到自然界有两种野鸭,一种碰到天敌后会奋起反抗,而另一种会把巢筑在猎鹰的边上,如果狐狸来了,他就很安全。这是生存之道。"朱骏用很响亮的话说:"绝不做领先者。"他的解释是:陈天桥成功是偶然的赌赢,一万个里只出一个。但是,我跟着做就肯定是赢的。一个是投一块要么赚两块要么就全亏,一个是投一块钱肯定能赚五毛的人,投资者会喜欢谁呢——当然是像我这样肯定能赚五毛的。

【引经据典】

老子曰："天下皆谓我道大，似不肖。夫唯不肖，故能大；若肖，久矣其细也夫！我有三宝，持而保之：一曰慈，二曰俭，三曰不敢为天下先。夫慈，故能勇；俭，故能广；不敢为天下先，故能为成事长。今舍慈且勇，舍俭且广，舍后且先，死矣！夫慈，以战则胜，以守则固。天将建之，以慈垣之。"（第六十七章）

【注】 不敢为天下先，长期以来受到种种批判，被认为是缺乏创造创新的精神，被认为是棒打出头鸟的同义表达。实际上，这是一种误解。老子所谈及的不敢为天下先，更多的是指在态度上维持一种谦虚谨慎和善，而不是退缩，不然又怎会有"慈，故能勇"这样的说法呢。老子三大法宝：一是慈爱，慈爱可以激发出勇气，二是节俭，节俭可以积蓄，三是谦恭，谦恭可以促成谋划。如果，一味好勇而没有慈作后盾，积蓄却不靠节俭，争先而忘记谦恭，那么注定失败的。

顺藤摸瓜：盈利模式探讨之跟随战略

老子的三大法宝，我们来逐一解读。

第一是慈，慈能生勇。大家可能有疑问，慈与勇不是相反的行为形态么？一个柔性，一个刚性。在老子对问题的认识中，有许多相反相成的概念。在慈能生勇的理解上，我以为，发自内心的爱，慈爱，慈善，可以激发出人的勇气。像父母为了子女，可以奋不顾身，做出英勇的行为。对于企业，真正的发自内心的热爱，当作生命的热爱，也可以迸发出勇气。IT教父柳传志在当年将自己的爱将孙宏斌送进监狱的时候，曾说过，"我为了企业会玩命"，他不允许有任何伤害企业的事情。早年创业的时候，曾被人诈骗过300万，柳总讲，"当时拿块砖头拍他脑袋的心都有"。这种大义灭亲的勇气也好，拼命的勇气也好，是来自于深层的慈爱。

第二是俭，勤俭持家，是一种美德，也是我国的传统美德。不乱花钱是我们从小受到的教育。企业亦然，但仅靠紧衣缩食是不行的，该花的一分不能少，不该花的就绝不能花，这样才能使得财富积累。民间有句话，说越富的人越抠门。我们看一个有趣的小故事。石油大王约翰·洛克菲勒一生中向社会提供了7亿5千万美元之多的捐款，但却从不浪费他的金钱。洛克菲勒经常到一家熟悉的餐厅用餐，吃完饭后总会给侍者1角5分钱的小费。有一天，不知什么原因，他只给了5分钱小费。侍者不禁抱怨说:"如果我像您那么有钱的话,我绝不会吝惜1角钱的。"洛克菲勒听完笑了笑说:"这就是你为什么一辈子当侍者的原因。"

第三是不敢为天下先。上文中谈及过,是指要保持一种谦恭的态度,没有多少人喜欢和过于张扬、目中无人的人打交道,尤其在生意上,尤其是长者。不过,这句话引起争议的还是在其字面意思,但是,仅就字面理解,这也绝非是鼓吹无作为,鼓吹保守、而是一种智慧,一种跟进的智慧。当然也有一种战略放弃的智慧。如同门户网站之争中,搜狐在新闻上采取的正是跟随战略,比新浪慢一秒,但是成功地节约了成本。在网游及其他业务占据越来越重要地位的时候,这不失为一种明智之举。

案例直击:朱骏,绝不做领先者

对于本节开篇提到的朱骏接受的采访,用本土化的语言来说,有几分"背靠大树好乘凉"的味道,也有些像"狐假虎威"。但实际上,细细想来,这背后蕴藏着:好风凭借力,送我上青天。简而言之,四个字:顺势而为。

朱骏的九成甚至连公司的地址都要在盛大的对面,他还很得意:这块地方很好,我知道陈天桥当初选这块地址花了整整一年的时间,考虑各种方面的因素,通过董事会决议最后决定。所以呢,我跟着就肯定没错。

朱骏身上透露的是商人的狡黠,他没有很强烈的企业家情结,他只是赚钱,花钱。最原始简单,也最有效。

其实,关于行业的进入问题,朱骏固然没错,不成为第一个吃螃蟹的人,在看似缺乏赌徒精神的背后,其实也是巨大的赌博,谁能保证你后发而先至?不说先至,是不是还有空间会留给你?这都未知。像腾讯的几近垄断,163的几近垄断,百度的几近垄断,后来者怎么追?

不过,同样涉足过足球的8848,可是真的成为了行业"先烈"。以前中国足球还有的看的时候,上海滩的甲B球队,浦东联洋8848,翻来覆去,几乎没人知道8848是做什么的。后来我才知道,这是先于阿里巴巴涉足电子商务行业的,先烈。

进入太早,随时有覆灭的风险。可是没人能预测什么时候才是不早。于是只有跟进者才明白这是一个金库,但是跟进只是相对的风险降低而已。根据经验来看,一般在第三第四个进入行业的会容易获得成功。

不管怎么说,像鲨鱼一样,嗅到血腥再出招,快,准,狠。

如同小李飞刀,例无虚发。

借问酒家何处有,牧童遥指杏花村

不知前途几何的时候,不妨停下来,瞧瞧先行者,先行者可以指出杏花村的所在,你所做的只需要跟上脚步,避免弯路,也避免了纷纷雨。

第二节 竞争模式

2.1 品牌双生花：本是同根生，相煎何太急

【他山之石】

麦当劳叔叔与肯德基上校的纠葛，百事可乐与可口可乐的亦步亦趋，宝洁和联合利华的针锋相对，在许多市场上，我们都会轻易发现有这样两家产品是如此之相似，以致于摘去标签，非忠实资深拥趸难以区分。而他们虽为竞争对手，却也并不着力于将对方吃下或赶出市场。

【引经据典】

老子曰："天长地久。天地之所以能长且久者，以其不自生，故能长生。是以圣人后其身而身先，外其身而身存。非以其无私耶？故能成其私。"（第七章）

【注】 对于本章的解读，有相当部分朋友认为是舍小我成大我的牺牲和不自私的精神。这是一种解法。不过，我倒觉得，"以其不自生"，不妨理解为不仅仅是自己发展生存。好比说，目前社会上很热点的环保问题，就是一个复杂系统，不能只顾着人类自身发展，而不注重自然环境的和谐。从这个角度上解读，本章是讲述竞争的关系。

顺藤摸瓜：竞争对手还是竞争队友

天地能够长久，因为他不偏私，不只顾着自己成长，所以长生。引用到企业战略的层次上来，就是说，在经营企业的时候，必然会遇到竞争者，差异化竞争或是同质化竞争，除了某些国家垄断性行业之外，市场上不可能仅仅只有一家企业。那么在面对竞争者时，该如何行动？

是采取死拼到底，斗得你死我活？还是和平共处，共同发展？

有两位企业家说很很好。

先看牛根生，很厚重的一位企业家，"在蒙牛的字典里，'竞争队友'代替了'竞争对手'。"

再有马云，很张扬外露的一位企业家："心中无敌，则无敌于天下"。解释一下，这个意思并不是狂妄，而是把所有竞争者看作是榜样，而不是对手、对头，乃至敌人。

两位企业家不约而同地规避了竞争敌人的字眼，此中确有深意。以其不自生，故能长生。可能有人会问，商场如战场，怎么可能不是刺刀见红？这是不是一种故作姿态的行为？接下来，我们来分析一下为什么用竞争队友取代竞争对手的说法，为什么要心中无敌？

牛根生说，"我常想，如果缺乏参照物，缺乏警惕性，可能对市场的敏感度也差，反而散了。"

的确，在国际市场上，有麦当劳肯德基，有可口可乐百事可乐，你出一招，我立马跟上，共同把握住市场。如果缺少一个参照物，可能就会产生一些惰性。像微软公司就一直被人诟病，创新节奏太慢。正是因为在操作系统的市场上，没有人有能力与之竞争，少了一个鞭策的作用。

这是其一。

其二，我们都耳熟能详的一句俗语，叫兔子急了还咬人。在市场上，把对手逼到死路的代价可能是难以想象的。先不说对方会使出如何的招数拼死一搏，单单是硬吃对手所要花费的人力物力财力，就足以"损敌一千，自耗八百"。得不偿失。

其三，在开拓市场，面对市场变化、市场不景气的时候，有一个竞争队友相伴，可以相互打气。商场没有永远的朋友，但是患难的时候，利益会驱使大家走到一起，共抗风险。"就好比说，一个人走完万里长征是困难的，但两个人，哪怕是怀有敌意的两个人，却可以彼此伴跑。"

在竞争中，寻找一个参照的标杆，是一件幸福的事情。早在20世纪90年代，冯仑就喜欢学先进，曾多次以万科为榜样。通过学习，你启我发式的研发，才能够使自己的产品永葆活力，在市场中长久生存。

案例直击：蒙牛的竞争队友

以下摘自《蒙牛内幕》：

"在全国乳业中，蒙牛伊利两家企业的产品肯定是同质化最高的。

在牛奶领域,他们的主打产品都是 UHT 牛奶,而且主要是利乐砖与利乐枕两种包装形式。

在利乐枕的开发上,蒙牛占尽先机。

但在牛奶的"第三包装"百利包的开发上,伊利又比蒙牛抢先一步。

在早餐奶领域,蒙牛趟开路子,做火半边天后,伊利跟着也做了早餐奶。

在酸奶领域,蒙牛首创"果粒"型(直接加入果粒),伊利则有"果味"型。

在乳饮料领域,伊利有优酸乳系列,蒙牛有酸酸乳系列,但各出其源,'酸根'不同。

蒙牛酸酸乳做火后,行业内某两大乳业先后也做了'酸酸乳'。

在冰淇淋产品上,两家也常常会出现一物降一物的'对子产品'。

开始的时候,两家都指责对方抄袭自己。时间一长,他们终于发现这种指责毫无意义,于是不再计较产品创新上的'你启我发'。"

在这个案例里,蒙牛和伊利之间你启我发,你追我赶式的竞争使得双方在不断进步,共同占据市场份额,很难想象缺少了对方的蒙牛或是伊利,在产品的研发和更新上会做到如此贴合消费者的真实需求。

在另一个案例里,伊利曾经试图用金钱买断冰淇淋的渠道,一种是直接给小店里投放冰柜,还有一种是店主有冰柜的,代店主出电费,条件自然是只能卖伊利,不能卖蒙牛。开始取得了很好的效果,但是蒙牛发现后,同样以金钱还击,双方在优惠价上不断拉高,最后自然是两败俱伤。

本是同根生,相煎何太急

很大程度上,处于竞争地位的对手之间,是最知根知底的朋友,本是同根生,根植于同一块市场,何必争得你死我活,相互促进,岂不更好。

2.2 不争为争:无意苦争春,一任群芳妒

【他山之石】

2009 年 6 月 18 日英超曼联俱乐部宣布与北京华旗资讯数码科技发展有限公司(aigo 爱国者)签订一份为期五年的战略合作关系;2007 年与世界顶尖 F1 迈凯轮车队合作,让中国元素首次出现在国际顶级赛事中。而它的创始人冯军在创业的 1992 年间,有一个中关村白颐路上最流行的一个绰号:"冯五块",意思是,"只要能挣五块钱,他就忙不迭地蹬上平板

三轮车给人家送货去。"老实说,中关村里这样的人并不少见,他的名声那么大,是因为只有他一人拥有清华大学的文凭,而大学生是挣不了这"五块钱"的。不是没有这个能力,而是没有这个脸皮。

【引经据典】
老子曰:曲则全,枉则正,洼则盈,蔽则新,少则得,多则惑。是以圣人执一为天下式。不自见,故明;不自是,故彰;不自伐,故有功;不自矜,故长。夫唯不争,故天下莫能与之争。古之所谓'曲则全'者,岂虚言哉?诚全而归之。(第二十二章)

【注】 老子非常著名的辩证思维,传颂度很高。自"不自见"至"故天下莫能与之争"在前文中也已有所阐述。这里要提的,依然是逆向思考这些话。也就是,为全则曲,为正则枉,为盈则洼,为新则蔽,为得则少。

顺藤摸瓜: 不争,才是高明的竞争

韩信能受胯下之辱,自古为人所道。赞叹者多。而实际上,倘若故事的最后,韩信一事无成,那胯下之辱与拳打恶少相比,哪种选择更能被后人称道呢?恐怕前者会被定义为懦夫,自小没出息,长大自然也没有出息。

历史不能假设,现实却很实际。尤其在商道诡诈的当今社会,你很难去指望谁为了一个虚幻而暂时不着调,摸不着头绪的项目去放心大胆地投资,投资人都变得聪明了,尤其在泡沫破灭过几次之后,行业在逐渐走向审慎。当然,依旧有敢于赌明天的主,但是整体上,大家依旧是趋于风险规避。

在这种情况下,先劝人要曲求保全,恐怕不现实。因为能否保全都在两说的状态下,很少有人愿意弃卒保车吧。有人或许会说,明知道可以保全,那也就愿意牺牲一下,委屈一下。事实如此么?不尽然吧。明知山有虎,偏向虎山行,那说的是武松。明知可以保全了,人们或许就在想是不是可以不委屈自己呢?

如何在未来明朗的状况下,说服自己去牺牲眼前的短暂的一时的利益,而这么做是为了未来更大的持久的利益。

有很多不法厂商因为一时贪图小利,不注意生产安全,导致身败名裂。举个不恰当的例子,三鹿奶粉三聚氰胺事件的爆发,是生产厂商不可推卸的责任,而后果如此之严重。三鹿的倒闭是必然的,须知产品安全是无时无刻不能忽略丁点的第一要素。

话说回来,为了侥幸,可以置顾客生命健康于不顾,更妄谈企业责任和发展了。你说,他们能不懂得这些道理么?用得着去劝他们"曲则全,枉则正",连"全需曲"都说服不了心中的贪念和侥幸。

案例直击:冯五块的华旗天下

我们提到冯军的早年绰号冯五块,他早期的合作伙伴,一个北京理工大学的学生,就是因为"觉得丢脸"才离开的。告别的那天他对冯军说,他蹬着三轮车去送货,被同学看见,遭到一通嘲笑。"那一刻,我恨不得找个地缝钻进去。"

自以为是、眼高手低,是大学生的陋习之一,越是出自名牌大学,越是如此。然而"冯五块"经历四年清华大学的生活,却奇怪地保留着纯净谦卑老实率真的品性。他自幼体会物力艰辛,深知挣钱不易,所以即使是"五块钱"的生意,也会全力以赴。为了确立自己在机箱市场上的优势地位,他甚至绞尽脑汁设计出"全世界第一个免工具拆装机箱"。等到在机箱市场上取得成功,他就开始兜售计算机键盘。那时候大街上流行着五花八门的键盘,他寻寻觅觅,挑出一种质量最好的,打听到它在一家台湾人开设的工厂生产,于是大批订购回来,加上五块钱的利润销售出去,还专门为它注册一个商标。八道光芒,逆着时针方向旋转,把英文名称翻译过来叫"小太阳"。

在1992年末到1993年初的那两个月里,整个中关村都能听到他的叫卖声,和农贸市场上叫卖大白菜的农民没有什么两样:"快看快看,'小太阳'!双色注塑,你拿锉刀都锉不掉这上面的字。"

多年以后,他已功成名就,麾下的华旗资讯也成了"中国第一",这"五块钱"的生意仍在为他的公司创造利润。"到现在我还在卖机箱,还是市场上数一数二的。"他在说这话时,眼睛里闪烁出得意的光芒。

夫唯不争,天下莫能与之争。而在冯军这里,则是别人不与他争,但是换个角度,这又怎不是他不与别人争么?

很多机会在自己内心争强好胜爱面子的犹豫不决中就流逝了,还有很多机会在不愿意舍弃眼前利益中流逝了,一个人在埋怨自己没有得到机会的时候,是不是应该思考一下,数一数,自己放纵了多少机会呢?

无意苦争春,一任群芳妒

群芳争春,无所不用其极,避开这激烈的竞争,却有了新的天地,百花也只能徒有羡慕之情。不与人争，才是一种高明的竞争。

2.3　金钱并非万能：上攻伐谋，其次伐交，其次伐兵，其下攻城

【他山之石】

刘备在庞统的帮助下攻川，一路打到涪，大获全胜，于是大摆宴席，饮酒作乐，说，今天真是开心啊。庞统从旁说，征讨别的国家，并以此为乐，这不是仁者的行为。刘备大怒，以武王作比，后来发觉自己失态，又宴请庞统，问，之前我们谁错了。庞统说，君臣都错了。气氛恢复如初。

【引经据典】

老子曰："兵者不祥之器，物或恶之，故有道者不处。君子居则贵左，用兵则贵右。故曰：兵者不祥之器，非君子之器，不得已而用之，恬淡为上，胜而不美；而美之者，是乐杀人；夫乐杀人者，不可得志于天下矣！吉事尚左，凶事尚右。偏将军居左，上将军居右。言'以丧礼居之'也。杀人众多，以悲哀莅之；战胜，以丧礼处之。"（第三十一章）

【注】
用兵打仗是不吉祥的事情，不到万不得已，君子有道之人不会使用。不得已时，战胜了也不要以此为美，以此为美，是以战争为乐，这是不可能得天下的。胜，也要以丧礼对待。

顺藤摸瓜：烧钱不能解决一切

孙子兵法：上攻伐谋，其次伐交，其次伐兵，其下攻城。

我国古代智慧都将武力攻势作为最后的选择，兵行过处，必有伤亡，这是大大的不祥。至若无奈之下的选择，也不可以胜为乐，如白起坑杀降军四十万这般的暴行，白骨坑的戾气也足以使常胜将军暴毙。

战争本是万不得已的做法，战胜也不需要取乐，即便是武王伐纣，也要对生命抱有尊重，这是仁者的行为。庞统的观点正是来自于道德经本章。刘备以仁名闻天下，更不可做事违背了自己的形象。庞统的劝诫虽使刘备一时不快，但反应过来后，却很感谢，因为维护了自己一贯的"品牌"。君臣皆失，更是给了刘备一个台阶，在处理君臣关系上，庞统拿捏得很好。

在现代商战中,用金钱恶意攻势是为商场兵战的代表,价格战是耳熟能详的词汇。外媒戏称,中国人最善于把赚钱的行业做到不赚钱。彩电、冰箱、空调,家电行业的价格战使得众厂商唏嘘不已,小厂商无力支撑,最终使得整个行业进行了一次大的洗牌。这种代价是惨痛的,因为利润薄到近乎无利,从而出现国美这样的家电连锁,不追求家电的利润,而依靠资金的迅速流转在资本市场上获取利润的资本玩家模式。每一分利润的削弱,可以增进消费者福利,但也意味着岗位的缺失和人员的下岗。无谓的价格战是一种自损。

这是其一。其二金钱攻势见于恶意收购。对于上市公司,尚有毒丸计划可以抵挡,新浪在2005年就曾以毒丸计划阻止了盛大的恶意收购。但对于中小企业,极可能就是被收编,并且以并不理想的价格被整合。资本玩家未必是企业家,未必可以把企业经营好,许多企业在被收购后迅速走向凋亡,使得投资也失去了价值。甚至有的收购就是为了雪藏,从而让自己的产品更畅销。

再一种是用金钱去疏通关系,政商关系是非常玄妙,也可以很光明的关系,只是被许多人做得不见台面。以金钱换取不应得的利益,钱权交易葬送了许多人的前程。

案例直击: 疯狂的千团大战

2011年,团购疯狂了。尽管央视315曝光了一些团购网站的猫腻,但是团购依旧疯狂,百团大战上升到千团大战,这种盛况不禁让人想起,疯狂.com,疯狂的户外新媒体、疯狂的PPG。团购与他们也有着相同的"武器":广告投放、跑马圈地、VC提供资金烧钱。

烧钱几乎是互联网企业的特色。团购的鼻祖Groupon的融资总额已经高达11.3亿美元。而2011年一开端国内团购网站也开始了吸金趋势,激烈的竞争使得参与者加大了对资金的需求:开发新渠道、打广告都需要钱。因为大家都希望进入或者保持第一军团。据说团购公司的广告投放总量目前是以亿为单位的。有些团购网站为了争取商户、扩大用户群体,甚至不惜贴钱做。

美团2011的广告预算是1.3亿元;糯米网拿2个亿投广告,团宝网宣布其2011年全年的广告投放额将达5.5亿元;满座也计划在广告上投入过亿的资金。

拉手网最大的成本也是营销费用,虽然CEO吴波已经感觉团购业这样的广告投放"有不理智的因素",但吴波坦承,自己不敢贸然降低投放,就像一个短道速滑,他不愿意承担被落下的风险。成立 8 年来鲜有广告投放的大众点评网目前也计划斥资 3 亿—4 亿元在团购业务的广告上,而 2010 年,大众点评网的总营收才 3 000 万美金。"我觉得我们的目的是狙击,其实我们并不想投很多广告",大众点评网副总裁龙伟有些无奈,他说,在外面这么喧嚣的情况下,当别人投了很多广告,而你不投的时候,你就会被淹没。

广告的威力真有这么大吗？没有人认为 Groupon 的迅速崛起是广告的作用。中国的团购业,能否像 Groupon 当年那样,"润物细无声"地生长？广告是团购网站们野蛮开荒的武器之一：疯狂打广告,先让所有人都知道我的名字,先让利给消费者吸引人气,先把中小网站都挤死再说。但是,历史上,没"杀"出来的公司不乏其例。

上攻伐谋,其次伐交,其次伐兵,其下攻城

动用资本攻城掠地是一种手段,却不是根本,短期内或有奇效,长期依然需要辅以种种。

2.4 恶意收购：未出土时先有节,已到凌云仍虚心

【他山之石】

2011 年,LVMH 集团先是宣布已持有爱马仕集团 20% 的股票,从而成了爱马仕集团单一最大股东,后在 3 月又宣布计划以大约 37 亿欧元(约合 52 亿美元)的价格收购意大利奢侈品集团宝格丽(Bulgari SpA),这项交易将使把其手表和珠宝部门的规模提高一倍,是路易威登至少 10 年以来最大的一桩并购交易。看似战无不胜的一桩桩收购案造就了 LVMH 的巨头地位,然而在收购 GUCCI 时却败走了麦城,最后拱手让给了 PPR。

【引经据典】

老子曰："大国者下流,天下之交,天下之牝。牝常以静胜牡,为其静也,故宜为下。故大国以下小国,则取小国；小国以下大国,则取于大国。故或下以取,或下而取。大国不过欲兼畜人,小国不过欲入事人。夫两者各得其所欲,则大者宜为下。"(第六十一章)

【注】 "两者各得其所欲。"这是一种双赢的概念,是人类社会一直在追求的一种目标。老子认为,这来自于谦下。大国应当像江河那样处于下游,处于天下万物交汇的地方,像天下的雌性那样。雌性常常以安静胜过雄性,因为安静,容易变得柔下。所以大国对小国谦下,就可以取得小国的归属,小国对大国谦下,就可以获得大国的庇护。其实,大国不过是要兼顾蓄养一些小国,小国也不过是为了进入大国去侍奉人。两者都可以满足各自的欲望,但大国尤其应当注意谦下一些。

如果我们将大国比喻为大型企业集团,或说多品牌集团,将小国比喻为小企业或说旗下的一个品牌,那么本章可以用来阐述大小企业或说母子公司之间的关系,尤其是多品牌管理中,集团公司在兼并收购中需要注意的问题。

顺藤摸瓜:收购也要讲面子

冯仑在阐述他对民营经济和国有企业之间的关系时说道:面对国有资本,民营资本只有始终坚持合作而不竞争、补充而不替代、附属而不僭越的立场,才能进退裕如,持续发展。

冯仑非常清晰地认识到了自己的定位,作为一个小国,首先要表现的就是谦下。合作而不竞争、补充而不替代、附属而不僭越这三对关系的描述再恰如其分不过。任何一次竞争,试图替代甚至僭越都可能导致自身的衰败。春秋旅行社在拥有自己的飞机后,遭遇的是包机业务这一主营业务被"卸载"。大国,对于潜在的竞争者如果还能够忍耐的话,那么一旦真刀真枪,卧榻之下,岂容他人酣睡的气概就出现了。

一方面是小国沟通不善,一方面是大国未曾有谦下的态度。所以结果即便不是双伤,也绝不会双赢。

在产业链中,大国占据更多的资源,自然希望获得更多的利益,这可以理解,但是决不能把产业做绝,网开一面,给小国分一杯羹,是一种合理的态度,因为一人独霸,其实很艰难。

对于掌管多个品牌的企业来说,母公司也未必要显得那么高调,甚至不需在每一个产品上都冠以自己的名字。宝洁固然是举世闻名的日用消费品巨头,但是当旗下数不清的品牌渗透在消费者生活中时,你知道飘柔、潘婷、海飞丝、沙宣、伊卡璐,而未必记得他们同属于宝洁。这就是高明之处,在你以为你转换了品牌的时候,其实现金还是流向了母公司。这就是处于下流的好处,源源不断的汇集过来。

在进行并购的时候，尤其需要注意谦下，虽然说资本市场上没有人会轻易地对丰厚回报的交易说拒绝，但是让对方更乐意、更舒坦得接受交易，不是会更融洽么？

案例直击：LVMH 的败走麦城

图 1:LVMH 奢侈家族图谱

资料来源：www.LVMH.com，《新财富》整理

1987 年，酩轩公司与路易威登控股公司成功合并，成立路威酩轩（LVMH）公司。LVMH 逐渐成为最著名的奢侈品集团，旗下的奢侈品有机结合，源源不断地为公司输送现金。当然，这些品牌大部分是收购来的。但 LVMH 的收购也并非全是成功之作。

本案主要探讨其在 Gucci 股权争夺战中败给另一奢侈品巨头 PPR。案例背后凸显的是恶意收购受到抵制对并购产生的不利因素。

LVMH 于 1999 年 1 月 5 日以 55.84 美元/股的价格买入 10 万股

Gucci集团,持股比例超过5%,达到向美国和荷兰证监会备案的要求。1月12日,LVMH以每股68.87美元的价格再次买入63.1万股Gucci集团股份,将持股比例提高到9.6%。1月16日其持股比例已达到26.6%,1月25日持股比例升至34.4%。在短短的20天时间里,LVMH总计耗资14亿美元大举收购Gucci集团的股权。

这个过程相当顺利,Gucci集团没有丝毫防备,LVMH充分利用了荷兰法律的漏洞:不要求收购方向所有股东提交详细收购方案,而英国、意大利、法国法律均要求收购方提交详细收购方案。随后,LVMH提出向董事会派驻3名董事(董事会由8人组成),这才引起了Gucci集团管理层的警惕,故管理层催促LVMH要约收购Gucci集团的所有股份。LVMH拒绝了这一要求。接下来Gucci集团做了三件事。

第一,申请中止协议,中止协议是指目标公司与潜在收购者达成协议,收购者在一段时间内不再增持目标公司的股票,如需出售这些股票目标公司有优先购买权。

第二,要求LVMH签署一份旨在保证Gucci独立性和限制LVMH股份的文件,LVMH表示"保证Gucci的独立经营权",并且Gucci集团是否接受LVMH的经营建议取决于自身利益。

第三,授权基金会(即Stichting)3 700万新股的认购权。

Gucci集团向Stichting发行2 015.498 5万股新股,这一数量正好是LVMH的持股数。结果LVMH34.4%的股权稀释成25%的同时,表决权完全被中和掉。而且,Gucci集团方面表示,如果LVMH增持股份,它将发行更多的股份。Gucci集团的反收购武器来自于上市之初Investcorp所做的安排。

14亿美元的收购代价、被稀释的股权、丧失表决权的股权、无效的增持股份,LVMH得不偿失。LVMH随即将Gucci集团起诉至荷兰阿姆斯特丹上诉法院。

LVMH诉称,Gucci集团用法律诡计代替了股东民主,其向Stichting发行新股的行为实际上剥夺了任何股东的表决权,因为如果有股东反对管理层意见时,管理层均可以启动优先股发行机制。

然而,作为设立于避税天堂荷兰的空壳控股公司,Gucci集团的法律地位非常特殊,同时在阿姆斯特丹证券交易所和纽约证券交易所两地上市,两地不同的法律规定和证券交易所规则为这次收购战平添了许多色彩。

2000年10月,荷兰最高法院认为上诉法院公司庭未经过正式调查就做出决定的做法不合法,于是LVMH再次申请上诉法院公司庭组成调查小组进行调查，2001 年 3 月，上诉法院同意，2001 年 9 月，调查小组作出了调查结果。

经过反复磋商，LVMH 最后同意将 Gucci 集团的股份转让给 PPR。

在二级市场悄然进行恶意收购，会遭到阻击。新浪在 2005 年时就遭遇盛大的恶意收购，后启动毒丸计划，使得盛大无法进入董事会。

未出土时先有节，已到凌云仍虚心

收购也讲究分寸的拿捏，快而准，再少一点点狠。敌意收购往往会导致渔翁得利。

2.5　并购整合：在天愿作比翼鸟，在地愿为连理枝

【他山之石】

2003 年创立分众传媒、2005 年登陆纳斯达克、2008 年以 80 亿美元市值成就纳斯达克市值第一的中国概念股，江南春在短短两三年，收购了 60 多家公司。他的想法是："当分众处于市盈率 30 倍的水平，以 6 倍溢价收购一家公司以后，可以立即提高每股收益率。"而金融危机的到来也使得诸多非核心业务整合上的隐患逐一暴露，先是 2008 年底玺诚彻底不要了，再有框架的离开，甚至到了将楼宇广告业务与新浪进行合并（后由于商务部未批，新浪放弃），2010 年好耶脱离分众，从分到合，从合到分，分众演绎了收购的成功与失败。

【引经据典】

老子曰："和大怨，必有余怨，安可以为善？是以圣人执左契而不责于人。有德司契，无德司彻。天道无亲，常与善人。"（第七十九章）

【注】　冤冤相报何时了？有缘要惜，有怨要解。并不存在解不开的心结。以德报怨是自古所推崇的方式，但是和解之后，余怨未了，就如同余情未了一般，藕断丝连，这不能称之为妥善地解决了问题。那么怎么办？圣人拿着契约，却不去强求人还债，这是德行。非圣人却会拿着令牌去追偿索债，不到手不罢休。所以有些收买人心的主会将一些契约当众撕毁或烧掉，这在影视作品中常见，另一些常见的则是逼人走向极端，从长远角度看，谁更高明，一目了然。送别人一份人情，不必要一定要追着别人还，那样的话，人情就不再

是人情了。天道公平，常助善人，善良的人，有能力的人。

顺藤摸瓜：整合是并购最后一道坎

2008年底，新浪网与分众传媒达成的业务收购，让业界为之一震。强大的新媒体广告平台在蓝图构想中已然显山露水，但是其整合效果是否能达到预期，其业务整合、人力整合是否能融洽，是业界的疑惑。不过最终这笔交易因未得到商务部批准而告终。

企业之间的兼并收购是常见的企业行为，其原因、目的有做大做强，有独木难支，有资本退出，当然也有恶意收购。无论哪一种，无论是否认为是一种双赢，对于每一个涉及的人都不可能没有任何怨言。所以，企业的并购同样类似于一种"和大怨"，企业合并之后产生的后遗症，或是企业文化的不匹配，或是业务的重叠，或是人员的裁减，都不可说以为善。

那么，怎么办呢？

"圣人执左契而不责于人"怎么理解？我们说，一朝天子一朝臣。企业合并后，收购者通常拥有控制权，包括人力，财务等等。而人们通常习惯于自己的原班人马，在我国也向来有一人得道鸡犬升天之说。那么，一次收购，倾向于将自己的得力干将安插或是调整到被收购的重要位置。这一来是心腹，在忠诚上可以信赖，二来是熟悉，在能力上可以信赖。但是这样，却忽略了被收购者的心态和组织文化。是否"空降兵"真正熟悉这个企业，是否与价值观匹配，能不能融合？强扭的瓜不甜。高明的管理者，手握人力之权，却并不全部安排自己的人马。天道无亲，也并不是说自己的人就不能任命。

那么，位置给谁？所谓内举不避亲，外举不避嫌。天道无亲，常与善人。善人怎么理解？善良的人是一种。有能力的人才更适合。

案例直击：杰克·韦尔奇和GE的收购观

韦尔奇先生在《赢》中特别提到，企业并购要注意不能犯有征服者综合症，即收购方接手后，在各个位置上安插自己的经理，其实，任何收购的目标之一都是寻找更好的人才。

1988年，GE从博格华纳公司收购一家包括ABS塑料生产线的塑料企业时，GE的塑料团队认为自己唯一要做的就是裁剪博格华纳原来的销售队伍，用GE自己的渠道来推广其产品。问题在于博格华纳的队伍卖的是更便宜，更大众化的产品，用的是老式与客户交心的办法，依赖个人关系和庞大费用支出，但是GE团队却并不擅长于此。结果削减了

90%的博格华纳销售团队,在 ABS 的市场份额反而只降低了 15%。

最有效率的人事安排应在谈判中就开始,摩根大通与美国第一银行的合并案中,交易完成的同时,25 名最高级经理的人选也已经确定。这是最杰出的实践。

在《赢》中,杰克韦尔奇先生还提及要实现合并的成功,最主要应避免 7 个陷阱:

1. 相信真的有可能发生"平等并购"。尽管有些尝试者的确抱有高尚的意图,但大多数"平等收购"都会由于虚假的前提而自我毁灭;

2. 过分关注经营战略上的匹配,而忽略企业文化的融合。实际上,企业文化的因素对于并购的成功而言即使说不上更为重要,至少也是同等重要;

3. 反成了别人"人质",也就是说,收购方在谈判中让步太多,最后让被收购方操纵了全局;

4. 整合行动显得太保密了。如果有出色的领导者,并购行动应该在 90 天内完成;

5. "征服者综合症",即收购方接手后,在各个位置上安插自己的经理,其实,任何收购的目标之一都是寻找更好的人才;

6. 代价太高。不是说只高出了 5% 或者 10%,而是说付出的成本根本就不可能通过并购收回来;

7. 被收购方从上到下的人员都将体会到痛苦并予以抵抗。在并购中,新的收有者总是不愿意留用带有反抗情绪的人。如果你想继续待着,就要克制自己的焦虑,学会尽可能地热爱合并交易。并购意味着变革。而变革并不是坏事。通常,并购都是很好的,他们不但是商业生活中不可或缺的组成部分,还有带来高速增长的潜力。

在天愿作比翼鸟,在地愿为连理枝

收购最难在整合,尤其是文化和人力资源的整合,要让两种不同的企业文化揉和在一起,就要让员工有着比翼鸟、连理枝般的心意。

2.6 战略搭伴:苦恨年年压金线,为他人作嫁衣裳

【他山之石】

从 1999 年至 2004 年,凭借小灵通的成功,UT 斯达康公司的利润由

不到两亿美元上升至 27 亿美元。而纵观其背后，正逢电信行业重组，移动业务仅有中国移动和中国联通运行，中国电信和中国网通均未获得牌照，因此其实是 UT 斯达康傍上了电信和网通两大巨子，从这个角度思量，所有小灵通创造的奇迹都不难理解了。而随着 2008 年中国电信业的再度整合，电信有了自己的移动牌照，网通被并入联通，那么小灵通被退网也属于正常。成也萧何败也萧何。找到了一个可以互补的大款，UT 斯达康也算是大赚了一笔。

【引经据典】

老子曰："道生一，一生二，二生三，三生万物。万物负阴而抱阳，冲气以为和。人之所恶，唯'孤、寡、不谷'，而王公以为称。故物或损之而益，或益之而损。人之所教，亦我义教之：强梁者不得其死！吾将以为教父。"（第四十二章）

【注】 无极生太极，太极生两仪，两仪生四象，四象生八卦，八卦生万象，万象终无极。

这是一种解释。另一种思考的角度从认识论出发，道引发出事物本原，由本原延伸出正反及阴阳对立面，带有朴素的辩证观，再深一步"三段论"，不是古希腊式的三段论，而是中国式的正反合，黑白灰，或者是开始，过程，结束。这是涵盖万物不变的思考模式。

万物都是背阴抱阳，阴阳可以调和。

有时候损失了会受益，有时候受益了也会在别的地方有所损失。塞翁失马说的是这个，失之东隅说的也是这个。有一点要牢记的是，强暴的人不会有好下场。

顺藤摸瓜：不要忽略战略需求

战略经营者，往往重视用户需求或说是市场需求，这当然是重要而必须的，但是却会忽略战略需求，这种需求往往被人熟视无睹或是未尝思考。我们本章所说的战略需求更多的是寻找战略伙伴。老子说，冲气以为和。阴阳调节，两家公司通过合作，使得优势互补，这正是调和。在合作的过程中，以一种谦卑的姿态，这是孤寡不谷，王公以为称。在股权或利益分配或组织人事上有的地方看起来损失，在另外一边可以补上，看来占得了便宜，却可能丢失的更多。总之，机关算尽不留人后路的行为不会有好的收获。

万通董事长冯仑有过很有意思的说法,叫做学先进,傍大款,走正道。"比如生意伙伴,是和微软做,还是和万通做呢?你和微软做成为伟大的机会可能多于和万通做。所以我们说要学先进、傍大款、走正道。永远和比自己优秀的人一起做事,不要怕别人不带我玩,我只要天天追着先进走,老师一般不会慢待、薄待学生,这叫学先进;傍大款就是总找公司实力比较大的企业;然后走正道。你身边如果都是这些人,你也就伟大了。"所以冯仑认为,伟大与否的一个要素是看你的合作对象。

案例直击:傍大款的 UT 斯达康

首先我们来看一下小灵通业务之所以一度风靡我国的背景:

20 世纪 90 年代末,电信行业重组,固话与移动业务分离,移动通信只允许中国移动和中国联通经营,这对于中国电信以及后来的中国网通而言无疑是少了块肥肉。如何让中国电信能够在"移动市场"也分一杯羹,成了一种战略需求。

时任浙江余杭市电信局局长的徐福新抓住了这个机会。他了解了日本发展流动市话(PHS)的信息:流动市话,就是让固定电话移动起来,既不违反政策,又为身陷困境的中国电信抓到了一根救命稻草。徐福新将它命名为"小灵通",并找到了合作伙伴——UT 斯达康。

在日本,它叫无线市话,采用微蜂窝技术,将用户端(即便携电话手机)以无线的方式接入本地电话网,使传统意义上的固定电话移动起来,可以在流动中接听、拨打电话。但它的致命弱点是需要建大量的信号站,通话效果差,不容易漫游,一旦车速超过 60 公里,基本就不能通话了。换言之,其实这是一种落后的技术。

虽然技术上而言,小灵通濒临淘汰边缘,并且处于前有 GSM、CDMA,后有 3G 的情况下,但由于小灵通具有平均话费低廉、单向收费等优势,只用了几年的时间,便在中国遍地开花。

从 1999 年至 2004 年,凭借小灵通的成功,UT 斯达康公司的利润由不到 2 亿美元上升至 27 亿美元。

中国电信无疑看到了小灵通的巨大商机,在全国大力推广。后来,中国网通也加入这一阵营,搅局移动通信市场。毫不夸张地说,国内哪个城市开放了"小灵通"业务,哪个城市就会刮起一股"小灵通"旋风。

小灵通的出现,大大加剧了中国移动通信市场的竞争程度,降价成了各运营商唯一的选择。竞争最激烈的 2003 年,中国移动和中国联通的用户增幅不足 3%!

为了反击,移动和联通推出了以降价为内核的名目繁多的所谓"套餐"、"打包消费"和集团资费。当时有用户戏称:"网通是用网捞,移动和联通是用套餐套大家,总之是盯紧了百姓的钱袋子。"

一旦失去了价格优势,小灵通的噩梦就此开始。

通信工具首先是要打得通畅,而糟糕的通话效果成为大众对小灵通的共识,大家都把它作为一个过渡产品,一旦移动和联通实行了单向收费,用户倒戈势所必然。

2005 年后,小灵通在市场上渐渐失宠,一方面是小灵通的市场渐趋饱和,另一方面是移动和联通年年降价。对于当时的中国电信、中国网通来说,小灵通已经不再是一根救命的稻草,真正的救星是"3G 牌照"。

在技术落后和低价优势不再的双重打击下,小灵通走上了英雄末路。

2009 年 2 月 13 日,工业和信息化部公布了《关于 1990—1920MHz 频段相关事宜的通知》,"3 年内,也就是 2011 年,小灵通将全部退网"。

但无论如何 UT 斯达康借助小灵通摸准电信巨子战略需求,获得了巨大成功。

苦恨年年压金线,为他人作嫁衣裳

有人恨,就必有人得意,从战略需求角度出发去寻求合作可以迅速做大做强,但也要小心某天发现为他人做了嫁衣。

2.7 世界是平的:海上生明月,天涯共此时

【他山之石】

《世界是平的》一书出版后迅速得到了追捧,成为了 MBA 必读的书目,也是比尔·盖茨多次推荐的书目。在不断推动全球一体化的今天,世界已经是平的了。

【引经据典】

老子曰:"不出户,知天下;不窥牖,见天道。其出弥远,其知弥少。是以圣人不行而知,不见而名,无为而成。"(第四十七章)

【注】 古人说，读万卷书，行万里路。两者可以一定关系的等价，当然最好是能互补，这是强调"知行合一"。而老子却说，不出门，知天下，不看窗外，知道自然道理，这就好比是说，通过读书，你可以获得他人浏览一路风光的景象，通过读书，来上知天文，下晓地理。假设这么理解的话，随后所说，走的越远，知道的越少，所以圣人不行，不见，不为，却能达到知，名，成的境界，就不太容易被人接受了。那么老子，所想表达的或许是：不为外界红尘喧嚣所干扰，保持自己内在的判断，陷入漩涡越深，也就越难清醒。过去人们应该会质疑，难道就要封闭自己？这不是在躲避么？换到现在，我想，我们不应当去质疑，反而应该努力做到不出户，知天下。为什么呢？因为世界已经是平的了。

顺藤摸瓜：世界已经平了

没人会否定我们正处在一个信息社会，处在信息量爆炸性增长的时代。但是信息社会的特征是什么呢？应该是互联。人和人之间，人和点甚至点和点之间的互联。在通讯尤其互联网高速发展的情况下，世界几乎成为平的，你几乎可以得知有网络覆盖的任何一个角落发生的事情。

现在的商业环境已经成了全球一体化。整个世界是一个经济体，不同的国家处在产业链的不同位置，以致于，郎咸平教授提出了工商链这个概念。分工是不是符合国际贸易理论中的比较优势原理，那还有待商榷，但是牵一发绝对可以让千里之外的人伤筋痛骨。为什么？一是产业链中你中有我，我中有你，这是多米诺骨牌式的连锁反应，除非你没有进出口贸易，除非你没有跨国公司，除非你可以自给自足；二是杠杆的作用，因为人心贪婪导致的无限放大各种生产要素在经济中的作用。

那么，在这种情况下，世界各地的消息能不重要么？哪怕一点点都蕴藏着机会与威胁。但是，你能做到每天去周游列国么？即便现在有条件成为空中飞人，你依旧分身无术，世界太大，实地考察来不及。这便真是"其出弥远，其知弥少"了。就在你出去的时候，说不定后方就起火了，说不定别的地方有更好的商机呢。

所以，你真需要不出户而知天下。这是现代商业社会必须的。

既然是必须，那便是需求的固定存在，并且在继续膨胀，有需求，想方设法满足需求，商业机会出现了。

要让人"不行而知，不见而名，无为而成"。

案例直击：中国互联网十年祭

互联网的特点是将人们的距离拉近，但是其本质是更快捷地满足人们获取信息的需求。它的发展要么是完全的创新，要么是将信息产业与传统产业进行结合。前者诸如 Google，后者诸如携程网，满足人们对于信息的需求是可以在方方面面的。这是搜索引擎高市值的原因所在。

阿里巴巴的成功在于马云解决了中小企业外贸出口的问题；facebook 的成功在于把许久不联系的老朋友找回了，抑或结识新朋友；twitter 则更进一步，可以把握朋友乐于分享的动态；新浪网以新闻出道，新浪之道就是"不出户知天下"的道道。

其实 2009 年是真正意义的中国互联网十周年。

十年，从来都是一个带有阶段性总结，带有阶段性展望的时间节点，十年，承载着许多人的光荣与梦想，也破灭了许多人的宏伟蓝图。

十年磨一剑。

我们回到十年前，去细数那些嗅觉敏感的人创立的改变人们生活方式的公司，仍然带有许多敬佩与感动。

1998 年 12 月 1 日，四通利方宣布合并华渊咨询，新浪网正式诞生。

如果可以把时间的刻度调前一些，1998 年 2 月 16 日，丁磊创办网易，仅仅 9 天之后，张朝阳创办搜狐。三大门户在时间的步伐上，可谓是英雄所见略同。

1999 年 2 月，腾讯 QQ 诞生，小企鹅从此走上一条称霸神州的道路。

1999 年 3 月，天涯在海南现身，自此缔造无数轰动性事件始发的中文社区。

同月，马云在杭州西湖畔讲述阿里巴巴的故事。

1999 年 6 月，携程网诞生，拿下了"高科技与传统产业的无缝连接"之美誉。

1999 年 7 月，中华网登陆纳斯达克，开始了疯狂的中国概念。

1999 年 11 月，当当网创办，电子商务从书香开始。

同月，陈天桥开始了自己盛大理想的实践历程。

如果可以再将时间后拨一点，2000 年 1 月，百度成立。

从门户网站，到论坛社区，到即时通讯，到电子商务，到搜索引擎，1999 年前后成立的这些公司在十年后的今天，真正意义地改变了人们的生活方式。从某种意义上说，这一年，才是中国互联网的开始，尽管在 5 年前，网络已经现身于瀛海威，但那只是一个先行者的慷慨悲歌。

1999年,纳斯达克疯狂地从前一年的2 000点飙升至5 000点,过度繁荣的背后是无限的泡沫,是未来必将付出的惨痛代价。而这一年,中国的互联网才刚刚开始,羽翼未丰之时就遭遇了2年后的泡沫破灭之痛,活下来的他们从小就学会了应对危机。

1999年,比尔·盖茨访华,发布了维纳斯计划,与联想合作,但是最终失败。

1999年,电信分家,移动、寻呼、卫通诞生,十年之后,电信再度重组。而此次的重组将使得电信运营商正式进军移动互联网,以此为基点,未来十年将是移动互联创造辉煌的开始。

1999年,摩根斯坦利与新浪谈投资的事宜,那时候投行也并不十分清楚互联网是什么,以至于在王志东介绍新浪成为门户网站概念的时候,摩根的顾问私底下在说,新浪不是一家互联网企业么,要门做什么。

那是一个创造规则的年代,那也是一个豪气冲天的年代,那更是一个自信满怀的年代。王志东可以拍着桌子对投资人说,凭借我们这拨人的脑袋。也有人说,从现在开始,前十年看你的,后十年看我的。

十年之后的今天。第一代互联网的使命已经圆满完成。

新浪在向新媒体帝国进军,腾讯在摆脱低龄形象,阿里巴巴构建全面电子商务,携程瞄准商旅市场,当当成为全面商城,盛大打造休闲平台,百度在诉说阿拉丁神话。他们或在寻求转型,或者正在转型。曾几何时,还在起舞弄清影,而今已是大象起舞,祝愿他们天长地久。

未来十年,新的征途。

海上生明月,天涯共此时

很多时候,回顾过往,我们会发现许多成就都始发于几近同一个时点,这是巧合还是规律？至少,历史的潮流在同一时刻会给予很多机会,把握住,便同登英雄榜。

2.8 学会做减法:不知细叶谁裁出,二月春风似剪刀

【他山之石】

1984年成立的万科,开始做进口电器生意,很快业务拓展到出口、广告、饮料生产、工业制造、房地产、股票投资等领域,成为一家典型的多元

化企业,所涉及的行业都有不俗表现,被社会视为多元化经营成功案例。然而在1992年底,王石决定由多元化经营转向住宅房地产,并出售非房地产业务,其中不乏盈利能力非常强的公司,尽管当时很痛苦,但是事后证明,这一"减法"战略成就了万科的今天。

【引经据典】

老子曰:"为学日益,为道日损;损之又损,以至于无为;无为而无不为矣。故,取天下者常以无事;及其有事,不足以取天下。"(第四十八章)

【注】 北京德云社有个小曲叫《大实话》,其中最后一句唱,"抱拳拱手尊列位,愿诸位,招财进宝,日进斗金。"虽然有点俗气,但是唱出了大众普遍的诉求。而为学就应像日进斗金一样,每天都要有所长进,有所得。但是对于道的修行,老子认为却是要每天减少,减少到无为为止。其实,这是一种减法。只是我们在每天生活中都想增资添彩,想着每天多些东西,未曾想过剔除什么,在思维的另一端而为思维所忽视。

顺藤摸瓜:给企业减减负

我们探讨过品牌的多元与专一的问题,也探讨过业务多元化与专业化的问题。各有利弊,想做多元化,只要记得一条,没有金刚钻别揽瓷器活。我们同样探讨过如何进行低成本战略。任何一次削减业务或是成本的过程中,"舍不舍得"这个心理层面的障碍都会成为能否实施的关键。谁愿意看着自己一手打造的业务被剔除?我们看到大刀阔斧进行改革的企业领导人大都是空降兵。如郭士纳之于IBM。因为他们没有更多的感情维系的问题。

道,是一种本质的东西。对于企业而言,本质的是可持续经营的盈利能力。利润固然追求最大化,越多越好,但是涉及企业的根本之时,要能够做出取舍的判断。分众无线曾是江南春寄予厚望的业务,甚至想独立上市,但是经过2008年315晚会曝光垃圾短信制造者后,使分众在道德上陷于不义之地,这就威胁到了企业的本质形象,所以痛定思痛之后将其关闭,也不失为一种明智之举。倘若贪图利益放任自流,而不舍得去做一次减法,那么会严重影响到公司形象及业务。

对于一个企业领导者来说,他的减法是如何放权,如何放手让下属去管理。李嘉诚80岁依然每天坚持4点起来工作,但是他也表示,自己休假时,只要嘱咐几位关键人物,等他回来后,公司还是照常经营,这说明他可以放权,已经做好了铺垫,没有放是因为他还在享受工作。有的企业因为领导者的变故,导致全盘皆输,可能就是因为没有做长远规划,不会为自己减负的结果。殊不知,对于自己的减负,其实是在降低企业的风险,太依靠个人的判断与发挥,对企业来说,是有着相当大的风险的。

做减法都是有必要的。为心理减压,为生活减负。抛却太多的恩怨,抛却太多的功利,抛却不现实的猜忌,人要活得更轻松,轻舟已过万重山,轻装上阵,这才有机会达到最佳状态。而沉甸甸的心情,会很大地影响到发挥。至少,看起来不够阳光,会给周边的人带来阴霾。

案例直击:减法生活的欢乐英雄

古龙笔下,《欢乐英雄》中有一个人物叫王动,之所以是个人物,因为他把偌大的富贵山庄变成了只有一张偌大的床。蔡恒平说这是一个用减法生活的人。人性中具有相当强的占有欲,这是与生俱来的,也说不上好与坏。这注定几乎所有人都希望用加法来生活。中国人传统上说,年年有"鱼",也是加法思维的模式。试问,谁不想让生活越来越丰富,越来越精彩呢?减法思维需要极大的勇气,要有大智慧。所谓大智大勇者才玩得转的。普通观众切勿模仿。谁说生活不是一种艺术呢?就象王动先生自己说,有钱和穷都不坏,"坏不坏就看你懂不懂得享受生活"。

不知细叶谁裁出,二月春风似剪刀

最难的是割舍,要亲自大刀阔斧地除去一手缔造的成果,出于人情,很难做到。于是越来越多的企业聘请外部机构来进行裁剪设计,以达不受感情色彩左右的目的。

2.9 投资须谨慎:沉舟侧畔千帆过,病树前头万木春

【他山之石】

在东山再起之后,除了保健品业务,史玉柱个人只投资过三个项目,"宁可错过100个项目,也不错投一个。"史玉柱说他的投资原则不是谨慎,而是相当谨慎。为此,史玉柱在公司内部建立了一个7人的决策委员会,投票决定投资项目。

【引经据典】

老子曰:"上士闻道,勤而行之;中士闻道,若存若亡;下士闻道,大笑之。不笑,不足以为道。故建言有之:明道若昧,进道若退,夷道若类,上德若谷,大白若辱,广德若不足,建德若偷,质真若渝,大方无隅,大器晚成,大音希声,大象无形,道隐无名。夫唯道,善贷且成。"(第四十章)

【注】

庄子《秋水》中描述河伯见到海神时,"听到上百条道理,便以为世界上没人比得过我(闻道白,以为莫己若),说的就是我啊,今天要不是亲眼看到了你是这样的浩淼博大,真可就危险了,我必定会永远受到修养极高的人的耻笑。"海神说,"井鼃不可以语于海者,拘于虚也;夏虫不可以语于冰者,笃于时也;曲士不可以语于道者,束于教也"。

老子说,上士听到大道,勤奋地去实践;中士听到大道,半信半疑;下士听到大道,大笑荒唐。如果不被嘲笑,那也就不值得称为大道了。就像河伯开始不相信有人认为孔丘懂得的东西太少、伯夷的高义不值得看重的话语。

明明白白的大道好像昏昧不明,在大道上修进好像是在退步,通顺的大道好像不顺,上等的道德好像虚谷,最大的洁白好像有污染,广大的道德好像不足,建立道德好像在偷减,纯真的本质好像变了不像,大的方正没有棱角,大的器物很晚才能造成,大的声音听起来稀微,大的形象看起来无形,大道潜隐没有名声。然而只有大道善于施予而成就万物。

顺藤摸瓜:投资需谨慎

我们注意到本章结束时,老子提到,道,善贷且成。善于施予成就万物。

这对我们很有启示,尤其在投资上。许多集团企业都设立自己控股的投资公司,目的在于将自身充足的资本投入到看好的行业,给别人一个借鸡下蛋的机会,而自己从蛋中分红。风险投资在国外是有过丰富经验的行业,诸如软银,红杉资本,IDG等风投机构在中国市场都赚得盆满钵满。总之将自身的空闲资源投入到稀缺这些资源的行业中,是一笔很划得来的买卖,风险在于这个行业是不是能成规模,其次是这个公司,这群人。当然,也大可以不去投资创业机构,而只做财务投资,如史玉柱投资的华夏银行,如复星集团对分众的7次增持至成为最大股东。

用最简单的话说,就是你有一个想法,我也有一个想法,我们交换一下,就是两个想法。这不是一个苹果和一个苹果的交换。

对于个人而言,投资房地产、投资股市、期货、古玩字画等等,也是将自己闲置的货币进行增值准备,当然也可能不是闲置的货币。对于投资而言,倾向于使用闲钱。投机另说了。

但是无论是机构还是个人,有一位绕不过的投资大师,就是股神巴菲特。尽管巴菲特承认自己在2008年的投资中犯了一些错误,使得伯克希尔·哈萨维利润损失巨大,但是竞拍与巴菲特共进午餐的人还是趋之若鹜,人们会忽略一个问题,就是股市通常在巴菲特抄底后的半年才会见底。而对于长期投资者而言,一年都是一个很短的时间期限。

案例直击:史玉柱的审慎投资

要让史玉柱下定决心投资一个项目并不是很容易的事情,"在投资方面我是很胆小的"。史玉柱说巨人网络现在投资只能是战略性投资,但是在看准的项目上史玉柱又相当大胆,敢于投入。

决定投资51.com之后,史玉柱花了很多精力进行调查,这次投资是出于巨人网络公司业务考虑。公司找了很多机构帮忙反复研究过,结果都证明交易是值得的。51.com已经可以赚钱,而且对巨人业务有帮助。在这种情况下巨人网络才决定投资。

对于这次并购,红杉资本中国创始及执行合伙人、51.com董事沈南鹏表示,这将是一个对中国互联网产业产生深远影响的事件。巨人网络投资51.com将是一项双赢的交易,透过参股,赢利能力强劲的网络游戏与用户基数更大的社区类网站强强联合,完全有可能找到符合双方长远利益的发展模式。

史玉柱同时也透露,公司未来还将在网络社区和网络游戏市场进行收购,为的是进一步促进公司网络游戏业务的发展。

而对于自己个人的投资,史玉柱则表示,只要有盈利就可以投,"我个人的投资就是简单的财务投资,但是巨人网络现在的投资只能是战略投资"。

史玉柱的投资原则是投资的项目越少越好。动作越少,犯错机会越少。一些规模跟巨人网络规模差不多的企业,最短是两三个月投一个项目,"我是3年投一个。我3年就认一个事儿,当然少犯错。"史玉柱称,正是这种谨慎原则促成了投资的成功。

"51.com项目是公司上市以来第一个我与刘伟同时一致认可的项

目。我们的挑选法则是,首先对公司战略发展有帮助,如果不具有战略帮助价值,就看它是否很有性价比。"史玉柱称。

"少听些投资信息,少跑到投资第一线,听到的诱惑自然就少。我又不用手机,干扰就更少了。"史玉柱表示,只有克制住自己的投资冲动,谨慎投资,自己个人和公司所作投资成功的可能性才会更高。

沉舟侧畔千帆过,病树前头万木春

资本除了具有逐利性,还有冲动性。投资需谨慎,病树前头还有万木春。

第三节 风险模式

3.1 过度使用：黄河之水天上来,奔流到海不复回

【他山之石】

2008年末,中央电视台两次曝光百度竞价排名模式下,一些违规违法广告。黑心、欺骗消费者等等阴云一时间笼罩了百度的光环。百度反应迅速,终获"谅解"。

【引经据典】

老子曰:"将欲取天下而为之者,吾见其不得已。天下神器,不可为也。为者败之,执者失之。是以圣人无为故无败,无执故无失。夫物或行或随,或歔或吹,或强或羸,或载或隳。是以圣人去甚,去奢,去泰。"(第二十九章)

【注】 道家无为,在于顺应天道,天道为自然规律法则,不可妄自为之,为之则易败。去甚,去奢,去泰,简言之,去极端。

顺藤摸瓜: 事不可极端

物极必反。凡事不能极端。人参大补,补多了反倒伤身。同样的道理,一个企业疯狂地将所有精力都投入到一个模式,或是抓住一根赚钱的稻草就拼命压榨,早晚会被折断。商朝,汤在田野散步,看见一人张开大网喃喃地说:"来吧,鸟儿们! 飞到我的网里来。无论是飞得高的低的,向东还是向西的,所有的鸟儿都飞到我的网里来吧!"汤走过去对那人说:"你的方法太残忍了,所有的鸟儿都会被你捕尽的!"一边说着,汤砍断了三面网。然后低声说:"哦,鸟儿们,喜欢向左飞的,就向左飞;喜欢向右飞

的,就向右飞;如果你真的厌倦了你的生活,就飞到这张网吧。"这就是成语网开一面的故事,商汤的网开一面是为了让环境能有可持续发展,捕尽了也就影响到生物的自然繁衍,不利于后世。

对于企业而言,同样,用尽了一招,会逼迫自己走向极端,无所不用其极的时候,就会偏离本身既定的路线。将一件好事做出了风险。

案例直击:搜索引擎的原罪

自竞价排名这一商业模式出现之后,搜索引擎可谓是找到了聚宝盆,但是随之而来也引发了问题。2008年末,中央电视台两次曝光百度竞价排名模式下出现的问题,以促其整改,是完全正确的必要的。

基于技术手段对互联网页面进行抓取排序,这是无可厚非的行为,对于竞价排名适当地给出空间也是可以接受的。但是过多的人工干预导致的不公平却是商业道德问题。

搜索引擎之所以对于商家具有极大的价值,在于其排列的位置拥有极大的引导消费者的作用。在时间作为宝贵秉赋资源的情况下,先入为主,省时省事,是网络的第一效果。那么位置的先后自然为商者所重。与此同时,消费者更在意的问题,是是否满足需求。两者之间的关系无非合或者不合。关键在于很多情况下,消费者并不具备足够的判断能力,这样就导致了被引导。这也是媒体的功能。

倘若将搜索排序作为一种"神器",过度地使用竞价排名这样的人工干预便是"为之",容易遭遇失败,风险来于终端与政策。百度危机的化解在于没有"执之",而是以极快的速度改正,从而获取谅解。

这对于正在成长期的互联网企业来说,是可以获取谅解的,因为年轻,年轻不可能不犯错误,知错能改,改得快,善莫大焉。

那么是不是不需要人工干预呢?必然不是。2009年初,在互联网行业反低俗大会上,谷歌、百度、天涯、新浪、搜狐、网易等巨头无一不被点名批评,因为它们对于低俗内容的删除不及时。这便印证了"去甚,去奢,去泰",万事不可走极端。

在两极之间寻求动态平衡才是根本之道。

黄河之水天上来,奔流到海不复回

黄河之水纵然汹涌奔腾,到大海后也不再回流。若无止境地使用,也终究会有用尽的那一天。

3.2 连锁扩张：欲速则不达，见小利则大事不成

【他山之石】

2010年1月21日起，丰田公司开始大规模召回旗下汽车。作为世界上最知名的汽车公司，因其产品质量缺陷而引发的召回事件，给消费者以及消费信心带来了不可估量的损失。问题出自丰田公司"零部件通用化"措施。这个旨在降低生产成本，加速扩张步伐的措施却埋下了祸根。在这背后，是丰田扩张的野心。扩张速度超过了掌控。

【引经据典】

老子曰："天下有道，却走马以粪；天下无道，戎马生于郊。罪莫大于可欲，祸莫大于不知足，咎莫憯于欲得。故，知足之足，常足矣。"（第四十六章）

【注】 "飞鸟尽，良弓藏，狡兔死，走狗烹"，韩信临刑之前喊出的肺腑之言，战必胜的他倾其一生方才理解了刘邦。在高祖的位置上，产生了不安全感，同样的不安全感在宋太祖身上则演绎了杯酒释兵权。这种不安全感来自于对权力的无限欲望与不知足。因为太想得到，所以更怕失去。在权力面前，情谊不复存在，这在帝王的年代可以维持统治，现如今，陷入欲望的无限延伸，对于企业来说，行将走向灭亡。天下太平，就退回战马用于耕地，天下战乱时，繁衍战马上战场厮杀，这种不间断地循环利用，对于现代企业的人才使用率来说，是会超负荷的。

顺藤摸瓜： 扩张，欲速则不达

2008年3月31日，东航由上海飞往云南的航班出现了返航事件。虽然各有评论，最终东航对罢飞机长及相关人员进行了严肃处理，但也反映了一个问题，飞行员的待遇问题。我国的航空公司，增加利润的手段依然在飞机的利用率，利用率在允许状况下越高，其创造的价值也就越高，民营航空公司像春秋航空更是如此。但是为何民营公司没有出现罢飞，反而不断的有飞行技术骨干要跳槽到民企呢？因为待遇和薪酬。相差不是一点点。飞行任务不断增多，薪酬却不能同等提高，那就如同战马被重复利用一般。人才不同于马匹，是会比较的。同样的，对于咨询公司、会

计师事务所,对咨询顾问,对审计人员的利用率都是居高不下,因为靠人才来创造收益。

但是这种使用率却不能无限扩张,企业亦是公民,亦需要承担社会责任,其社会责任中,不可忽视的便是对员工的关怀。这种关怀,不只是对员工的福利待遇,其本质是企业管理者不追求短期扩张,而是长期的最大化。每年的优秀雇主的评选,是一种无形的价值,促进了人才的合理流动,可以提高公司治理的一般水平。

企业自身也有负荷,也有极限,也会因供血(资金)不足而陷入瘫痪,会因负担过重而垮台。这时候需要管理者去关怀企业,要适当减负,在战略目标上减负,在业务承担上减负。不然,摇钱树也会有枯竭的一天。

毕竟,像东坡先生,"取之不尽,用之不竭"的感叹,不存在于商业活动中,商业市场上竞争的都是稀缺资源。

案例直击:家世界:连锁扩张的致命诱惑

现在的年轻人可能没听过家世界的名字,但它曾经是国内家居零售的巨头。自1996年在天津成立起的几年内,家世界一直是扎实开店、谨慎发展,并给大众留下了"中国零售业的代表,对抗沃尔玛的斗士"的形象。2004年荣获商务部评出的连锁30强,排名22,成为商务部重点扶持的20家大型流通企业之一。这段时间,家世界店数规模和销售额年均增长60%,利润增长则高达94%。

然而连锁模式的迅速扩张冲昏了管理层的头脑,并使其犯了盲目扩张超过资金和管理实力的错误。

2004年起,家世界在各省市疯狂连锁开店。到2005年,家世界连锁店覆盖了8个省区的16个城市;2006年初,家世界又宣布要开24家新店,计划年底达到75家,甚至要进入人均消费能力并不太高的内蒙古等地。

1. 异地扩张导致成本增加,资金吃紧

异地开店,不仅前期投入大,而且在没有相应配送体系的情况下,运营成本更大。家世界唯一有效运营的一家区域配送中心是天津北辰区域配送中心,这也是2004年家世界在天津周边布局达到一定规模时才投入运营的。如果在没有达到规模的时候做配送中心,只能是增加成本,有损运营效率,按照当时的门店布局,家世界远远无法在当地建立有效的配送体系。

2. 资金吃紧导致供应商劣币驱逐良币

据了解,家世界在异地开出第一个店的平均投资约在1亿元人民币左右,这对企业的现金流产生了重大的压力。在银行贷款外,家世界开始动用手中的供应商现金。从 2004 年开始,供应商发现账期开始大幅延长,短则三月,长则半年,甚至拖到无限期支付,不少供应商破产。而家世界对供应商过高的通道费用盘剥也越来越苛刻,造成优秀供应商纷纷出逃,有的选择停止供货,家世界只能降低招商标准,假冒伪劣商品进入家世界渠道便有了可乘之机。

3. 管理跟不上开店步伐

开店速度太快,培训和管理跟不上,而新开的店面都要经过一两年才能进入赢利期,所以平均下来看,家世界单店的销售能力开始下滑。在华北地区,家世界赢利店面数量远低于亏损店面,家世界陷入入不敷出的窘境。

4. 资金断裂导致变卖家产

2006 年,家世界出现资金断裂,大批供货商纷纷上门讨债,杜厦不得不恋恋不舍、一步步地离开了自己经营了 10 年的零售舞台：2006 年 11 月,家世界将旗下 9 家超市门店转让给山西美特好；12 月,美国最大的建材连锁企业家得宝以 7 亿元收购家世界旗下建材超市；2007 年 3 月,华润股份又以 37 亿元收购了家世界家居超市 100% 的股权。

2008 年 3 月 世界连锁商业集团有限公司将自己的全部商业地产、物业的 100% 股权卖给 GIC(新加坡政府投资有限公司),这也是家世界的最后家底。

杜厦把家世界的全部家底都卖光是万般无奈的选择,因为企业在快速疯狂的连锁扩张中,已经由于管理的缺位而无法驾驭整个连锁体系,从而导致新开门店不断占用资金、经营不善、持续亏损,流动资金的灵活性大受打击,由此,才引发了资金链的最后断裂。

欲速则不达,见小利则大事不成

能够快不是最大的本事,能够慢下来才是考验真功夫。一味地求快,会失去稳重,而失去了稳重,则根基不牢,大厦将倾。

3.3 留有余地：昔人已乘黄鹤去,此地空余黄鹤楼

【他山之石】

康百万庄园是全国三大庄园之一,比山西乔家大院大十九倍,光绪末

年,因康氏后人康英奎曾向慈禧太后捐献百万两白银,被慈禧太后封为"康百万",这座豪宅也被后人称为康百万庄园。人们常说,富不过三代,康家财富却能相传十二代,这与他们的家训"留余"分不开。康百万的家训匾告诫子孙后代,凡事要"留有余地",切记不要把事做绝。

【引经据典】

老子曰:"大成若缺,其用不弊。大盈若冲,其用不穷。大直若屈,大巧若拙,大辩若讷。躁胜寒,静胜热。清静为天下正。"(第四十五章)

【注】 清梁绍壬《两般秋雨庵随笔》卷五中也记了"四不尽",即"功不可立尽,官不可做尽,恩不可市尽,寇不可杀尽。功高会震主,位极人臣伴君如虎,恩尽容易义觉,穷寇莫追是常识。这四不尽正是一种留有余地的态度。老子说,大道之成,好像有所缺,它的作用,永不衰败;大道满盈,若有所虚,它的作用,永不穷歇;大道平直,像是屈折;大道巧妙,像是愚拙;大道善辩,像是口讷。行动可以克服寒冷,安静可以克服暑热;心神清静方可以君临天下。心神清净可以防止头脑发热而把事做绝。

顺藤摸瓜: 给自己留有余地

徐根宝曾经为一家啤酒公司拍摄过一部广告片:我不给自己留后路。这符合啤酒男人激情的定位,当然也值得人们尊敬,但是"不给自己留后路"在为人处事上过于极端,作为一种口号去逼迫自己积极奋斗可以,真这么做,容易出事。

首先话不能说满,我们一再强调过,说话是一门艺术,也是最难的。说满口话一来容易招致旁人的不满,认为你太骄傲,二来万一做不到那是打自己嘴巴,三来知识不足会贻笑大方,四来说得谦恭一些,让别人舒服,给自己提高的空间,这个空间在于让行动超过对方的预期,那么满意度就提升了。

留有余地的关键在保有上升空间。

对于企业而言,留有余地,更为重要。可持续发展对于我们的社会、生活、环境、子孙后代非常重要,是上升至国家层面的重要战略。企业要承担社会公民的责任,理应可持续发展;企业作为一个实体,要维持自己可持续经营,也不能一股脑地把身家性命都赌上,破釜沉舟不是一种常态竞争模式。

有太多的价格战,把自己的利润也做到几近没有,这又何必呢?也有太多疯狂的投资硬是让自己的资金链吃紧到要断裂,这又何苦呢?留有余地,才是永续生存之道。

案例直击:留余的康百万庄园

现存于康百万庄园的一块匾额——《留余》匾,为中华名匾之一。

《留余》匾是康百万家族第十五代庄园主康坦园用来训示家中子弟的家训匾,匾文如下:

留耕道人《四留铭》云:"留有余,不尽之巧以还造化;留有余,不尽之禄以还朝廷;留有余,不尽之财以还百姓;留有余,不尽之福以还子孙。"盖造物忌盈,事太尽,未有不贻后悔者。高景逸所云:"临事让人一步自有余地,临财放宽一分自有余味。"

以南宋时期资政殿学士留耕道人王伯大的《四留铭》来告诫后人凡事都要留有余地,人生在世,不要把福、禄、寿、财都享尽用尽占尽,把它留给需要的人。文中又引用明朝隐士高景逸的话:"临事让人一步自有余地,临财放宽一分自有余味。"以此来劝诫子孙后人要心地坦荡、谦虚退让。这道出了康家繁荣昌盛四百余年的秘诀是"留余忌尽",忌盈忌满,过犹不及。留余是昌家之道,做人之则,要留有余地,要知度有度,古往今来,凡事皆然。"留余"的治家家训也在康家代代恪守。

康百万家族以留余思想指导家族的经营管理和社会活动,为康家赢得了巨大的社会声誉,留余思想使康家同官府保持着密切联系,从而能够"尽忠发财";康氏家族良好的社会公众形象也为康家建设商业渠道、开展多元化经营奠定了深厚的基础;同时,在民众中的良好口碑也为康家带来了滚滚财源。

昔人已乘黄鹤去,此地空余黄鹤楼

虽然昔人已去,但黄鹤楼历代受众众多。与文化产业一样,企业做事如果考虑持续发展,不仅赚一时之利,更有世世之利。

3.4 项目对冲:东边日头西边雨,道是无晴却有晴

【他山之石】

郎咸平说,他曾经私下问过四大天王(李兆基,李嘉诚,郑裕彤,郭炳

湘)里面的一位,我说你这个人这一生有成就的哲学思想是什么?他告诉我两个字,这两个字就是保守。我又问他第二句话,我说你手下这么多公司,不可能每家公司都看,到底注重什么呢?他回答的是这样子,他最重视稳定的现金流。什么叫做稳定的现金流?按照我们对他的研究结果显示,他们透过两个方法做到的,而且四大天王一模一样,这一点我感到万分震惊,第一叫现金打底,第二叫做项目对冲,透过这两个办法达到稳定的现金流。

【引经据典】

老子曰:"用兵有言曰:吾不敢为主而为客,不敢进寸而退尺。是谓行无行,攘无臂,扔无敌,执无兵。祸莫大于轻敌,轻敌者几丧吾宝。故称兵相若,则哀者胜矣。"(第六十九章)

【注】 兵家有反客为主的战法,为的是先拔头筹,抢占先机,而此处不敢为主而为客,则是不主动出击,不得寸进尺,初看之下,是防御性手段,包括轻敌丧宝(六十七章说到有三宝,慈,俭,不敢为天下先。),也是在守,但是我们都听过,"守是守不住的",老子有着大智慧,自然也洞察,他给出的方案是"行无行",摆成没有阵式的阵式,捋起没有手臂的袖子,抓住没有敌人的敌人,拿着没有兵器的兵器。这是在虚张声势吗?是在无为而治吗?我更愿意理解为是在开辟另一个战场,虚其心而实其腹,是在做风险对冲。两军相逢勇者胜,哀兵也胜,哀兵胜就胜在对风险有所规避。

顺藤摸瓜:风险对冲

我们看过太多的企业在一个领域内做得风生水起的时候,就倾其全力地投入,以期更大的收益,却忽略行业自身的风险。以房地产行业为例,该行业两大关键点,资金链与资金周转率,在房地产疯狂的年代,银行放宽信贷,民间炒房期房款项巴不得赶紧支付,但是泡沫刺破之后,之前投资过度的地产商受到宏观调控的影响将会遭遇资金链危机,银行紧缩银根,大众持币观望,开发商没有流动的资金供周转,必然陷入困境。这种现象的出现便是一直得寸进尺,为寸土寸金的地段,杀得家家眼红,而不知其所止。不成熟的开发商会忽视风险的存在,缺乏"忧心忡忡",完全是一个亢奋者而不是哀者的心态,是难以平静心态进行投资的。这也可以视为轻敌的状况。

2007年,万科王石在房价处于高位时率先抛出"拐点论",舆论哗然,各大地产商都反对,但是万科以降价行动破冰,最终这一年多的走势证明了王石的高明,这是对风险进行评估后的成熟运作。

但是单纯依靠本行业内对周期的把握,只是在努力使自己不要走得太远,就像当初创业之时,王石说超过25%利润的房产万科不做一样,并不能从根本上解决风险规避的问题。毕竟行业存在其局限性,其风险值是A的话,企业的风险值B与A是函数相关的关系,脱离不了这个大环境。倘若某天行业进入夕阳,企业也离告别的时间不远了。

那么如何规避风险呢?我们听过"不要把鸡蛋放在同一只篮子里"的分散风险的说法。但是这并不全面,甚至存在漏洞,假设每只篮子摔坏的概率也是0.1,100只鸡蛋在一只篮子里的期望是坏10只,每只鸡蛋放在一只篮子里,100只鸡蛋100只篮子的期望也是10只,所以说没有规避风险。

问题在哪呢?

在于篮子与篮子之间的相关性。投资组合的价值在于相关性的互补,而不是去随意的组合,随意的组合能规避风险是运气,利用特性的相关进行组合才是分散风险的核心。

案例直击:二李的项目对冲

以李兆基的地产公司为例,曾有五年负现金流的经历,也就是5年资金链是断裂的,但是没有倒闭。他为什么可以撑过五年?郎咸平发现有两个资产非常有意思,一家叫做煤气,一家叫做租赁,这个煤气跟租赁的现金流都是稳定上升,所以虽然地产开发的现金流有5年是负的,可是当把地产开发的现金流加上煤气的现金流,加上租赁的现金流之后,过去二三十年没有一年是负的,统统为正,这叫做现金流打底。

而在金融危机的状况下,倘若来不及做现金流,也来不及做项目对冲,那么可以做的就是保守心态下的三大指标,低负债,高现金流,停止投资,至少这是目前李嘉诚做的。

我们再来看一下华人首富李嘉诚,其实也是很高明的对冲。长江实业以房地产为主业,凡是房地产都会有现金流和资金链的问题,为了进行对冲,旗下收购了香港电灯,获取稳定现金流,收购屈臣氏涉及超市行业,拿到快速现金流,这与李兆基的手法何其相似,所谓英雄所见略同。和记黄埔投资港口码头,为国际化做平衡。投资 3G,是为了豪赌电信业的未来蛋糕,打造公寓式酒店,以半年到一年约,也是为获取稳定现金流。在不断的平衡和对冲中,李嘉诚才能长青不倒。

东边日出西边雨,道是无晴却有晴

投资均有风险,东边日出西边雨是分散投资,但非简单的碰运气,而是根据投资特性进行的组合。将日出和雨相冲销,得到的依然是浪漫的天气。

3.5 套期保值:落红不是无情物,化作春泥更护花

【他山之石】

套期保值本是一种风险规避的工具,但是我们却听到,2009 年 1 月 12 日,东方航空股份公司(以下简称东航)发布公告称,公司航油套期保值合约于 2008 年 12 月 31 日的公允价值损失约为人民币 62 亿元(未经审计)。

与此同时,中国国航、香港国泰航空套期保值也出现巨额浮亏。航空业之外,同属套期保值,深南电在境外与高盛对赌,中信泰富境外衍生品交易巨亏案件尚未了结,加之不远的中航油、国储铜事件,套期保值这一国际上公认的锁定成本,规避市场风险波动的工具怎么在我国就失效了呢?

【引经据典】

老子曰:"勇于敢则杀,勇于不敢则活。此两者,或利或害。天之所恶,孰知其故?天之道,不争而善胜,不言而善应,不召而自来,繟然而善谋。天网恢恢,疏而不失。"(第七十三章)

【注】 天网恢恢,疏而不漏,现在常用来比喻作恶的人最终会受到惩罚,法网难逃。老子所说,天道如同大网,虽稀疏却不会漏失。渔民用鱼网捕鱼,漏过的是水,是泥沙,留下的是鱼,可见留有网眼是必要的,当然不能太大。网眼的作用就是过滤。

那么天道是什么呢?天道是不争而善于取胜,不说而善于应验,不召唤而自己到来,无思无虑却善于谋划。当然是表面上看起来如此,实则胸

有成竹。

那么天所厌恶的,又有谁知道是什么缘故呢？圣人也觉得为难。为难么？其实是上述那些的反面。争而不胜,言而不应,召而不到,虑而无谋。

虽然老子会强调不争,但是老子也会强调胜。那么如何能胜？俗话说,两军相逢勇者胜。果不其然乎？

老子说,有勇气自恃果敢而冒然行事的,必死；有勇气却自认怯懦而不妄为的,得活。这两种勇气,一个有利,一个有害。

顺藤摸瓜：风险规避的工具选择

企业经营的环境可以说是时刻在变化的,唯一不变的就是变化。在变化中,蕴藏着机会,也隐含着威胁。这种威胁或来自系统,或来自个体。有行业风险,也有企业风险。外部环境和政策风险是难以预估的,虽然难以预估,但是一定会出现,这就是天网恢恢,疏而不失。

在这种风险下,勇者是否还能胜？不可一概而论,有收缩战线,也有逆势扩张,都有成功与失败的案例。但是无论哪种,都一定不会是勇而敢,肆无忌惮地贸然行事,即便靠运气获取一点甜头,持续下去必然输得很惨。那么怎样来自认怯懦不妄为呢？若是纯粹的心理问题,只能靠自身修养与行业经验的判断,但它不仅是一个心理问题,可以通过行为来控制。我们谈到过利用不同项目进行风险对冲诸如李嘉诚与李兆基,而对于并没有多元化经营的企业来说,同样可以,这就是选择风险工具,来进行风险规避与对冲。

一种常用的工具是套期保值。

套期保值是指把期货市场当作转移价格风险的场所,利用期货合约作为将来在现货市场上买卖商品的临时替代物,对其现在买进准备以后售出商品或对将来需要买进商品的价格进行保险的交易活动。

例如,一个农民为了减少收获时农作物价格降低的风险,在收获之前就以固定价格出售未来收获的农作物。套期保值的基本特征：在现货市场和期货市场对同一种类的商品同时进行数量相等但方向相反的买卖活动,即在买进或卖出实货的同时,在期货市场上卖出或买进同等数量的期货,经过一段时间,当价格变动使现货买卖上出现的盈亏时,可由期货交易上的亏盈得到抵消或弥补。从而在"现"与"期"之间、近期和远期之间建立一种对冲机制,以使价格风险降低到最低限度。

仔细分析以东航为代表的套期保值业务，在2003年开始，2006到2008年6月之前都有小盈利，而2008年下半年开始风云突变，其实并不是在做套期保值，而是进行对赌。如果说套期保值是一种勇而不敢，那么对赌就真的接近于勇而敢了。

案例直击：套期保值还是对赌？

2007年东航年报显示，截至2007年12月31日，根据签订的航油期权合约，集团需以每桶50美元至95美元的价格购买航油约798万桶，并以每桶43美元至115美元的价格出售航油约230万桶，此等合约将于2008年与2009年间到期。

2008年东方航空半年报又显示"公司在2008年6月30日签订的航油期权合约是以每桶62.35美元至150美元的价格购买航油约1135万桶，并以每桶72.35美元至200美元的价格出售航油约300万桶，此等合约将于2008年至2011年间到期。"

原本应当是规避风险的套期保值工具为何后来造成了东航的巨亏？我们发现东航签订的这一套期保值协议，买方与卖方权利不对等。首先，协议双方买入和卖出的原油数量是不同的，东航行权需买入的航油数量为378万桶/年，而协议对方的买卖数量最多为100万桶/年。其次，如果油价上涨，买方会支付一定金额给东航，东航可以获得一笔权利金，但对方是否会行权却不由东航决定。当油价大幅下跌小于62.35美元/桶或暴涨高于200美元/桶时，对手方行使权利，以高价卖给东航，东航基本没有主动权。同时，在这套套期保值协议中，东航锁定的航油成本价在72.35—150美元/桶，通过计算可以发现：收益最多为18 900万元，而风险是无限的。

有分析师认为："东航签订的这一系列协议不是套保而是'对赌'，东航'赌'的是油价不会跌破62.35美元/桶或不会高过200美元/桶。"

所谓对赌协议，就是收购方（包括投资方）与出让方（包括融资方）在达成并购（或者融资）协议时，对于未来不确定的情况进行一种约定。如果约定的条件出现，投资方可以行使一种权利；如果约定的条件不出现，融资方则行使一种权利。

"可以看出，东航的保值合约是将1 135万桶的航油买入价锁定在了62.35至150美元之间。这加入了东航对市场走势的主观判断。"

谁也没有料到油价会下跌

东航在公告中对此解释说:"在市场普遍看涨的情况下,采用这种结构的主要原因是利用卖出看跌期权来对冲昂贵的买入看涨期权费,同时要承担市场航油价格下跌到看跌期权锁定的下限以下时的赔付风险。"

从目前国内企业套期保值的做法来看,套保和投机并无明显区别。深南电,太子奶,蒙牛与国外投行之间签订的各种对赌协议,包括对国际原油价值,对企业业绩,甚至在2011年,精明如马化腾也因曾签订过的累积期权协议而被迫以"3.5折"抛售自己持有的腾讯股票。

另外一个重要的问题是没有止损机制。"止损很困难,一位国内非常专业的期货人士曾跟我说,做了十年期货才学会止损,因为止损有悖人的本性。就像那些在6 000点杀入股市的人,4 000点的时候你让他割肉,是很难做到的。"

落红不是无情物,化作春泥更护花

套期保值的作用是为了更好地控制风险,而不是去做对赌,不然适得其反,非但不能护花,反而会残花。

3.6 现金为王:山不在高,有仙则名,水不在深,有龙则灵

【他山之石】

在金融危机,人人自危,多家大型机构现金流吃紧的情况下,股神巴菲特依然能够出手进行抄底,而李嘉诚也不担忧,因为他们秉承了现金为王的策略。仔细研究李嘉诚旗下各家企业,有四大策略:策略一:维持流动资产大于全部负债,防止地产业务风险扩散;策略二:借股市高位再融资;策略三:率先降价销售;策略四:增持出租物业,低谷竞标拿地。

【引经据典】

老子曰:"治人事天莫若啬。夫唯啬,是以早复。早复是谓重积德;重积德则无不克;无不克则莫知其极;莫知其极,可以有国之母。有国之母,可以长久。是谓深根固柢,长生久视之道。"(第五十九章)

【注】 啬本字当训为收谷,这就颇有些意思。战国时期,管仲曾建议齐桓公散谷以平抑粮价,收谷以稳定市场。这是初期朴素的市场调控手

法。当然,此处啬字可以理解为深藏厚蓄,不炫耀。整章的意思是说,治理人事,侍奉上天,最重要的是收敛、爱惜。只有收敛,可以早做准备。早做准备,即所谓厚积恩德。这样才能无往而不克。无往而不克,则力量无限。力量无限,就可以治理国家了。有了治理国家的根本,治理方可以长久。这就叫做根扎得深,柢生得牢,这是生命长存的道理。用毛泽东的话说,就是深挖洞,广积粮。

之所以在开头我提及收谷的意思,是想做一个简单的类比,在商言商,谷正如现金。

顺藤摸瓜:现金为王

收谷即为积蓄现金作为储备,提早准备则可以应对风险,不仅仅是帮助企业在危机状态下生存,大量的现金储备还可以从容进行兼并收购。在金融危机环境下,优质资产也会提供被抄底的机会,危机是危险中有机会,机会便是逢低吸纳。高沽低买是最直白也最有效的资本积累方式。所以,手握大量现金,便是企业长治久安,永续生存的关键。

受累负债以及资金链断裂而不得不出售自己或是倒闭的企业不胜枚举,在之前的章节中我们也谈及过一些。更多的时候人们失去"治人事天莫若啬"的心态,而是变得"人心不足蛇吞象"般的贪婪,无止境的欲望会使得风险逐步放大。毕竟很少有人能够预知危机的到来,更多的人倾向于认为自己始终在一波大行情之中,希望过足赚钱的瘾。殊不知自己已经到了牛熊的分界点。这是人性的弱点所在。

这时候,如果能"早复,重积德",那么真的会所向披靡,至少可以让自己长生久视。

风险不仅仅在资金,也在形象,像三鹿牛奶引发的全行业大地震,正是平时不注重食品安全,对消费者生命安全意识不足导致的,包括几大巨头都存在了信任危机,只是因为牛奶是人们日常必需品,不得不购买才得以支撑。这些都是没有做到"治人事天莫若啬",所导致。

之前我们提及过李兆基应对金融危机的两大策略,现金为王与项目对冲。超人李嘉诚同样作此考虑,在本章案例中,我们将探讨李嘉诚在经济危机下的战略选择。

案例直击:李嘉诚,现金为王好过冬

策略一:长期以来,长实的对外长期投资等非流动资产占到总资产

的 3/4 以上,在 1997 年亚洲金融风暴之前,非流动资产的比例更高达 85％以上。

虽然资产庞大,但李嘉诚一直奉行"高现金、低负债"的财务政策,资产负债率仅保持在 12％左右。

李嘉诚曾对媒体表示:"在开拓业务方面,保持现金储备多于负债,要求收入与支出平衡,甚至要有盈利,我想求的是稳健与进取中取得平衡。"

李嘉诚通过对债务的控制,使总负债仅与地产业务的流动资产相匹配,而不是与长实整体资产相匹配,使地产业务的风险在集团内得到控制,避免其风险扩散到其他业务。

正是因为在房价上涨时期保持了较低的负债率,亚洲金融风暴期间,尽管银行向一般客户收紧信贷,长实仍成功筹措到银团贷款并发行票据,后者还得到超额认购。

策略二:

由于李嘉诚在长实的持股比例仅为 33％左右,为了保证控制权,长实除 1987 年曾参与"长和系"供股计划外,一向很少进行股本融资。香港经济中一向有一种特殊的现象——"股地拉扯",也就是股市与楼市的联动。

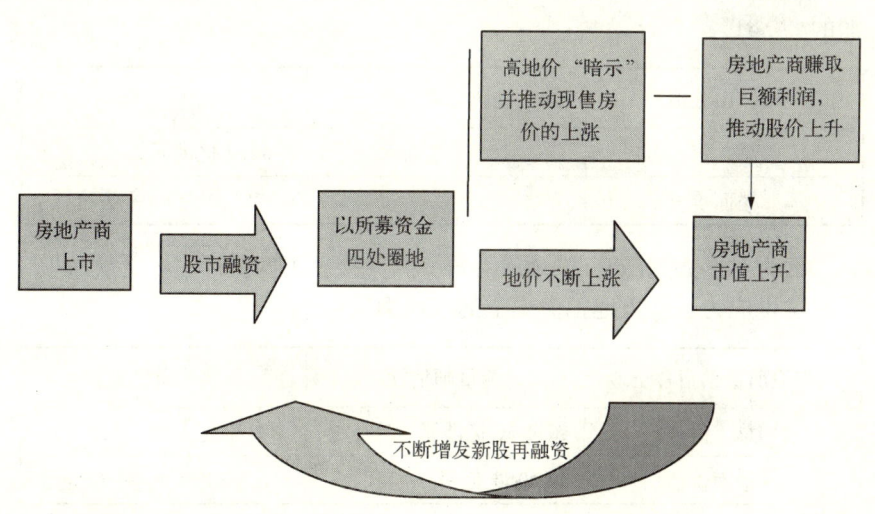

策略三:

1997 年第四季度,金融风暴袭击香港,经济物业市场急转直下,银行信贷紧缩,股市及资产价格大幅缩水,投资和消费愿望低落,在这种情势下,李嘉诚率先采取降价销售的策略,以掌握现金。

根据长实的公告,"在第四季度发售的鹿茵山庄及听涛雅苑二期项目,在淡市中仍然取得了理想的销售业绩。"其中,听涛雅苑二期获得了高达3倍的超额认购。

之所以能够有这样的成绩,李嘉诚坦承是因为"灵活和掌握市场动向的营销策略"。

换言之,是长实在业内率先进行了降价销售。而这种手法被万科王石深深地研究,并在内地市场施以效仿,获得相当的成绩,一时间的拐点论一年后被人称赞对市场的准确把握。

策略四:增持出租物业,低谷竞标拿地

香港地产商在几十年的浮沉拼杀中形成了自己独特的风险管理模式,这就是"地产开发+地产投资(物业出租)"的模式。港岛中区等优质地段的物业早年间都已被怡和、太古等老牌英资洋行占据,也很少有新的土地供应。

亚洲金融危机前,长实的销售收入以房地产开发为主,地段集中于地价较低的市区边缘和新兴市镇,而且大多在新修的地铁站附近,从而便于在项目完工前预售。

根据财报,1997年物业销售占长实销售收入的79.88%,占经常性利润的84.61%。

马鞍山土地	地政总署预估	长　实
总　值	10.56亿港元	1.2亿港元
楼面价		2 150港元/平方米

因为对形势判断有误,地政总署一共只接获了两份标书。

这也成为香港土地拍卖史上的经典案例。

广东道前警察宿舍土地	测量师估计	长实为首的财团
总　值	超过40亿港元	28.93亿港元
楼面价	4 000港元/平方英尺	仅为2 840元/平方英尺

山不在高,有仙则名,水不在深,有龙则灵

持有大量的现金,是企业可以扛过危机的关键,所以不在乎企业的名气有多大,资金链的充足就足够灵。

3.7　危机下的薪酬：先天下之忧而忧，后天下之乐而乐

【他山之石】

据美国媒体披露，2008年华尔街金融企业员工获得了总额达184亿美元的高额分红，相当于2004年金融业鼎盛期的水平。由于华尔街是金融危机的始作俑者，并最终迫使政府注入大笔资金予以救市，高额分红消息曝光后，受到美国各界的广泛谴责。

为平息外界对一些金融企业高管"自肥"的愤怒，美国总统奥巴马2009年4月宣布，得到政府资金救助的美国金融公司高管工资将受限制，最高年薪不得超过50万美元。该规定适用于花旗银行、美国银行以及美国国际集团等已受美国政府救助的金融企业，也适用于未来需政府救助的其他企业。如果企业给予高管超过50万美元年薪的股票奖励，则这些股票也必须在该企业还清政府贷款后方能套现。

【引经据典】

老子曰："使我介然有知，吾将行于大道，唯施是畏。大道甚夷，而民好径。朝甚除，田甚芜，仓甚虚。服文采，带利剑，厌饮食，资财有余，是谓盗夸。非道也哉！"（第五十三章）

【注】《列子·说符》："大道以多歧亡羊，学者以多方丧生。"这是所谓歧路亡羊，因为岔路很多，反倒不容易追回逃跑的羊，同样学习的方法太多，会无所适从。老子说，我深深的明白，我们走在大道的时候，最怕的是误入歧途，大路很平坦，人们却喜欢走捷径。

一边是朝政衰败，田野荒芜，国库空虚，另一边却锦衣华服，佩戴利剑，酒足饭饱，资财富裕，这是强盗！不符合道。

顺藤摸瓜： 危机下的薪酬如何定

企业家带领企业总是希望走在康平大道上，不要磕磕碰碰，跌跌撞撞，不要阴沟里翻船，更不要遭遇灭顶之灾。企业家们的想法总是好的，但是风险却并不是可以完全规避的，即便如李嘉诚，也不能规避政策风险与金融危机的到来。那么我们要做的是风险到来之前，尽量防患，风险到

来之时,平稳过渡。

企业面对危机时,开源节流往往是最先考虑的措施,对应地无非是削减支出,严控成本,尤其对于知识密集型轻资产企业、服务型企业,削减人工成本是最常用的手段。

自次贷危机由美国爆发到引起全球金融危机,大多数企业生活在风险环境之中,停产、减产、裁员、劝退、降薪等字眼屡见报端。这几乎就是"朝甚除,田甚芜,仓甚虚"的真实写照。普通职员多多少少都会受到冲击,所受冲击的大小因所在行业所在企业受到金融危机冲击的程度而不同。

但是,另一面,我们看到2008年平安集团马明哲6000万天价年薪引来一片哗然,尤其是投资平安股份遭受重创的股民们更是愤恨不已。马明哲值不值这么多钱?2009年,格力集团董事长朱江洪又以4000万薪酬冠绝A股掌门人,总裁董明珠仅以12万之差位列其后,在整个不景气的环境之下,如此薪酬无论是年薪还是股权激励都会导致民众的不满与不解,即便是行之有理。这几乎又是"带利剑,厌饮食,资财有余,是谓盗夸"的如实反映。

这在民众眼中无异于财富的掠夺者。大家都处于危机情况下,你凭什么服文采?这是老子对政治的敏锐观察,也是对人性的准确把握。这是一个共进退的时刻,怎么能有人独享利益?在分配上会导致群体性不满。姑且不论其合理性与否。打个不恰当的比方,一个人正在恼火的时候,你还去故意逗他,必然是惹来不愉快。

在面对危机的时候,员工并非只能同享福不可共患难,但要做到有难同当的前提是公平公正。

案例直击:美国的惩罚性所得税法案

奥巴马在2009年3月19日做了件非同寻常的事,出席NBC电视台的热播脱口秀节目"今夜秀",这是美国历史上在任总统首次参加脱口秀节目。其中,得到政府大力帮助的"困难户"AIG向员工发巨额奖金这一闹翻全国的"丑闻"自然是奥巴马躲不开的话题。

奥巴马透露,当他首次听幕僚报告该事件时,简直惊呆了,"我想完全可以用目瞪口呆来形容"。"公司都这样了(还发钱),他们脑子里到底在想什么……我们一定要把这些钱要回来还给纳税人,不过更重要的是要建立一种金融监管机制,以避免AIG这样的公司再次把我们绑为人质。"

据新华社报道：美国国会众议院 19 日以压倒多数的表决结果通过一项惩罚性所得税法案,根据该法案,在所有接受政府援助超过 50 亿美元的企业里,如果有员工家庭年收入达到 25 万美元,如果获发 12.5 万美元或以上奖金,都将面临 90％的惩罚性所得税。法案对在美国救市计划中得到救助的 9 大企业,还有房利美及房贷美都同样适用。如此一来像美国国际集团这样受政府救助企业员工获得的高额奖金必须缴纳 90％的所得税。此举正是要通过法律手段,将美国国际集团分发给员工的高额奖金要回来。为平息外界愤怒,美国国际集团首席执行官利迪 18 日表示,他已要求员工退还部分奖金。

奥巴马当天在一份声明上说:"今天的投票适切地反映出群情激愤,许多民众不满 AIG 竟然拿纳税人支撑它绝处逢生的血汗钱,发放高阶主管大笔奖金。"

美国这一惩罚性所得税法案产生的背景正是我们所说,"朝甚除,田甚芜,仓甚虚。服文采,带利剑,厌饮食,资财有余",对于这种造成不公平公正的"盗夸"情况,唯有采用惩罚性措施,才能平息众怒,保持稳定。

先天下之忧而忧,后天下之乐而乐

在公司不景气的情况下,领导者应当有着先天下之忧而忧的胸怀,如此,才可激发团队的战斗力。

3.8 化险为夷:塞翁失马,焉知非福

【他山之石】

在边塞有个善于推测人事吉凶祸福的人,人们称之为塞翁,一天,塞翁家的马无缘无故跑到胡人那去了,大家都安慰他。他说:"这又怎么知道不是福气呢?"过了几个月,他家的马带着胡人的骏马回来了,大家都来祝贺他。塞翁说:"这又怎么马上就知道不可能是祸患呢?"家里多了良马,儿子喜欢骑它,一次从马上摔下折断了大腿骨,大家都来安慰他,塞翁说:"这又怎么知道不是福气呢?"过了一年,胡人大举入侵边塞,壮年男人都拿起弓箭参战,死去的人有十之八九,塞翁之子因为腿瘸性命得以保全。

【引经据典】

老子曰:"其政闷闷,其民淳淳;其政察察,其民缺缺。祸兮,福之所

倚；福兮，祸之所伏。孰知其极？其无正耶？正复为奇，善复为妖。民之迷，其日固已久矣。是以圣人方而不割，廉而不刿，直而不肆，光而不耀。"（第五十八章）

【注】 塞翁失马，焉知非福。这是一个我们所熟悉的故事。祸福并非表面的一草一木，而是有内在联系。范仲淹在《岳阳楼记》中提出的"不以物喜，不以己悲"，更被奉为许多人的为人处世之道，心态很平和，很自然。

但是我们不得不注意，福祸相转，正奇相化，不是偶然的事件，若是一种偶然，我们只需要也只能够保持良好的心态。所以圣人方正却不割伤人，有棱角却不划伤人，正直却不恣肆，光明却不显耀。为什么呢？因为管理手段越简单，民众越淳朴，状态越和谐。

顺藤摸瓜：吃亏是福

和领导走得太近，要注意同事是不是反感；和领导很陌生，要想想领导的看法。领导看到下属走得近时，要小心阿谀逢迎，口蜜腹剑；看到下属避而远之的时候，要反思自己的处事方式。

对于企业来说，业务飞速发展的时候，要小心资金链人力物力是否跟得上；在业务萎缩时，要意识到是不是整个行业的冬天，是应当转型还是优化服务产品，如何能在未来东山再起。

处置不当，表面上的福，其实埋下了祸根，处置得当，看似是祸，却为未来的福报种下了善因。简单说，一个是在规避风险，一个是在价值投资，这种投资在于有三省吾身的执行力，有望梅止渴的憧憬动力。

在另一个层面上，价值投资取决于企业对未来价值的把握。在当下投资一笔或许不被看好的数额，在未来也许可以赢得高回报。

第二次世界大战过后，战胜国决定在美国纽约建立联合国办公大厦。可是，在寸土寸金的纽约，要买一块土地谈何容易；特别是联合国机构刚刚成立，身无分文，硬性摊派不合适，征求募捐也很难。此时洛克菲勒财团决定投一笔巨资，在纽约买一大片土地，无偿赠送给联合国。同时还将这块土地周边的地皮都买下来。消息一传开，各财团舆论哗然，纷纷嘲笑洛克菲勒家族：如此经营，不要几年，必然沦落！

几年之后，联合国大厦建立起来了，联合国事务开展得红红火火，那块土地很快变成全球的一块热土。于是，它四周的地价也不断升值，几乎是成倍成倍地飙升。结果,洛克菲勒财团所购买的土地价值直线上升,所赢得的利润相当于所赠土地价款的数十倍、上百倍。

那些当初嘲笑洛克菲勒财团的大亨们,此时只能自嘲目力不济了。

这样的"祸兮,福之所倚",其背后的支撑其实是判断力,而不是简单的运气。所以,当人们在说,否极泰来,会有转运的时候,不要一笑而过地以为是自我安慰,是听天由命。

案例直击:亏五万不如亏八万

1996年,正值南京市绕城公路开工,严介和往返南京11趟得到3个小涵洞项目,到手里已是第五包,总标的只有29.4万元。光管理费就要交纳36%。当时算算帐预计亏损5万元左右。大家都反对承包这个项目,严介和力排众议,下令队伍必须以最快的速度、最优的质量,修好这3个涵洞。"既然赔了就赔到底,赔5万不如赔8万。"

结果,大家没日没夜一直干到大年三十晚上,终于完工了。严介和及他的弟兄们用70天时间完成了原本140天的活。严介和亲自开着手扶拖拉机拉着大家于初一中午赶回了苏北老家。

大家都对他的做法不解的时候,严介和却确信:第二年春天来临的时候,肯定是春暖花开。

果真,初八一上班,指挥部在对3个小涵洞验收的时候,以各项指标全部优秀予以验收。指挥部当即拍板:这个活是谁干的,给我千方百计找回来。

最终,严介和及他的公司在南京绕城公路中一举从杂牌军升级为指令性承包队,"哪里要突击,哪里有短腿,我们就去做,"他们总共揽到了3 000万元的项目,净赚800万元。

亏8万让严介和开始步进"加乘法"的方程式中,令他走向"神坛"的可能就是"BT模式",即Build-Transfer(建设—移交),是基建领域里独特现象,即由企业先垫资金建设,再移交政府,最后由政府短期内分期付款。通过这种模式,严介和在这个市场中做得风声水起,业务也遍布全国各地。这模式也引起了很多质疑,严介和说,在这些工程中,我们是和政府搞好了业务关系,但不是行贿受贿。

但是成也萧何败也萧何,也正是BT模式让人质疑严介和的资本运作,导致银行账户被封,于2006年辞去太平洋建设董事局主席的职务。不过,2008年,严介和再度活跃于公众眼前,并出版了自己的书。

塞翁失马,焉知非福

失之东隅收之桑榆,这边厢的遗失或许是那边厢收获的基因。然而正如一再强调的,凭的不是感觉,而是实实在在的推论。

3.9 避险:本来无一物,何处染尘埃

【他山之石】

南北朝时,禅宗五祖弘忍大师,要在弟子中寻找一个继承人,要弟子们每人做一首畿子(有禅意的诗),看谁做得好就传衣钵给谁。大弟子神秀在院墙上写了一首偈子:身是菩提树,心为明镜台。时时勤拂拭,勿使惹尘埃。众弟子称好,弘忍看了没有做任何评价。因为他知道神秀还没有顿悟。厨房的火头僧慧能禅师听到后也做了一个畿子,央求别人写在了神秀偈子的旁边,"菩提本无树,明镜亦非台,本来无一物,何处惹尘埃。"

弘忍遂将衣钵传给了慧能,为禅宗六祖。

【引经据典】

老子曰:"出生入死。生之徒十有三,死之徒十有三;民之生,生而动,动晋之死地者,亦十有三。夫何故?以其生生之厚也。盍闻善摄生者,陆行不避兕虎,入军不被甲兵。兕无所投其角,虎无所措其爪,兵无所容其刃。夫何故?以其无死地也。"(第五十章)

【注】 出生入死出于此处,原意是指人从出生到老死,长寿者约占十分之三;短命者占十分之三;本可长命却走向死路的,也占十分之三。这是为什么呢?因为享受及奉养过度,反致伤身。我们知道真正善于养生的人,在陆地上行走,就不会遇到犀牛、猛虎。在作战之时,不用兵甲,也不会被杀伤。凶恶的犀牛无所施其角,凶猛的老虎无所施其爪,善战的兵士,无所施其兵刃。原因何在?那是因为善养生的人,根本就不到那危险致死的地方去。

其实老子在讲述一个避险的道理。

顺藤摸瓜:避险

讲到避险,人们第一反应是躲避作为规避的方式,诚然,什么都不做,

以不变应万变,是一种维持发展和稳定的方式,但是并非唯一的方式,也并非安全的手法,因为客观环境的变化会使得避而不见成为一种错误。就像我们说到守,防守反击是在守的基础上为了进攻,以退为进,其目的也是进。所以避分为两种,一是守,守成从而拒绝未知风险;二是攻,冲出重围从而规避风险。这两种都可行,也可以交互使用,也会彼此交融。

其实我们也可以理解为企业专业化与多元化的战略。

守:专业化

王石为万科制定的战略是做最大的住宅开发商,以集中优势不涉足自己不熟悉的领域来规避风险,做自己擅长的事。李彦宏同样将百度定位在搜索,以搜索为核心制定增值产品服务。SAP从西门子分离出去,致力于ERP开发,如今的品牌价值已经超越西门子,成为专业细分领域中的老大。专业化可以帮助人们避开犀牛,但是当犀牛主动出击来寻找目标的时候,守恐怕会很艰难。

攻:

多元化的战略,可以降低专业化业务中的系统风险。李嘉诚打造的长和系正是有效利用项目风险的对冲使自己立于不败。而江南春带领分众虽然攻城略地不亦乐乎,但其终究摆脱不了广告行业的系统风险。企业在选择多元化时,需要考虑与自身业务的互补性与风险相关系数,互补性越高,风险相关系数越低的业务应当考虑尝试。这是为了找到新的土地来躲避犀牛。

但是,守与攻不是割裂单独的,而是互相结合的。

马云说,一个公司在两种情况下最容易犯错误,第一是有太多钱的时候,第二是面对太多机会的时候。一个CEO看到的不应该是机会,因为机会无处不在,一个CEO更应该看到灾难,并把灾难扼杀在摇篮里。

马云带领他的阿里巴巴虽然在不断尝试新事物,开发新功能,但是其扼杀的必然更多,不然不会做上述语。确实,机会是数不清的,由此对于善于发现,善于思考,甚至对于资本强势的人来说,机会会找上门来,但是其中必然鱼目混珠,参差不齐,看走了眼,可能就意味着失败。不过对于风险投资而言,十个项目中能砸中一两个,就能回本并有不错的收益了。风险投资几乎在行业内是最不怕风险的,他们敢投,他们又是最规避风险的,因为他们灭掉的项目更多,双双火眼金睛不容沙子。其实我们平时也一样,选择项越多,考察难度越大,尤其多项选择的时候,更难判断,很多事情都不是唯一选项,所以要判断除去谁,是很重要的。

案例直击：庖丁解牛

我们都听过庖丁解牛的故事，一般的厨师每月换一把刀，因为他们用刀子去砍骨头，技术高明的厨工每年换一把刀，是因为他们用刀子去割肉，而庖丁的刀用了十九年了，宰牛数千头，刀口却像刚从磨刀石上磨出来的一样。这是因为他顺着牛体的肌理结构，劈开筋骨间大的空隙，沿着骨节间的空穴使刀，都是依顺着牛体本来的结构。宰牛的刀从来没有碰过经络相连的地方、紧附在骨头上的肌肉和肌肉聚结的地方，更何况股部的大骨。即使如此，每当碰上筋骨交错的地方，庖丁一见那里难以下刀，就十分警惧而小心翼翼，目光集中，动作放慢。刀子轻轻地动一下，哗啦一声骨肉就已经分离。

本来无一物，何处染尘埃

如果从根源上就避开了风险，又何须对风险进行反应，是所谓，本来无一物，何须勤拂拭。

参 考 文 献

[1]（韩）金，（美）莫博涅著，《蓝海战略》，商务印书馆，2005
[2]（美）杰克·韦尔奇、（美）苏茜·韦尔著，《赢》，中信出版社，2005
[3] 凌志军著，《联想风云》，中信出版社，2005
[4]（美）托马斯·弗里德曼著，《世界是平的》，湖南科学技术出版社，2006
[5] 王石、缪川著，《道路与梦想》，中信出版社，2006
[6] 王方华主编，《市场营销学》，世界出版集团、上海人民出版社，2006
[7] 张治国著，《蒙牛内幕》，北京大学出版社，2006
[8]（美）斯莱沃斯基著，《发现利润区》，中信出版社，2007
[9] 吴晓波著，《大败局》，浙江人民出版社，2007
[10] 凌志军著，《中国的新革命》，新华出版社，2007
[11] 冯仑著，《野蛮生长》，中信出版社，2007
[12] 吴晓波著，《激荡三十年》（上、下），中信出版社，2007、2008
[13] 杨连柱著，《史玉柱如是说》，中国经济出版社，2008
[14] 朱甫著，《马云如是说》，中国经济出版社，2008
[15] 李光斗著，《品牌战》，清华大学出版社，2008
[16] 宁泊著，《俞敏洪如是说》，中国经济出版社，2008
[17] 黄丹、余颖著，《战略管理（研究注记·案例）》，清华大学出版社，2008
[18]（美）彼得·德鲁克著，《卓有成效的管理者》，机械工业出版社，2009
[19] 当年明月著，《明朝那些事儿》，中国海关出版社，2009
[20] 宋鸿兵著，《货币战争3：金融高边疆》，中华工商联合出版社，2010
[21] 黄铁鹰著，《海底捞你学不会》，中信出版社，2011